-人口发展与公共政策丛书-

丛书主编：杨云彦

基于人口长期均衡发展的计划生育利益导向政策研究

向华丽 赵颖智 李波平 著

武汉大学出版社

图书在版编目(CIP)数据

基于人口长期均衡发展的计划生育利益导向政策研究/向华丽,赵颖智,李波平著.—武汉:武汉大学出版社,2016.11
人口发展与公共政策丛书/杨云彦主编
ISBN 978-7-307-18844-0

Ⅰ.基… Ⅱ.①向… ②赵… ③李… Ⅲ.计划生育—人口政策—研究—中国 Ⅳ.C924.21

中国版本图书馆 CIP 数据核字(2016)第 274972 号

责任编辑:杨晓露　　责任校对:李孟潇　　版式设计:马　佳

出版发行:武汉大学出版社　　(430072　武昌　珞珈山)
　　　　　(电子邮件:cbs22@whu.edu.cn　网址:www.wdp.com.cn)
印刷:武汉中科兴业印务有限公司
开本:787×1092　1/16　印张:13　字数:241 千字　插页:1
版次:2016 年 11 月第 1 版　　2016 年 11 月第 1 次印刷
ISBN 978-7-307-18844-0　　定价:36.00 元

版权所有,不得翻印;凡购买我社的图书,如有质量问题,请与当地图书销售部门联系调换。

总　　序

35年，在人类发展的历史长河中只是白驹过隙的一瞬间，但在人口发展的历史上，却注定留下浓墨重彩的一笔。1980年中共中央发表《关于控制我国人口增长问题致全体共产党员、共青团员的公开信》，标志着"独生子女"政策的启动，其主要特征就是通过强大的政策力量，干预大众生育行为，促进人口的转变。随着2015年十八届五中全会宣布全面实施一对夫妇可生育两个孩子的政策出台，既表明独生子女政策完成其历史性使命，又标志着计划生育政策进入一个新的时期。35年的人口发展和政策实践，给我们留下了大量值得理性思考和科学研究的课题。

从政策层面看，我国的计划生育工作取得的成效值得充分肯定。计划生育工作加快实现了人口再生产类型由传统型到现代型的历史性转变，有效地缓解了人口对资源、环境的压力，有力地推动了经济发展和社会进步。但是，在控制人口增长、实现低生育水平的同时，也带来诸多不利的社会后果和潜在风险，包括家庭抵御风险的能力受到减弱，人口老龄化步伐加快加重等。因此适时调整完善生育政策非常有必要。

中央启动"单独二孩"政策后，激发了学界和社会各方的高度关注，有观点认为政策"遇冷"，有观点认为基本符合预期，在这些不同观点的背后，一个基本的判断是，我国的人口转变已经从外生主导型阶段进入到内生主导型阶段。在这样一个判断之下，怎样看待当前的人口形势和生育行为的走向，怎样完善政策促进人口长期均衡发展，成为新时期非常迫切的研究课题。

着力创新理论和分析框架，阐释人口转变从外生型到内生型的变化机制，对准确定性当前人口生育行为的变化情况以及发展趋势，判定低生育水平地区是否面临低生育水平陷阱的风险，避免人云亦云、就事论事，是非常有必要的。关于人口红利的系统、深入研究，将有助于我们更全面、准确地理解人口、劳动力供给、人力资本与经济增长的关系，丰富宏观人口经济学的理论。人口长期均衡发展和提升家庭发展能力，包括当下广泛见诸新媒体的有关二孩生育"生不起"的说法，是简单的抚养成本问题，还是深层的社会行为变化问题，我们是否应该有利益导向机制上的新应对,这既是政策问题,在很大程度上更是理论问题,它为我们超越传统的生育理论提供了新的探索空间。我们需要对既有政策进行系统梳理,科学评估,既要解决"怎么看"的问题,又要解决"怎么办"的问题。

计划生育利益导向政策是新形势下实现政策目标的重要政策措施。早在1980年《公开信》中就指出,"为了控制人口增长,党和政府已经决定采取一系列具体政策。在入托儿所、入学、就医、招工、招生、城市住房和农村住宅基地分配等方面,要照顾独生子女及其家庭",明确了对计划生育家庭的优惠帮扶政策。在新形势下,这一政策不断充实完善。在我们承担国家社会科学基金重大项目"完善人口与计划生育利益导向政策体系研究"期间,经历了从"单独二孩"到"全面二孩"的重大政策调整,为我们研究人口转变新阶段的公共政策响应提供了难得的机遇。我们从利益导向政策的评价、人口转变和生育行为变化、家庭发展能力、人口长期均衡发展、三维人口红利等专题开展研究,取得了一系列的理论与政策成果,结集出版的六部专著,正是这些成果的展现。希望这些成果的出版,能为我国计划生育利益导向政策体系的进一步完善,为人口科学的理论创新提供一些新的视角和新的积累。

杨云彦
2016年5月12日

前　言

推行计划生育政策30多年来，我国总和生育率水平下降明显，人口的出生率、死亡率、自然增长率都维持在较低水平，人口过快增长的局面得到有效控制。但是，人口的低生育水平也衍生了一系列新的社会问题，如人口数量与人口结构不均衡问题、城乡人口结构与人口公共服务均衡化问题、人口与经济、社会、资源环境的协调发展问题等。

诚然，30多年前计划生育政策是有着特殊的时代背景，那么在当前"稳定低生育水平，提高人口素质"的大背景下，计划生育政策也应同其他社会政策一样进行"升级换代"，如何实现这种转变，2006年12月，中共中央、国务院作出《关于全面加强人口和计划生育工作统筹解决人口问题的决定》，明确指出要"建立和完善政府为主、社会补充的人口和计划生育利益导向政策体系"，概括了计划生育利益导向政策的主要内容，介绍了计划生育利益导向政策就是以政府为主体，通过利益上的救济、扶助、补贴、反哺、激励、惩罚等多种手段和方式，保障计划生育家庭和人群的基本权益，约束非政策生育行为，引导公民树立按政策生育的观念，最终促进人的全面发展，统筹解决人口问题。十七届五中全会上通过的《中共中央关于制定国民经济和社会发展第十二个五年规划的建议》要求"全面做好人口工作，坚持计划生育基本国策，逐步完善政策，促进人口长期均衡发展。""人口长期均衡发展"概念首次出现在党中央纲领性文件中，引起世人关注。因此，如何建立和完善利益导向政策体系是新时期计划生育工作必须面对和解决的重大课题。

计划生育利益导向政策包括利益政策和导向政策两层含义，利益政策主要通过补偿机制促进人口长期均衡发展，其以促进家庭、特别是计生家庭的能力发展为目标；导向政策主要通过引导机制促进人口长期均衡发展，其以促进人口与经济、社会、资源环境的协调发展为目标。而人口长期均衡发展视角下的计划生育利益导向政策主要指导向政策，具有前瞻性。人口长期均衡发展的前提是人口内部均衡，而中国人口长期均衡发展在内部面临的主要是人口总量大规模下降、人口红利不复存在且人口负担系数过高、超老龄化等突出问题，当前的人口政策调整、尤其是生育

前　言

政策的调整有必要依据中期、乃至长期的人口预测结果做出判断。此外，在中国大规模城市化背景下，中国的人口城乡均衡发展不仅具有发达国家城市化过程中的共性问题，更多的则具有我国固有的经济体制、社会体制所决定的特性问题，实现人口城乡均衡发展也是现阶段实现中国人口长期均衡发展的主要问题。本书认为，主体功能区划背景下的人口发展功能分区是引导人口合理流动，实现人口与经济、社会和资源环境协调的重要手段，对实现人口长期均衡发展具有重要意义。

本书便是基于上述内容而完成。作为学术专著，本书主要使用国家权威部门和各类专业机构的资料和数据，也大量引用专业文献资料，并辅以其他来源专业资料。为严肃、准确、客观起见，本书绝大多数资料引自书籍、报纸和期刊等正式出版物。所有引用资料均按学术引用规范注明出处，相信读者对其可信度自有判断。

本书共 8 章，分为五大部分。

第一部分为引言到第 2 章。引言部分回顾了计划生育利益导向政策的形成与发展，特别是十八大（首次揭示计划生育工作的落脚点在促进人口长期均衡发展）以来计划生育利益导向政策的转变，由此提出本书基于人口长期均衡发展视角下的计划生育利益导向政策研究框架。第 1 章详细介绍人口均衡发展理论和可持续发展理论相关内容。第 2 章回顾了我国计划生育利益导向政策发展历史，并具体介绍了其相关内容。

第二部分为第 3 章到第 4 章。第 3 章总体介绍了我国人口总体现状，并依据中期、长期的人口预测结果预测了未来我国人口发展趋势。第 4 章则重点研究了我国老龄化问题，主要分析了我国老龄化现状及其对人口长期均衡发展的影响机制。

第三部分为第 5 章到第 6 章。第 5 章回顾了我国人口城市化进程，具体分析了我国城乡人口结构和人口迁移现状，重点放在人口流动对城乡发展不均衡的影响分析上。第 6 章分别从基础教育、基本医疗卫生、社会保障服务三方面研究公共服务视角下的人口城乡均衡。

第四部分为第 7 章。从人口数量、人口结构、人口与经济、人口与社会和人口与资源环境 5 个维度构建了人口均衡发展水平指标评估体系。以 2000 年、2005 年和 2010 年全国整体和全国 31 个省域和地区为研究对象，基于 GIS 地图展示和综合指标的计算等方法从区域层面进行了人口总均衡的评价。

第五部分为第 8 章，它是本书政策的落脚点。本章明确提出了计划生育利益导向政策建议，这包括：(1) 计划生育利益导向政策应导向"人口健康与发展"和"应对人口老龄化"；(2) 计划生育利益导向政策应注重导向"城乡一体化"——坚持大中小城市协调发展以促进人口合理分布，实施城乡发展一体化战略以促进城乡人口公共服务均衡化，改革现行户籍制度以打破二元经济结构；(3)在区域人口均衡方面，计划生育利益导向政策要做到落实主体功能分区以促进人口与资源环境协调发展，以国家人口发展功能分区为基本依据来引导人口在区域范围内的宏观流动，利导政策应加强对生态脆弱区人口的生态维护补偿。

目 录

引 言 ·· 1
    一、计划生育利益导向政策的形成与发展 ··· 1
    二、十八大以来计划生育利益导向政策的转变 ·· 3
    三、人口长期均衡发展视角下的计划生育利益导向政策 ·························· 4

第一章 人口长期均衡发展的理论分析 ·· 9
第一节 人口均衡发展理论 ·· 9
    一、理论产生的背景 ··· 9
    二、人口均衡发展理论 ·· 11
    三、人口均衡发展面临的问题、解决路径和研究意义 ···························· 18

第二节 可持续发展理论 ··· 21
    一、理论产生背景 ·· 21
    二、可持续发展理论的发展 ··· 24
    三、可持续发展与人口均衡发展 ·· 27

第三节 人口长期均衡发展 ·· 32
    一、人口自身均衡 ·· 32
    二、人口外部均衡 ·· 36

第二章 人口长期均衡发展视角下的计划生育利益导向政策 ······················ 41
第一节 计划生育利益导向政策概述 ·· 41
    一、计划生育内涵的演变 ·· 41
    二、利益导向政策的提出 ·· 43
    三、利益导向政策的意义 ·· 44

第二节 利益政策与导向政策 ·· 45
    一、利益政策 ·· 46

二、导向政策 … 48
　　三、人口长期均衡发展与导向政策 … 50
　第三节　我国引导人口长期均衡发展的导向政策 … 51
　　一、计划生育基本国策的发展与演变 … 52
　　二、户籍制度改革 … 53
　　三、人口发展功能分区 … 55

第三章　人口现状与长期发展的趋势 … 58
　第一节　中国人口发展现状 … 58
　　一、总人口概况 … 58
　　二、人口增长 … 59
　　三、人口结构 … 60
　第二节　中国人口中、长期均衡发展态势分析 … 67
　　一、预测方法与基础数据 … 67
　　二、人口中、长期均衡发展态势 … 70
　　三、本章小结 … 74

第四章　人口长期均衡发展中的老龄化问题 … 76
　第一节　老龄化对人口长期均衡发展的影响机制 … 76
　第二节　我国老龄化发展的总体状况 … 78
　　一、人口老龄化程度不断加剧 … 78
　　二、人口高龄化趋势明显 … 79
　　三、城乡老龄化差异显著 … 83
　　四、区域老龄化不均衡突出 … 83
　第三节　我国人口老龄化的区域差异分析 … 89
　　一、2000年我国人口老龄化状况的聚类分析 … 89
　　二、2013年我国人口老龄化状况的聚类分析 … 91
　　三、不同年份聚类结果的比较分析 … 93
　第四节　本章小结 … 94

第五章　城乡人口发展现状及趋势 … 96
　第一节　城乡结构变化分析 … 96

一、城乡人口数量的变化 …………………………………………… 96
　　二、城乡家庭结构变化 ……………………………………………… 100
　　三、城乡年龄结构变化 ……………………………………………… 102
　　四、城乡性别结构变化 ……………………………………………… 104
　第二节　人口城乡迁移 ………………………………………………… 105
　　一、迁移规模 ………………………………………………………… 105
　　二、城乡人口迁移特点 ……………………………………………… 109
　　三、人口迁移和流动对城乡发展不均衡的影响 …………………… 115
　　四、人口城乡迁移的原因分析 ……………………………………… 119
　第三节　本章小结 ……………………………………………………… 126

第六章　基于公共服务视角的人口城乡均衡 …………………………… 128
　第一节　公共服务均等化的内涵与评价指标 ………………………… 128
　　一、公共服务的内涵 ………………………………………………… 128
　　二、基本公共服务均等化内涵 ……………………………………… 129
　　三、指标选取的范围 ………………………………………………… 129
　第二节　城乡人口基础教育均衡性分析 ……………………………… 130
　　一、基础教育公共服务均衡性的内涵 ……………………………… 130
　　二、城乡基础教育发展制度的发展历程 …………………………… 130
　　三、城乡基础教育均衡性分析 ……………………………………… 132
　第三节　城乡人口基本医疗卫生发展均衡性分析 …………………… 135
　　一、基本医疗卫生服务的内涵 ……………………………………… 135
　　二、城乡基本医疗卫生领域的改革历程 …………………………… 136
　　三、城乡基本医疗卫生均衡性分析 ………………………………… 137
　第四节　城乡社会保障公共服务均衡性分析 ………………………… 144
　　一、社会保障公共服务的内涵 ……………………………………… 144
　　二、城乡社会保障制度的发展历程 ………………………………… 145
　　三、城乡社会保障均衡性分析 ……………………………………… 148
　第五节　本章小结 ……………………………………………………… 152

第七章　区域人口长期均衡发展水平现状及趋势 ……………………… 154
　第一节　人口长期均衡发展水平定量测度研究现状 ………………… 154

目 录

第二节　人口长期均衡发展水平定量测度 … 158
　一、人口长期均衡发展指标体系 … 158
　二、数据的标准化与权重赋值 … 158
　三、人口长期均衡发展水平分区测度 … 161
第三节　我国人口长期均衡发展时空发展差异 … 165
　一、人口均衡发展在5个维度上的时空差异 … 166
　二、人口长期均衡发展度时空差异 … 170
　三、人口长期均衡发展协调度时空差异 … 172
　四、人口长期均衡发展可持续度时空差异 … 174
第四节　本章小结 … 177

第八章　人口长期均衡视角下的计划生育利益导向政策建议 … 178
第一节　人口自均衡与计划生育利益导向政策 … 178
　一、人口自均衡的主要问题 … 178
　二、计划生育利益导向政策应导向"人口健康与发展" … 179
　三、计划生育利益导向政策应注重导向"应对人口老龄化" … 180
第二节　人口城乡均衡与计划生育利益导向政策 … 182
　一、人口城乡均衡的主要问题 … 182
　二、计划生育利益导向政策应注重导向"城乡一体化" … 184
第三节　区域人口均衡与计划生育利益导向政策 … 186
　一、区域人口均衡存在的主要问题 … 186
　二、区域人口均衡与计划生育利益导向政策 … 187

参考文献 … 190

后　记 … 198

引　言

计划生育利益导向政策是在我国经济不发达和社会保障制度不完善背景下利用经济手段引导人们自觉按照生育政策的要求决策家庭生育行为的一种重要的公共政策。从过去的理论探讨与实践经验来看，在计划生育利益导向政策的规制下，计划生育工作完成了从公共行政向公共管理再向公共服务模式的三级转变。计划生育利益导向政策已从最初控制人口数量的过快增长，逐步转变为如何统筹解决人口数量、素质、结构和分布，有利于提高家庭发展能力和人口长期均衡发展。那么，现如今的计划生育利益导向政策体系能否满足这些目标呢？尤其是在人口长期均衡发展视角下，计划生育利益导向政策又该如何调整？以上是本书要探讨的核心问题。以下从计划生育利益导向政策的形成与发展历程、新形势下计划生育利益导向政策的转变、人口长期均衡发展视角下的计划生育利益导向政策等三个方面的梳理出发，引出本书对上述问题的主要认识，并提出本书的研究框架。

一、计划生育利益导向政策的形成与发展

计划生育的利益导向政策自产生以来，大致经历了三个发展阶段。第一阶段（1990—2000年）为计划生育利益导向政策的提出与形成阶段；第二阶段（2000—2012年）为计划生育利益导向政策的发展与成熟阶段；第三阶段（2012年以后）为计划生育利益导向政策的再探索与开拓阶段。

第一阶段的计划生育利益导向政策更多的是对实行"计划生育"基本国策以来的计生理论与实际工作经验的总结。从文献检索结果来看，叶奇雄先生最早将"计划生育"和"利益导向"结合起来（叶奇雄，1990），尽管其行文的初衷是实现严格的控制生育、防止人口增长，但该文从两个方面为后来的计划生育利益导向政策的形成做了一定的铺垫。一是其强调了"利益导向"需要从过去单纯的行政命令手段过渡到依靠经济的、法律的和行政的"三位一体"的手段，二是其强调了计划生育工作不能单纯地依靠计生部门，"利益导向"的实现需要协同各有关部门、单位及基

层组织的力量。以此为发端,"三结合"①利益导向机制(周长洪,1998)、"五位一体"②利益导向机制(山东省莱芜市人民政府,2002)等使计划生育利益导向体系不断得以补充和完善,在此阶段,也逐步形成了具有一定理论价值和实践指导意义的成果(张怀宇,1996;计划生育利益导向机制研究课题组,1996;周长洪,1998)。总体来看,该阶段的计划生育利益导向政策体系仍不能脱离生育管理模式的范畴(王勇军,1992),其根本目标主要是通过多手段、多渠道、多方法的运用有效地控制人们的生育行为。

第二阶段以 2000 年《中共中央、国务院关于加强人口与计划生育工作稳定低生育水平的决定》明确指出"要建立和完善计划生育利益导向机制"为标志,国家、各省及各地方的计划生育利益导向政策纷纷出台。这一时期,包括法定奖励优待和处罚政策、免费计生基本技术服务、免费孕前优生健康检查、"关爱女孩"行动、生育关怀行动等在内的一系列具体的利益导向政策不断充实到计划生育利益导向政策体系中来,使得计划生育利益导向政策的内容得以扩展,同时,还逐步形成了以农村计划生育家庭奖励扶助制度、计划生育家庭特别扶助制度和西部地区"少生快富工程"等三项制度为主体的计划生育利益导向政策体系的基本架构。尽管这一时期仍然强调稳定低生育水平,但利益导向政策的内涵却在这一时期发生了较大的转变,政策体系逐渐由"处罚多生"为主过渡到"惩罚多生与奖励少生并重",而后又发展为以"奖励少生"为主。从研究角度来看,出现了少量定量化的研究成果,如抚养子女的成本与效用分析(张祥晶,2005)、生育决策、利益导向机制效用的实证研究(杜本峰,2007)等。利益导向政策与扶贫政策、社会医疗、养老保险等社会保障型普惠公共政策的衔接(杨来胜,2003)日益受到学界的关注,随着大规模的流动人口出现,流动人口的计划生育利益导向政策开始引起国家及有关学者的重视(周建芳,2008)。总结来看,此一时期的计划生育利益导向政策已渐趋自成体系,形成了相对完备的针对计划生育家庭、育龄妇女、计生子女、计生老龄人口等的系列政策,政策覆盖的广度和深度都得到了极大的加强。

十八大的召开③、尤其是十八届三中全会的召开标志着计划生育利益导向机制的实践与研究进入了新的历史时期,是在新的国际国内形势下的再探索与开拓阶

---

① "三结合"指计生工作与发展农村经济相结合,与帮助群众勤劳致富奔小康相结合,与建设文明幸福家庭相结合。

② 指奖励、优惠、优先、扶持、保障"五位一体"。

③ 十八大报告强调"坚持计划生育的基本国策,提高出生人口素质,逐步完善政策,促进人口长期均衡发展",首次揭示计划生育工作的落脚点在促进人口长期均衡发展。

段。这一时期，全球范围内的人口、资源与环境压力进一步加剧，在国内，国家层面的大部制改革全面推行，并提出了全面深化改革的总目标，包括"市场经济、民主政治、先进文化、和谐社会、生态文明"在内的"五位一体"国家建设战略总体布局全面铺开。在这一背景下，计划生育利益导向政策体系面临来自多方面的挑战。首先，就利益导向政策体系本身而言，其在提高人口素质、优化人口结构、促进家庭能力发展（李波平，2014）以及与普惠型公共政策衔接等方面存在不足（杨云彦和李波平，2014）；其次，在计划生育内涵①不断发生改变的形式下，计划生育利益导向政策的作用对象单纯地瞄准实行计划生育的人口已经不再具有代表性。前期有关利益导向政策偏"利益"而少"导向"的问题得到有关专家学者的注意（高莉娟和翟振武，2008），有研究将利益导向政策进行了一定的区分，分别明确为利益政策与导向政策（洪娜，2011）。总结来看，我们认为新时期的计划生育利益导向政策将结合现实的国际国内形势实现较大的转型，新的利益导向政策体系将逐步脱离经济杠杆对计划生育人口的作用，而将关注的重点放在政策杠杆对人口宏观调控、人口与经济社会、资源环境协调发展的作用上。

二、十八大以来计划生育利益导向政策的转变

杨云彦教授就新形势下的计划生育利益导向政策究竟"导向何方"曾给出如下建议：在新的形势下，计划生育利益导向机制建设，应更多地向促进人口长期均衡发展的目标转变，更多地向提升计划生育家庭的发展能力转变（杨云彦，2014）。

在上述有关计划生育利益导向机制的两个转变中，计划生育家庭的发展能力和促进人口长期均衡发展是支撑计划生育利益导向机制构建不可或缺的两个重要方面，前者从微观层面明确计划生育利益导向政策构建的方向，后者从宏观层面把握计划生育利益导向政策构建的大局。同时我们认为，二者的内涵是存在本质差别的。

首先，二者的理论基础不同。前者依据的主要理论基础仍然是传统的人口学理论，尤其是人口适度增长理论和人口经济学理论②，计生家庭是在我国特定的历史

---

① 周全德，计划生育基本国策的时代内涵，中国人口报，2013年7月22日。"人口问题已不再是单一的数量适度控制问题，它已经和科学发展、社会和谐紧密联系，成为一个涉及转方式、调结构、稳增长、惠民生等诸多国计民生重大决策的全面协调可持续发展的战略问题。"在人口长期均衡发展视角下，计划生育的本质内涵在于：通过人口发展政策的调整，促进人口、经济、社会、资源、环境协调发展和可持续发展。

② 哈维·莱宾斯坦有关家庭生育决策的成本效益理论。

时期，结合我国实际国情所确定的"计划生育"基本国策的产物，提升计划生育家庭的发展能力，就是要解决历史的遗留问题；后者依据的主要是可持续发展理论和人口均衡发展理论，人口均衡发展理论是我国在长期的人口生产实践中，由最初的强调"计划生育"、过渡到强调"人口发展"、最后在可持续发展理论的基础上最终形成的人口长期均衡发展，其不仅考虑人口自身的长期的可持续发展（即人口内部均衡），同时考虑人口与经济、人口与社会、人口与环境的长期的协调发展（即外部均衡）。

其次，二者的作用对象不同。前者的作用对象是按照我国"计划生育"基本国策实行了少生、优生或晚生的计划生育个人或者家庭，其覆盖的人群是有限的；后者是将人口作为人地耦合系统中的一个关键要素加以考虑的，其作用对象是社会中的所有人口。

最后，二者的政策内涵不同。以计生家庭为对象的计划生育利益导向政策其着眼点在"利益"，其主要目的是通过多元化的、多形式的扶助扶持政策①以帮扶计生家庭，弥补计生家庭由于响应国家政策而造成的实际上的家庭能力受损②，从而体现社会的公平正义，从政策的性质来看，更多的是微观的经济政策；以促进人口长期均衡发展为目标的利益导向政策着眼点在"导向"，其主要目的是通过具有前瞻性的生育调整政策、户籍制度改革政策、人口发展功能区规划、城乡统筹发展政策乃至流动人口政策等促进人口长期的自均衡，促进人口城乡之间、经济发达地区与欠发达地区之间、人口承载力强的地区与生态脆弱区之间的合理有序流动，从而达到人口发展与经济、资源环境协调发展，实现自然、社会公共资源合理公平分配等目的，从政策的性质来看，其更多的是宏观的政治、经济、社会综合政策。

三、人口长期均衡发展视角下的计划生育利益导向政策

人口均衡一词最早由李涌平先生（1996）提出，其在《决策的困惑和人口均衡政策——中国未来人口发展问题的探讨》一文中富有预见性地这样描述：我们可以考虑降低未来风险同时保持一定利润的人口均衡政策，也就是从一孩政策逐步向二孩政策过渡。鉴于人口均衡政策的可行性和稳妥性，它是不远的将来可供采纳的人口政策。尽管彼时其所谓的人口均衡仍停留在人口生育的范畴，仅仅涉及人口自身均衡问题，但这一概念的提出对后续人口科学的发展不无启示意义。

---

① 其内涵实际上是各种形式的货币化或非货币化的利益。
② 计划生育政策对计生家庭的家庭能力发展影响是复杂的。简单从少生孩子的角度分析，可能在短期会减少家庭负担并提高家庭生活水平和质量，但从家庭的全生命周期来综合分析评价的话，其家庭发展能力是受到严重影响的，尤其是在家庭养老保障和应对风险两个方面。

时隔 10 余年，强调人口均衡发展、构建人口均衡型社会成为学界与社会的广泛共识。人口均衡的概念与内涵得以扩展，陆杰华先生（陆杰华和黄匡时，2010）对人口均衡的概念界定具有一定代表性：人口均衡是指人口数量、结构、素质和分布等人口自身系统内部的均衡以及人口与经济、社会、资源、环境、国际竞争力等人口自身系统外的系统之间的外部均衡的统称①。关于何谓人口均衡，杨云彦、翟振武、李建明、穆光宗等不少人口学家均有论述，尽管其各自的立场和所处的视角有一定的差异，在对人口均衡的表述上也有所不同，但其实质仍不脱离内部均衡和外部均衡这两种形式（于学军，2010）。

杨云彦认为，从人口均衡发展的内容来看，人口均衡发展应该包括两个层面的内容，第一是人口自身的均衡发展，第二是人口与经济、社会、资源、环境的均衡发展。从第一层面看，人口均衡发展要求我们不仅要重视数量目标，还应关注结构和素质目标，形成统筹协调、多目标并重的政策取向。从第二层面看，人口均衡发展要求我们在人口政策的制定上不能简单的就人口而人口，而应该有全局的观念、系统的观念，在政策制定时把人口作为一个要素放在国家的总体战略布局中加以考虑（杨云彦，2010）。

基于以上有关人口均衡发展的内容分析，其进一步提出了人口长期均衡发展的内涵（杨云彦，2011），主要包括以下五个方面：（1）人口数量增长的短期和长期均衡；（2）人口数量变动和结构变化的均衡；（3）人口增长和经济发展的均衡；（4）人口变动与社会发展的均衡；（5）人口与资源环境的均衡。

在人口数量增长的短期与长期均衡方面，由于我国在 20 世纪 90 年代初即已实现从高出生率、低死亡率、高增长率向低出生率、低死亡率、低增长率的人口转变，生育水平已经长期处于更替水平之下，考虑到人口增长的惯性、滞后性和不可逆性等自身独特的规律，因此为了保证人口规模的相对平稳运行，就要求我们在政策层面加强战略研究，要从更长的时间尺度②进行科学决策。

在人口数量变动与结构变化均衡方面，利益导向政策的目标应实现由过去重视对人口数量的控制到人口结构的优化方面，传统意义上讲主要包括年龄结构及相关劳动力供给、老龄化及高龄老龄化问题、出生人口性别比问题等。在人口结构均衡方面，人口迁移及城市化是实现人口结构的重要内容，引导人口有序流动并实现人口城乡合理分布是当前人口结构优化的突出任务（杨云彦，2011）。除此之外，人

---

① 该文将人口分布问题作为人口自身系统的内部均衡加以考虑，和我们的认识有一定的差异。人口分布不仅仅涉及人口自身的迁移和地理分布问题，其是包含人口要素在内的众多因素综合作用的结果，如经济、社会、环境等。

② 如将 50 年作为中期考虑，100 年作为长期考虑。

口内部不同人力资本结构的均衡、人口的阶级阶层结构均衡同样具有深入探讨的价值与意义(张翼,2010)。

在人口增长和经济发展的均衡方面,科学的人口观与众多的实证经验均表明,人口作为具有双重属性①的经济要素,其对经济发展的影响是一把双刃剑,因此,既不能把人口过多作为经济发展绝对的包袱,也不要觉得人口越多竞争优势越大。在人口数量红利消失的情况下,必须在政策导向上加大人力资本投入,加快促进人口红利高级化,即以人口素质红利保障产业转型升级,实现由人口数量大国向人力资源强国的转变。

在人口变动与社会发展均衡方面,随着我国的社会结构发生深刻的变化,传统的承担保障和稳定等的家庭功能在逐步弱化,但是,家庭作为社会的细胞,家庭能力的发展对社会实现均衡发展被提升到了前所未有的高度。除此之外,老龄社会问题和女性权益问题是实现社会均衡发展的另外两个重要问题。

在人口与资源环境的均衡方面,持续的资源与环境压力已经演变为全球性的公共问题,全球人口数量的剧增以及人均生活水平的提高使得上述问题尤为凸显。建设"人口均衡型、资源节约型、环境友好型"的三型社会目前已成为当今中国的重要实践。在这一实践过程中,主体功能区划与人口发展功能区划工作具有重要价值,只有充分把握主体功能区划和人口发展功能区划过程中的人口再分布规律,未雨绸缪,才能促进人口长期均衡发展,才能促进人口与资源环境的协调发展(张耀军等,2010)。

基于以上对人口均衡发展的分析,计划生育利益导向政策究竟该如何界定其范围,在原有政策体系上该如何调整?这是一个至关重要的问题。潘祖光(2011)曾就人口均衡发展战略下人口计生工作面临的困惑及对策这样阐述:目前的人口计生法规、政策体系主要是围绕出生人口数量控制制定的。人口均衡发展的战略选择,不仅要求在调控人口数量上要有完善的政策、法制保障,还要求在提高人口素质、改善人口结构、引导人口合理分布及统筹人口与发展综合决策等方面建立起健全的政策、法制体系。对此,我们该如何探索完善?陆杰华和黄匡时(2010)认为,在人口均衡发展视角下,传统的计划生育利益导向政策体系有和目前的公共政策组合体系融合的趋势,并认为:人口均衡型社会建设是对当前分散的人口政策进行整合的绝佳机会。人口均衡问题的解决牵涉人口和计划生育政策、公共卫生、健康和安全政策、户籍政策、人口迁移政策、教育政策、住房政策、社会保障政策、交通政策等。因此,当前要将这些政策进行整合,构建人口均衡型社会公共政策组合体系

---

① 从经济学角度考虑,人口同时具有生产者与消费者的双重属性。

(如图0-1)。

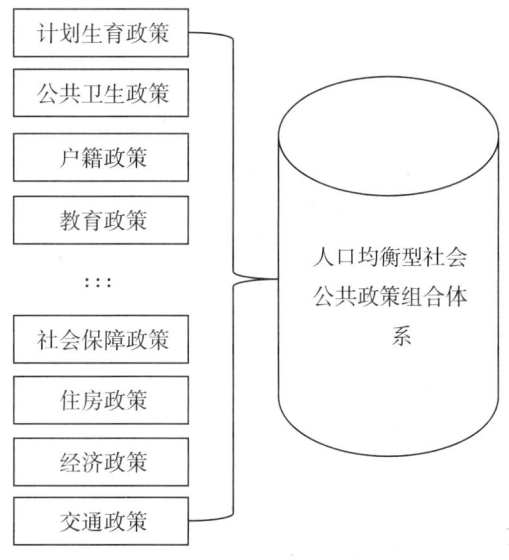

图0-1 人口均衡型社会公共政策组合体系

由上述分析,本书的架构主要基于如下认识:

(1)计划生育利益导向政策内含利益政策和导向政策两层含义,利益政策主要通过补偿机制促进人口长期均衡发展,其以促进家庭,特别是计生家庭的能力发展为目标;导向政策主要通过引导机制促进人口长期均衡发展,其以促进人口与经济、社会、资源环境的协调发展为目标。人口长期均衡发展视角下的计划生育利益导向政策主要指导向政策,而导向政策应具有前瞻性。

(2)人口内部均衡是人口长期均衡发展的前提,中国人口长期均衡发展在内部面临的主要是人口总量大规模下降、人口红利不复存在且人口负担系数过高、超老龄化等突出问题,当前的人口政策调整、尤其是生育政策的调整有必要依据中期、乃至长期的人口预测结果做出判断。

(3)在中国大规模城市化背景下,中国的人口城乡均衡发展既具有发达国家城市化过程中的共性问题(区域发展不平衡),更多的则具有我国固有的经济体制(全民所有与集体所有)、社会体制(城市户口与农村户口)所决定的特性问题,实现人口城乡均衡发展是现阶段实现中国人口长期均衡发展的主要问题。

(4)主体功能区划背景下的人口发展功能分区是引导人口合理流动,实现人口与经济、社会和资源环境协调的重要手段。

由此，提出了本书的研究框架①，如图0-2所示。

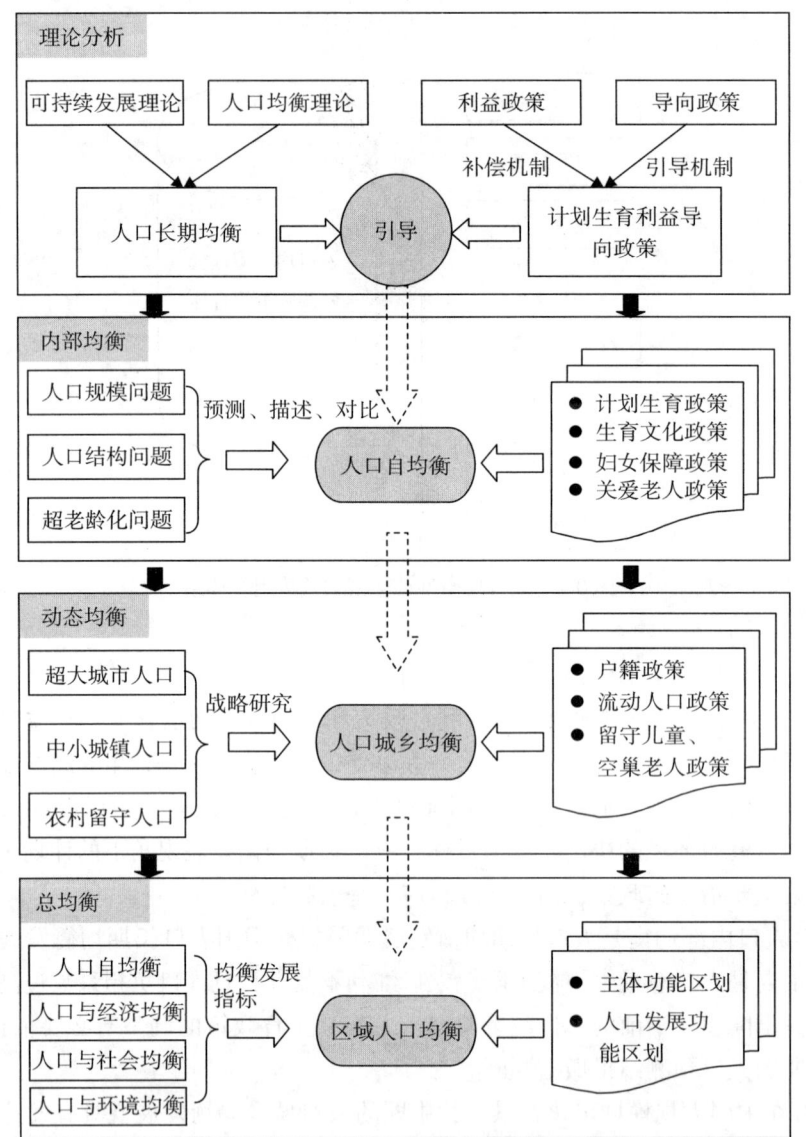

图0-2 人口长期均衡发展视角下计划生育利益导向政策体系框架

---

① 这里需要说明的是，有关人口与经济发展的均衡和人口与社会发展的均衡两个方面的内容，课题组另有专著进行具体论述，因此在本书中不作为重点探讨，仅将经济与社会两者分别作为考虑的要素放在区域人口均衡中加以考虑。

第一章 人口长期均衡发展的理论分析

第一节 人口均衡发展理论

长期以来,人口总量大,人口增长速度快是我国人口问题的主要矛盾,这也是我国制定和实施计划生育政策的重要背景。经过几十年的不断发展,我国的人口发展不断呈现出新的情况,我国的人口政策也在不断进行调整。当前,虽然我国的人口总量依然在逐年增长,但是人口增速已经明显放缓,人口数量问题已经得到了有效的缓解,我国当前的人口问题重点表现在人口结构、素质和分布的问题上,我国的人口发展政策也经历了从以控制生育为主的生育政策到综合治理出生人口性别比的调控政策,再到注重人口均衡发展的公共政策这三个阶段。人口均衡发展是解决我国当前人口问题新的思路和趋势,实现我国人口的长期均衡发展是人口发展的理想目标和出路。

一、理论产生的背景

改革开放之前,我国人口增长迅猛,妇女总和生育率在1970—1975年间仍然保持在惊人的4.76,到1978年我国人口总数达到了9.63亿人,比1949年的5.42亿人增长了77.6%,每年新增人口达到2000多万人,14岁以下的少年儿童人口比重非常之大,人口结构也出现了严重失衡的局面。人口总量大,每年新增人口多,给我国的资源、环境和经济社会发展带来了严重的压力,人口总量也一度被指责为束缚当时中国经济发展的羁绊(蔡昉,2010),人口总量过大、人口增速过快成为这一时期的主要人口问题。为了有效解决上述问题,20世纪70年代末,我国开始推行一系列计划生育政策,1978年10月,提出"一对夫妇生育子女最好一个,最多两个和生育间隔三年以上"的要求,1980年9月,中共中央发表《关于控制我国人口增长问题致全体共产党员、共青团员的公开信》,"提倡一对夫妇只生育一个孩子"。随着我国严格人口政策的执行,中国的妇女总和生育率从20世纪70年代末开始急剧地下降(邬沧萍等,2003),到1990—1995年生育率更是低于世代更替水平,每年新增人口数下降到1600万左右,我国人口总数增长开始放缓,人口数量过快增长,人口绝对数量过大的矛盾得到一定程度地缓解,但是这一问题仍将长期存在。

最初以控制人口总量为目的的计划生育政策,随着政策的持续实施,给我国人口的性别结构和年龄结构也带来了很大的影响。人口的性别结构的变化主要表现在出生性别比的持续升高,我国的计划生育政策导致传统思想引起的男孩偏好得到前所未有的强化,从而导致新生儿出生性别比尤其是高孩次的新生儿出生性别比急剧升高,大大超过国际公认的正常水平。自20世纪70年代末以来,我国出生人口性别比持续升高,到2014年,出生人口性别比仍然高达115.88[1]。我国出生人口性别比虽然近年来有所下降,但是依然保持在一个高位,出生性别比严重失衡。

改革开放三十多年来,随着经济社会的发展和医疗卫生状况的改善,我国人口的年龄结构也发生了巨大的变化。主要表现在人口的加速老龄化和少子化。从1982年到2014年,我国65岁以上老年人口的比重从4.91%增加到10.06%,增长了近一倍。从1982年到2014年,我国0—14岁的少年儿童从34146万人下降到22558万人,少年儿童的比重从1982年的33.59%下降到2014年的16.49%[2]。

计划生育政策的实施,在缓解国家层面的人口资源环境问题的同时,也给家庭的发展带来了较大的风险,其导致的负面影响在近年来逐渐凸显,如独生子女伤残死亡尤其是失独家庭不断增加,以及独生子女家庭养老负担加重。我国人口总抚养比,从1982年的62.6%下降到2010年的最低点34.2%。2011—2014年人口总抚养比持续增长,分别为34.4%、34.9%、35.3%和36.2%,显示出全社会的人口抚养负担正在加重,按人口结构划分,我国0—14岁的少儿抚养比从1982年的54.6%大幅下降至2014年的22.5%,而同时老年抚养比从8.0%上升至13.7%。妇女总和生育率的降低,我国的家庭结构日趋小型化,逐步变成"421"三代亲缘直系结构家庭,同时,一孩化的普及以及意外事故的发生导致我国独生子女家庭失独情况不断增加,根据致公党发布的调查报告,目前我国15岁至30岁的独生子女总人数约1.9亿,这一年龄段的年死亡率为0.04%,我国每年新增"失独家庭"多达7.6万个[3]。

---

[1] 数据来源于国家统计局。
[2] 数据来源于国家统计局。
[3] 《"失独家庭"每年增7.6万个》,http://news.xinhuanet.com/mrdx/2013-03/03/c_132203983.htm,2013年3月3日。

在家庭发展能力面临巨大压力的同时，我国人口的分布也存在较严重的失衡情况，表现为地区间人口分布不均和城乡人口分布的巨大差异两个方面。截至2000年，我国东南部人口约占总人口的94.1%，西部人口仅占总人口的5.9%，[①] 在人口数量上，东部地区人口大于中部地区，中部地区大于西部地区，西部地区大于东北地区。在城乡人口分布方面，1978年我国的城镇人口为17245万人，而到2014年则为74916万人，城镇化率从1978年的17.92%增长到2014年的54.77%[②]。

面临人口发展的严峻形势，人口均衡发展逐步受到国家和学术界的高度重视，国家不断调整计划生育政策，促进人口向长期均衡发展转变。2007年，国家人口发展战略研究课题组在《国家人口发展战略研究报告》中指出"十一五"时期我国人口与计划生育工作进入了"稳定低生育水平，统筹解决人口问题，促进人的全面发展"的新阶段。2008年国家人口与计划生育委员会提出了"实现人口长期均衡发展"的工作思路，2010年中国人口学会召开了主题为"促进人口长期均衡"的年会，首次提出了要全面实施可持续发展战略，建设"人口均衡型、资源节约型、环境友好型"的新的人口均衡发展社会。2010年《中共中央关于制定国民经济和社会发展第十二个五年规划的建议》明确指出要坚持计划生育基本国策，逐步完善政策，促进人口长期均衡发展。2014年十八大报告提出："坚持计划生育的基本国策，启动实施一方是独生子女的夫妇可生育两个孩子的政策，逐步调整完善生育政策，促进人口长期均衡发展。"这是国家基于人口发展趋势作出的重要战略决策，是我国进入21世纪以来生育政策的一次重大调整完善，标志着我国的人口政策进入了以实现人口均衡发展为根本目标的新阶段。

二、人口均衡发展理论

（一）人口均衡发展理论的理论基础

新世纪以来，我国经济社会发生了很大的变化，我国人口发展出现了新的情况，出现了新的问题，学界开始从人口可持续发展的视角研究人口问题，提出了人口均衡发展进而提出了人口均衡型社会等人口发展的新理念和理论，对人口均衡发展的概念和内涵、基本特征、研究框架等进行了理论解释。概括来讲，均衡是指在一定条件下，一个系统内部各种力量或要素相互作用达到的一种相对静止和稳定的状态。均衡与均衡发展二者是紧密联系的，大多数学者在研究人口均衡时并未进行

---

① 根据2000年第五次全国人口普查资料，利用ArcGIS进行的精确计算所得。
② 《2014年国民经济和社会发展统计公报》。

严格区分。均衡发展可以理解为为了实现均衡的过程和结果。人口均衡发展简单地来讲就是实现人口均衡的过程和结果，人口均衡型社会是人口均衡发展的具体化。

人口均衡发展理论是当前人口发展的必然趋势和要求，这一理论的提出是多个学科交叉融合的结果，人口均衡发展的理论主要来源于经济学、人口学、社会学三个学科的分析框架：一是经济学领域的一般均衡理论、内外均衡理论和人口、资源和环境等诸多因素的可持续发展理论；二是人口领域的适度人口理论、人口安全观、大人口观、"两个统筹"等人口学理论；三是社会学的和谐社会理论和科学发展观等关于社会发展的理论(陆杰华等，2010)。

(二) 人口均衡发展的概念和内涵

人口均衡发展这一概念的提出对于当前分析和解决我国人口问题是十分必要的，人口均衡发展是我国人口发展中的一种理想状态，同时也是人口发展政策制定者期望的结果，但是在现实中，由于人口发展的客观情况和政策实施的效果差异，人口自身往往并不能自动实现均衡发展，甚至在研究我国人口问题时，常常观察到的是某一地区人口不均衡是较常见的现象，人口系统内部各要素之间、人口与外部因素之间的不均衡则是更为普遍的现象。同时，人口不同于其他事物，人口各个方面的发展都很重要，必须实现均衡发展，不能也不可能先发展其中一方面，然后再发展另一方面(翟振武，2010)。

学术界目前对于人口均衡发展的概念和内涵并不统一，存在多种观点，主要有以下两种，一是认为人口均衡发展是人口的自均衡，也即人口发展自身内部的均衡；二是认为人口的均衡发展是指人口的内外两种均衡，也即人口的内部均衡和人口的外部均衡。认为"人口均衡发展"是指统筹解决人口问题，实现人口系统各要素协调、均衡地发展。其中人口内部均衡是指人口在数量、素质、结构、分布四个内部系统的均衡，人口外部均衡是指人口与经济、社会、资源、环境四个外部系统的均衡，使人口数量、素质、结构和分布既能满足经济、社会可持续发展的要求，又在资源环境承载范围之内。人口均衡发展最终要实现适度的人口规模、优良的人口素质、优化的人口结构、合理的人口分布这一目标(李建民，2010)。

人口的自均衡发展主要是指人口自身的内部均衡发展。人口自均衡包含两种含义，一是对人口均衡发展进行了静态的细化和分解，人口均衡发展指人口系统各要素的均衡发展，包含人口数量、结构、素质、分布等因素的均衡发展，人口均衡发展更侧重于均衡的结构；二是对人口均衡发展进行了程度上区分，强调均衡的动态演化。均衡具有程度之分，可以分为低级均衡和高级均衡两个比较阶段，强调了人口系统本身具有自我修复、自我平衡的能力，以时间对均衡状态进行了区分，人口均衡发展是指人口不断由低级均衡到达高级均衡转变的动态演化过程，其中包含人口均衡由低级别均衡—不均衡—高级均衡的过程，既强调人口发展的均衡结构，也强调了人口发展的均衡过程。

穆光宗(2011)从生态学、系统学视野中"均衡"的含义出发，认为人口均衡是对人口发展状态的一个描述，"人口均衡"的内涵是指人口系统自身要素变化处在一种动态协调和相对平衡的状态。强调了人口均衡是人口系统构成各要素之间相互匹配、互为依存、动态协调和协同发展的状态，其外延括人口的性别结构、年龄结构和分布结构相对平衡的状态。特别强调了人口均衡的人文含义是彰显对生命尊严、人权保障、人类发展、家庭幸福、人口优化和社会和谐的价值追求。并且对人口均衡的程度进行了区分，认为低水平的人口均衡是数量意义上的供求均衡，高水平的人口均衡是结构意义上的契合均衡。强调了人口均衡发展史要确保人口的优化发展，即警惕和防止人口的逆向发展或者说负向发展，同时认为人口均衡、资源节约、环境友好是经济社会可持续发展的必要前提。

李建民(2010)从狭义和广义两个角度理解人口均衡发展。狭义是指一个国家或地区人口各要素及其变化之间的动态平衡，并使人口的再生产、质量、结构和分布向更高级的均衡状态发展的过程。广义不仅包括狭义的全部涵义，而且扩展到人口发展与社会经济发展、与资源环境的关系。对人口均衡发展的概念定义为一个国家或地区人口各要素变化之间的动态平衡，并使人口的再生产、质量、结构和分布及其与社会经济发展及资源环境关系向更高级均衡状态发展的过程。人口均衡发展的核心是人口系统内部各要素变化之间的动态平衡，这同时也是人口均衡发展的基础。

人口长期均衡发展课题组(2010)借鉴西方经济学中均衡的概念和供求定律，认为人口均衡包括人口内部均衡、人口外部均衡和人口总均衡三部分，人口内部均衡是指人口的自身均衡发展，来自于出生率和死亡率的双轮驱动；人口的外部均衡是指人口与经济、社会、资源、环境的协调发展，来自于"资源环境自然承载力"和"社会经济制度承载力"双轮驱动。人口的内部均衡决定人口供给；人口外部均衡决定人口需求；人口内部均衡与人口外部均衡分别有自身供给与需求体系，当两个体系有效匹配时也即人口需求与人口供给之间实现均等、可持续状态时，实现人口总均衡。

部分学者从各自学科视角出发对人口内部均衡和外部均衡的分析框架进行了更为具体的界定。杨宜勇(2010)从不同分析维度对人口均衡进行了界定，认为人口均衡包括时间均衡、空间均衡、经济均衡、性别均衡、素质均衡、城乡均衡、年龄均衡、种族均衡等多个维度的均衡。张耀军等(2010)强调了区域人口均衡，以主体功能区内的县为分析单位，对主体功能区的人口现状、约束因素等进行了分析研究，认为人口数量、人口空间分布、人口素质等直接影响和制约着主体功能区的规划。只有解决了区域人口均衡的问题，即人口数量适度、人口结构合理、人口素质优良、人口空间分布优化的问题，才能真正做到科学合理地规划主体功能区。深入全面研究人口因素对区域主体功能区规划的影响，对于实现区域协调发展，构建人口均衡型、资源节约型、环境友好型社会具有重要的意义。

人口均衡发展作为当前和今后一段时期我国人口的发展战略，具有以下几个基本的特征。一是系统性，即人口均衡发展是人口各要素的均衡发展。人口均衡发展史包含人口数量、结构、素质和分布在内的人口系统各要素的均衡，而不是人口某一单一要素的均衡。二是长期性，强调人口均衡发展是长期的。人口均衡发展是人口在一个较长时期的均衡发展，而不只是人口的短期均衡发展，短期的内外失衡并不一定影响人口在中长期的内外均衡。三是动态性，强调人口均衡发展是动态变化的。人口实现均衡发展将经历一个复杂多变的过程，实现人口均衡发展这一人口发展的理想状态本身是一个随着经济社会的发展而动态变化的过程，并且，随着对人口发展规律认识的深入以及主观意愿的改变，人们对人口均衡发展的理解和评价标准也会不断调整。四是相对性，强调人口均衡发展与外部因素的协调一致性。人口均衡发展是一种相对均衡，而不是绝对均衡。相对于经济、社会、资源、环境的均衡发展状态，如何保持稳定的低生育水平，综合治理出生人口性别比、减缓老龄化、提高人口素质和改善人口的地区和城乡分布，是我国未来实现全面协调可持续发展的核心问题。五是开放性，强调人口均衡发展是与其他系统普遍联系的。人口系统不是孤立的，是与经济、社会、资源、环境系统联系在一起的一个不可分割的有机整体，在人口转型发展的新的历史时期，应该把人口与经济、社会、资源、环境系统作为一个整体，力求实现整体最佳目标(北京师范大学课题组，2010)。

总结来看，人口均衡发展是指人口的内部均衡发展和外部均衡发展，这是目前学术界对于人口均衡发展的主流观点，并在人口内外均衡发展上很多学者取得了一定的共识。人口均衡指人口数量、结构、素质和分布等人口自身系统内部的均衡以及人口与经济、社会、资源、环境、国际竞争力等人口自身系统外的系统之间的外部均衡的统称。包括人口总量适度、人口素质全面提升、人口结构优化、人口分布合理及人口系统内部各个要素之间协调平衡发展。在人口内部，各个要素之间的力量作用要平衡，人口内部各要素相互作用，而且各要素都有自身的理想状态。同时人口作为整体，应该与外部各方面因素的力量相平衡，人口发展既不能落后于经济、社会、资源、环境等因素的发展,也不能超出经济、社会、资源、环境等因素所能承受的范围。人口均衡发展是人口数量、质量与结构的全面均衡,是经济因素、社会因素和资源环境因素共同确定的最优人口发展状态,包括人口内部均衡和外部均衡两个层次(翟振武,2010;陆杰华等,2010;杨云彦,2010)。稳定"适度"低生育水平是人口长期均衡发展的基础(于学军,2011),内部均衡和外部均衡相互影响,相互制约,共同构成了人口的大均衡系统(陆杰华,2010)。

(三)人口均衡发展的分析框架

1. 基于人口内外均衡的人口均衡发展分析框架

陆杰华(2010)认为人口均衡包含人口的内部均衡和外部均衡,内部均衡包括人口规模、结构、素质和分布①等人口现象和人口的生育、死亡和迁移等人口过程,外部均衡则是包含经济、社会、资源与环境等因素的均衡,人口数量均衡是指适度的人口密度,人口结构均衡重点指合理的人口年龄结构,人口素质均衡主要指与经济社会发展相适应的人口质量,人口分布均衡重点是人口的有序流动和合理分布,外部均衡指的是人口与经济、社会、资源、环境、国际竞争力等人口自身系统外的系统之间相互协调和持续发展而达到的一种均衡状态。因素之间相互作用和影响,实现内部均衡、外部均衡,最终实现人口的内外均衡发展。其提出的人口均衡发展的分析框架如图1-1所示。

2. 基于构建人口均衡型社会的人口均衡发展分析框架

王金营(2011)从人口均衡发展出发提出了构建人口均衡型社会的人口均衡发展框架。他认为在长期的低生育率所导致的人口非均衡发展模式下将产生更为复杂的人口现象,引发人口规模与结构、劳动供给与需求、人口流动与区域发展等之间的失衡和矛盾,成为制约未来我国经济和社会发展的"人口难题"。要建设人口均衡型社会,我们目前面临着历史积累下来的人口初始条件和由它决定的未来人口规模、结构、生育率和自然增长的均衡难题,也同时面临在资源和环境约束下的人口规模、结构与社会经济发展的均衡问题。破解这些人口难题是建设人口均衡型社会的应有之意。其分析了建设人口均衡型社会面临的人口均衡问题及其关系,并认为生育水平或者生育政策的取舍将是关系到人口均衡发展的关键,区域均衡发展要适应人口分布,根据资源和环境的约束合理分布人口,才是解决人口持续流动的根本

---

① 原模型(图1-1)中人口内部均衡并无"素质"这一因素,但陆杰华(2010)在文字部分论述人口内部均衡时包含了"素质",可能是原有的模型在图示上的遗漏,本文在此加上,人口内部均衡才显得完整。

第一章　人口长期均衡发展的理论分析

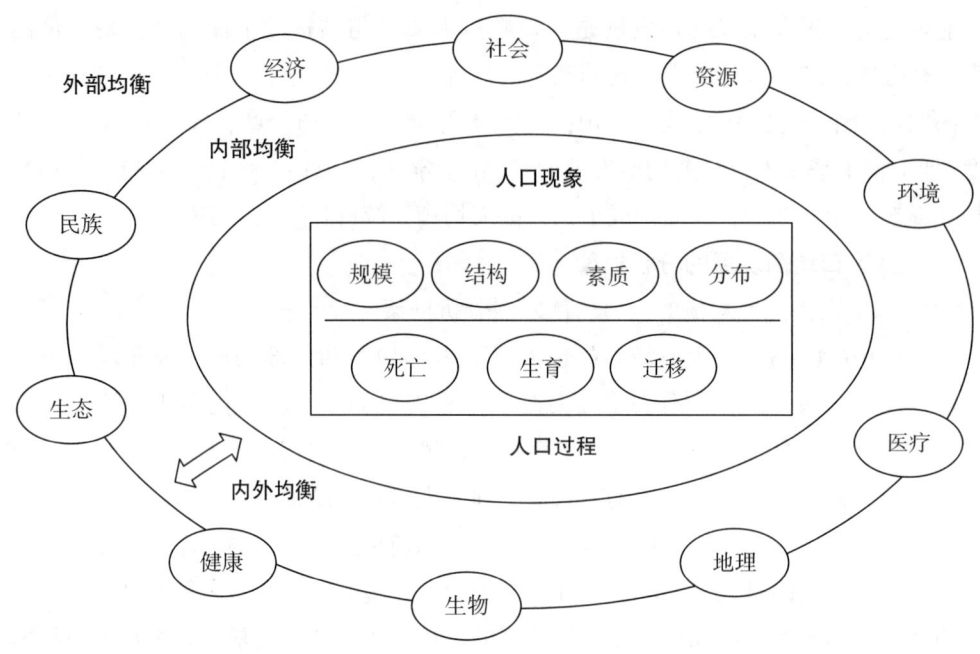

图 1-1　基于人口内外均衡的人口均衡发展分析框架

所在。从制度上能够保障充分实现人口聚集、发挥城市的各种作用，实现人口城乡均衡变动和统筹发展，从而实现人口分布的均衡，最终实现人口均衡发展。其提出的人口均衡发展的分析框架如图 1-2 所示。

3. 基于多因素驱动的人口均衡发展分析框架

人口长期均衡发展课题组（2010）认为人口均衡包括人口内部均衡、人口外部均衡和人口总均衡三部分。人口内部均衡是指人口的自身均衡发展，来自于出生率和死亡率的双轮驱动；人口的外部均衡是指人口与经济、社会、资源、环境的协调发展，来自于"资源环境自然承载力"和"社会经济制度承载力"双轮驱动。人口的内部均衡决定人口供给，其发展变化受到人口自身发展规律的影响和制约，其中人口数量与人口结构是主要影响因素，人口数量决定人口结构。人口外部均衡决定人口需求，其发展变化受到不同时期内经济、社会、资源、环境等各方面因素的综合影响，其中人类社会的物质生产方式与人口再生产类型是主要影响因素，人类社会的物质生产方式决定了人口再生产的类型。人口内部均衡与人口外部均衡分别有自身供给与需求体系，当两个体系有效匹配时也即人口需求与人口供给之间实现均等、可持续状态时，实现人口总均衡。在社会现实中，人口供给与人口需求呈现不

16

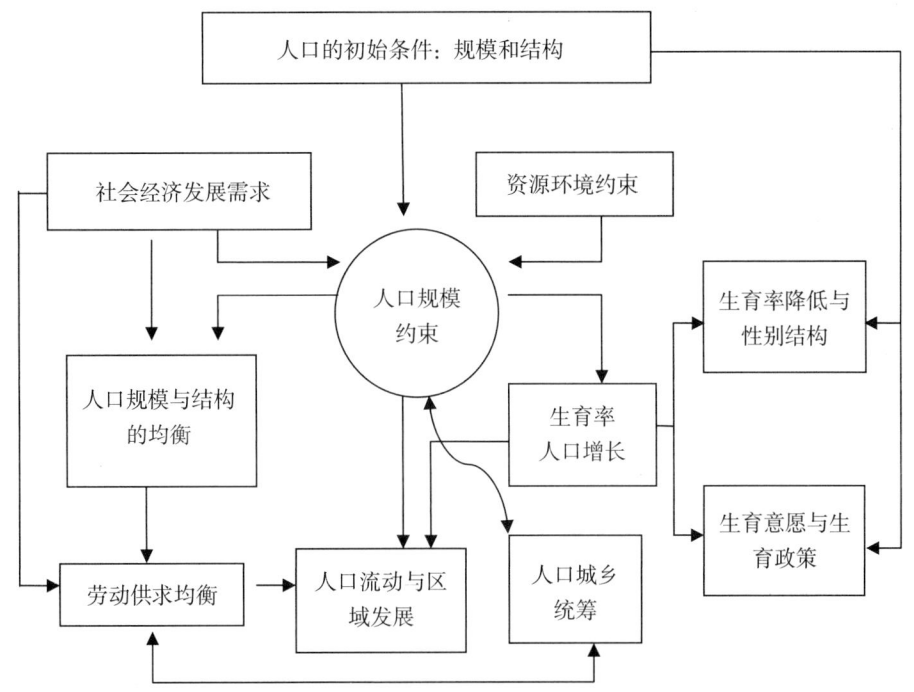

图 1-2　基于构建人口均衡型社会的人口均衡发展分析框架

断调整、相互适应的趋势。在人口供给与人口需求关系中，人的发展始终处于主导地位，应不断追求人口自身系统与经济、社会、资源、环境系统的协调。其提出的人口均衡发展的分析框架如图 1-3 所示。

4. 基于人口空间的人口均衡发展分析框架

向华丽（2013）通过对人口空间的界定，强调了区域可持续发展下的人口空间的均衡，人口空间均衡是基于空间视角的人口均衡概念的新界定。人口空间均衡包括人口空间的内部均衡和人口空间的外部均衡，人口空间内部均衡包括人口社会空间的均衡性和人口地理空间的均衡性；人口空间的外部均衡指人口空间与经济社会、资源环境相互协调和可持续发展的一种空间均衡状态。人口空间内部均衡是人口空间均衡最本质的要求，人口空间内部均衡就是人口自身的可持续发展，人口空间与区域经济发展相协调是实现区域可持续发展的基础，人口空间与资源环境协调是实现区域可持续发展的保障。人口空间均衡可以分为人口社会空间均衡和人口地理空间均衡。人口社会空间均衡不仅包含了人口内部均衡，同时包含了人口结构与区域经济产业结构的协调；人口地理空间均衡则是人口与自然资源、环境的协调，

第一章 人口长期均衡发展的理论分析

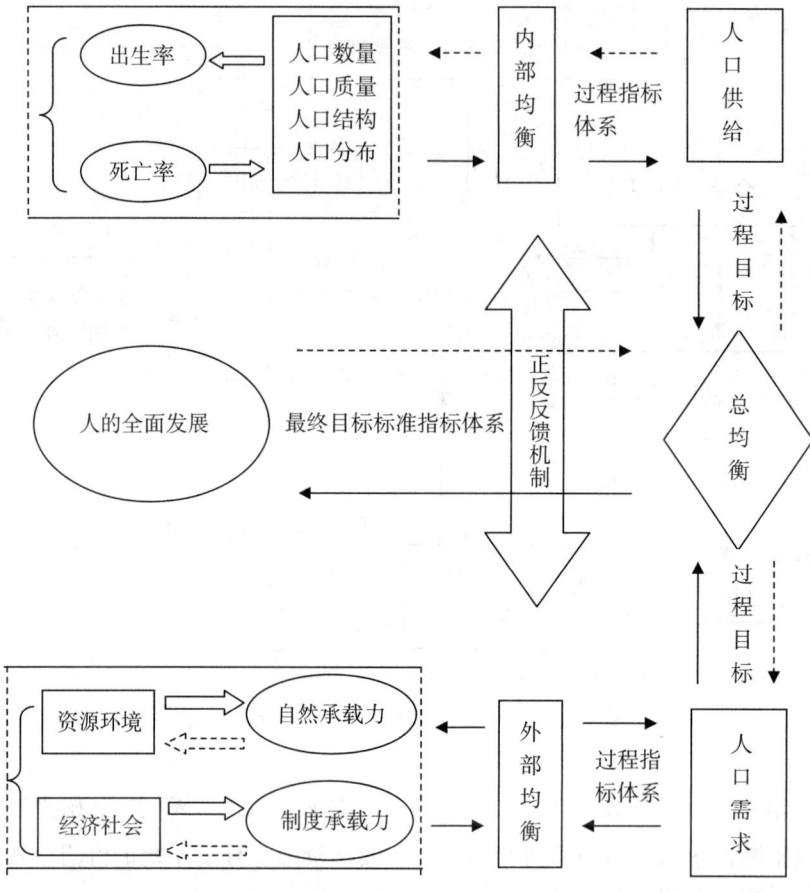

图 1-3 基于多因素驱动的人口均衡发展框架

同时包含了人口分布与区域经济产业布局的协调。其提出的人口均衡发展的分析框架如图 1-4 所示。

三、人口均衡发展面临的问题、解决路径和研究意义

目前，人口均衡发展这一目标的实现存在着一些亟待解决的问题和需要克服的困难。首先，计划生育政策的执行虽然控制了人口规模，缓解了最为紧要的外部均衡问题，但给人口内部均衡造成了较严重的发展问题。前面我们谈到计划生育政策的持续实施带来了人口的结构性问题，那么就存在如何解决在非均衡人口政策长期影响下的结构性失衡问题；其次，当前我国的经济社会发展迅速，新型城镇化不断

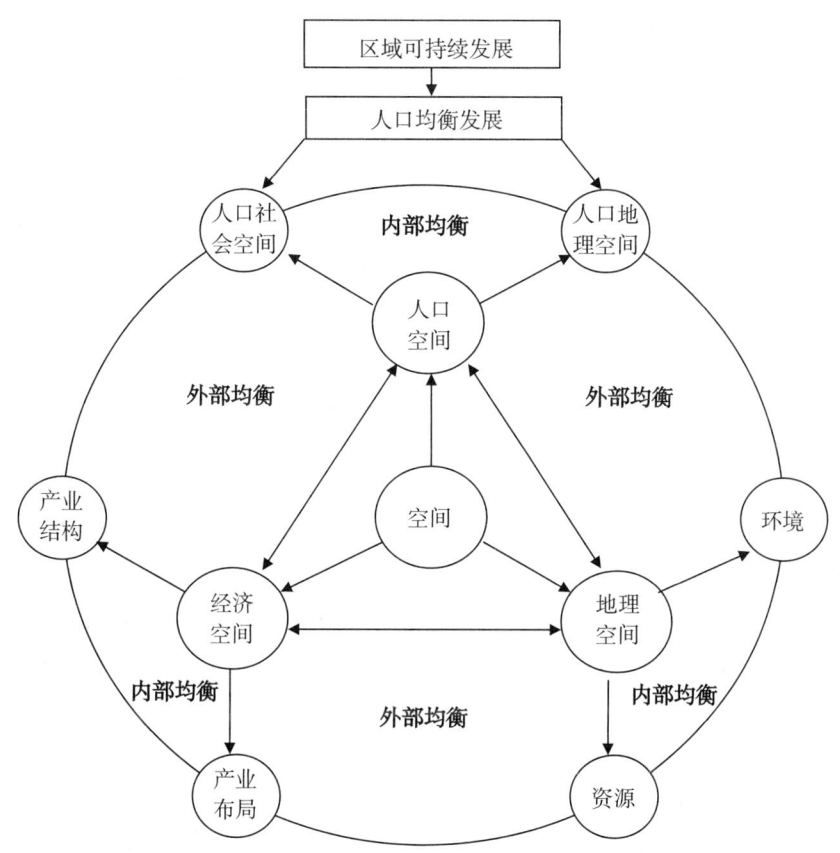

图 1-4 基于人口空间的人口均衡发展分析框架

推进,资源和环境的约束日趋加强,如何实现在资源和环境的硬性约束条件下,人口发展与社会经济发展之间的关系,以实现人口与经济社会协调发展,与资源和环境相适应?这是当前中国社会一个突出的人口均衡问题;再次,学界、各级政府和社会舆论对人口均衡发展的认识也不统一,尤其是在具体的人口政策层面分歧很大。在政策层面,我国围绕计划生育基本国策,构建了自成体系的较完整的计划生育利益导向政策体系,这一政策体系对实现人口均衡发展的目标是否有效,是否需要依据人口均衡发展目标进行调整,这是从宏观层面解决人口均衡发展问题的落脚点。

针对上述第一个问题,从"统筹"的角度解决人口均衡发展是目前的一个思路(乔晓春,2010)。"统筹"的一种观念认为,可以从人口自身均衡发展角度系统地认识和统筹解决人口问题。人口自身指的是人口系统内部各因素，包括人口数量、结构、素质、分布等情况。统筹解决人口问题可以从人口因素和非人口外部环境因素入手，人口因素中，人口数量特别是出生数量决定人口结构，非人口外部环境因素中把人口结构状况看作既定现实，通过提供更有效的福利和社会保障，改变某些传统观念，使出现的"问题"尽可能地小。"统筹"考虑"人口"和"非人口"两方面因素，用"系统"思路来考虑问题，而不是独立针对某一因素或某类问题提出解决问题的对策。

针对上述第二个问题，从其含义出发有两条基本的路径，一条路径是通过调控人口变量，促进人口均衡发展，另一条路径是通过社会经济发展和科学技术进步，促进人口均衡发展。前者是"人口手段"，后者是社会经济手段和科学技术手段（李建民，2010）。同时人口均衡发展是一项长期、复杂、多变的系统工程，在顺应人口发展规律的基础上，实施人力资源综合开发战略，促进人口与经济均衡发展，实现、挖掘和延迟人口红利。实施城乡一体化发展战略，促进人口与社会均衡发展，加速推进人口城镇化，大力推进基本公共服务均等化。实施主体功能区战略，促进人口与资源环境均衡发展，最终实现地区和国家整体人口均衡发展（人口长期均衡发展课题组，2010）。实施人口均衡发展战略必须正确认识和尊重人口发展规律，不可急功近利，以科学的战略性思维，坚持以人为本，以保障人的权利和促进人的全面发展为宗旨；综合采用人口、经济、社会和科技手段解决人口均衡发展这一社会问题（李建民，2010）。

针对上述第三个问题，在人口均衡发展的政策方面，陆杰华等（2010）提出了包含计划生育政策、公共卫生政策、户籍政策、教育政策、社会保障政策、经济政策等在内的一揽子关于人口均衡发展的公共政策组合体系。强调了启动人口均衡型社会发展的行动方案的重要性，并要构建人口均衡型社会发展指标体系，同时加大人口均衡发展的理论研究和构建人口均衡型社会宣传和相关培训。

由上述分析可以看出，实现人口均衡发展是当前我国人口学界研究人口问题的出发点和落脚点，我国人口规模大，人口出生性别比高，人口老龄化严重，人口地区和城乡间分布不均衡，未来几十年我国将迎来总人口、劳动年龄人口、老年人口三大高峰，从人口转变的现实和未来长期发展来看，人口数量、结构、素质、分布以及人口与经济、社会、资源、环境的均衡发展将成为新时期我国人口的中心问题，人口发展面临的新形势要求人口理论的突破创新，人口均衡发展的提出和应用无疑给解决当前中国的人口问题提供了新的解决思路，人口给经济、社会、资源、环境带来了沉重的压力，同时人口的均衡发展也将有助于经济、社会的健康发展，资源、环境的可持续发展。人口自均衡是人口均衡的基础，无论人口自均衡还是人口的内外部两种均衡都指出了人口自身发展和经济、社会、资源、环境对人口发展的影响，只是强调的侧重点有所不同。

人口均衡发展的提法使我们关注到人口数量变动和结构功能的内在联系，而不再满足于"生育水平高或低"的表象判断上（穆光宗，2010）。人口均衡发展理论的提出和完善，其意义在于人口均衡理论实现了现代人口科学的重大突破，并为人口问题的科学决策提供了理论支撑（人口长期均衡发展课题组，2010）。人口均衡发展改变了我们过去过度关注人口数量的不均衡的情况，人口均衡发展更加注重人口各要素变化之间的平衡，更注重人口变化各种后果之间的平衡，强调避免人口系统出现剧烈的甚至破坏性的震荡（李建民，2010）。

人口均衡发展理论的提出，既是人口学关于人口发展的理论创新，也是解决我国人口问题尤其是人口失衡问题的迫切现实需要，加快推进人口均衡发展对于构建人口均衡型社会，对于实现人口与经济社会相协调，减轻人口对于资源环境的压力，进而实现中华民族的永续发展和伟大复兴都具有深远的理论和现实意义。

第二节　可持续发展理论

人口的控制、经济的发展、生态环境的保护、自然资源的利用，是当前全球面临的四大难题。世界范围内的人口不断增加，工业化迅速发展，导致环境的污染、生态的破坏、自然资源的滥用和短缺，以牺牲下一代人的生存条件为代价，严重威胁到了未来世界人类的长期均衡的发展。因此，在思考如何正确处理人口、资源、环境与均衡发展的关系，实现人口的长期均衡发展的基础上，可持续发展这一理论应运而生。随着可持续发展理论的不断丰腴，可持续发展战略也成为我国当前转型关键时期的重要发展战略。

一、理论产生背景

（一）理论根源

可持续发展理论作为一种新的世界观，有着深刻的理论来源和哲学基础。具体来说，可持续发展理论其理论根源主要包括物质性根源、认识论根源和伦理根源等三个方面。

1. 物质性根源

可持续发展理论的物质性根源来自于经济学。马克思主义认为，"经济基础决定上层建筑",唯有夯实的物质基础,人类才能实现生存和发展,这是亘古不变的真理。著名经济学家马尔萨斯的《人口学原理》之所以引起如此广泛的关注并造成如此巨大的影响,不在于其所提出的人口问题的解决思路,更重要的在于其指出了生产资料呈算术级增长,而人口则呈几何级增长这一规律,揭示了人口所面临的自然资源与环境的约束性。在产生可持续发展理论之前,人类乐观地认为地球资源是取之不尽用之不竭的,因此人类社会所存在的一切生活和生产方式,都是以掠夺性、破坏性和反生态性的方式对待资源和环境,将人类社会置身于自然的对立面,导致环境和生态问题的严重性和恶性循环,人们才逐渐意识到人类未来发展正面临危机。因此,在20世纪80年代末到90年代初,欧洲50多名经济学家共同创立的生存经济学的核心就是强调经济上的持续性发展,"要求经济增长要以生态资源的持续力为依据,经济效益和生态效益的统一是衡量经济发展的总原则"。生存经济学提倡适度性原则,即经济的发展需要考虑资源环境的有限性,当代人在发展过程中应该尽量保障后代人的生存和发展权益。通过适度的发展,保护资源环境得以永续地、合理地使用。从这里可以看出,人与人之间、人与自然关系之间的协调是经济增长的重要前提,也是人类永续发展的基本保障,生存经济学已颇具可持续发展理论的身影。

2. 认识论根源

可持续发展理论的认识论根源来自于未来学。科学技术的发展为人类带来经济高速增长的同时也引发了诸多问题。20世纪50年代以后日益恶化的环境和生态使人们不得不正视严峻的现实。1972年,未来学的先驱罗马俱乐部敲响了人类发展趋势的第一声警钟,它提交的《增长的极限》报告中指出,如果人口和资本的快速增长模式继续下去,世界就会面临一场"灾难性的崩溃",避免这个"崩溃"的办法就是实现经济的"零增长"。该报告在世界上产生了极大的反响,引起人类对全球未来趋势的关注,引发了人们对人口剧增和生态环境恶化的思考,有关地球资源无限和人类能力发展无限的观点开始受到人们的普遍质疑。未来学中的发展观点主要从资源的有限性与人类社会发展的相对永续性出发,提出了地球环境中存在的自然资源从总体上有限性的观点。提出人类社会的发展以及未来的走向必须建立在正确处理目前人与自然尖锐对立矛盾的基础之上,为后代留下良好的生存环境和足够的自然资源,防止现代人在满足自己的同时,损坏后代人的利益,压迫后代人的生存。除此之外,未来学还探讨了人类发展模式,提出从根本上转变原有社会发展的生产方式,建设新工业文明的建议。未来学的研究就是把"人类的今天与明天融为一体、统一思维、综合决策",转变人类的生存视野,将持续发展这一理念植根于人类对世界的各项认识当中。

3. 伦理根源

可持续发展理论的伦理根源来自于生态伦理学。生态伦理学是可持续发展理论的哲学理论基础。第二次世界大战以后，西方学者综合各学科相关研究成果和先进分析方法对日益恶化的全球人口、经济、生态、资源问题的理论探讨，建立了生态伦理学。这一学科的建立对于人们全面系统地认识人类与环境之间的关系，具有重要意义。它既为可持续发展提供了生态学的科学理论基础，又提出了可行的人伦道德行为规范，为可持续发展提供了经济发展和环境发展两者相结合的生态理性内涵。生态伦理学从哲学的视野重新审视人与自然的关系，强调正确对待和处理人与自然的关系是人类实现可持续发展的基本前提条件，直接为可持续发展理论的形成提供了思想来源和理论依据。

(二) 社会背景

20世纪中后期是全球环境与发展势态急剧恶化的突出时期。1650年全世界总人口约为5亿(邓艾，赵晓芳，1999)，1950年为25亿，1970年为36亿，1980年为44亿，1990年增至53亿，全世界人口在1650年到1950年的三百年间仅仅增加了20亿，而在1950年到1990年的四十年间增加了28亿。在全世界人口规模迅速膨胀的同时，传统的发展模式也给我们人类的未来造成了各种困境和危机：工业文明依赖的主要矿产、石油、煤等非再生资源已初显枯竭的征兆，加上大量地燃烧煤、石油，二氧化碳大量增加，导致气候异常，严重影响了人类生产和生活；淡水资源分布不均衡，且十分匮乏，能够为人类直接所利用的仅占地球水资源的2.5%，许多发展中国家极易遭受干旱灾害；由于大量林地湿地的开垦及破坏，导致土地退化，世界沙漠和沙漠化面积急速增长；土地退化还带来了物种的灭绝，由于生态系统遭到破坏，使得地球上平均每天有50至100种生物灭绝。人类对土地、水源、能源等资源采取掠夺性开发利用，人类生产生活等有毒和有害物质排放量成倍增长，导致人口与生态环境和自然资源出现严重不平衡，"温室效应"、臭氧空洞、石油危机、粮食危机、水资源短缺等一系列问题伴随着人口的增长而层出不穷，人类的生存和发展面临着巨大的挑战。全球环境与发展问题的急剧恶化，从根本上动摇了传统经济社会发展模式的合理性，即"着重经济发展，忽视资源节约和环境保护"，迫使各国寻求一种更加科学、健康、持久的新型发展思路，可持续发展理论正是在这一社会背景下酝酿产生的。

二战后，西方发达国家经济经历了长达20多年的"黄金增长期"，而与之相伴的是西方国家出现的日益严重的生态问题及其所造成的严重后果，西方各国的国民收入和居民生活水平得到了大幅度提高，使得其经济发展从"高额大众消费阶段"向"追求生活质量阶段"转变，而且也愈来愈关心生活环境的质量，各国开始对传统发展模式进行反思，纷纷开始了检讨既有的发展观。因此公众消费观念和消费结构逐渐向一种"绿色消费"转变，为可持续发展理论在西方国家的形成和发展，打下了坚实的社会经济基础。

1962年美国作家蕾切尔·卡森描述生态环境污染情况的名著《寂静的春天》一书出版，唤醒了西方公众对生态问题的普遍关注，以此为契机，各种生态保护组织在西方各国迅速发展起来。加之西方国家公众的环保意识增强和全球生态环境急剧恶化，绿色和平运动得到了很快的发展，并最终从民间自发组织走上了政治舞台，为可持续发展理论的形成和传播提供了强大的政治推动力。随后在1987年发表的《我们共同的未来》报告中，明确了可持续发展的定义，以此为标志，可持续发展理论正式形成。

二、可持续发展理论的发展

(一)理论的发展历程

可持续发展观于20世纪70年代以后在西方国家形成并传播到全世界各地。西方国家的学者从不同学科领域对人口、经济、生态环境、自然资源相互关系的学术研究，丰富了可持续发展理论的内涵。

20世纪70年代以来，日益恶化的环境与人口膨胀带来的问题，逐渐引起了各国政府的重视。1972年6月，联合国在斯德哥尔摩召开了第一次世界环境大会——联合国人类环境会议，在大会通过的《人类环境宣言》中，发出了"人类只有一个地球，全世界资源和环境可能已经陷入危机"的警告，并成立了联合国环境规划署。1980年3月，该组织联合世界自然保护基金会和国际自然保护联盟发布的《世界自然保护大纲》中首次正式使用可持续发展概念，明确地给出了可持续发展的定义："改进人类的生活质量，同时不要超过支持发展的生态系统的能力"。此后，针对可持续发展这一概念在世界范围内展开了热烈的讨论。

1987年，世界环境与发展委员会在《我们共同的未来》报告中，把可持续发展作为一个关键性概念提出，并阐明了可持续发展的定义："通过社会资本的有效组织、扩展人类的选择机会和能力，尽可能平等地既满足当代人需求，同时也不损害后人需求的发展"。该定义就社会观来说，主张公平分配；就经济观来说，主张在保护自然的前提下，促进经济持续增长；就自然观来说，主张人类与自然和谐相处，协调发展。这一定义影响最大、流传最广。

1991年，世界自然与自然保护联盟对可持续发展给出的定义是"改进人类生活质量，同时不要超过支持发展的生态系统的负荷能力"，着重从生态学的角度阐述可持续发展。在同一年里，国际生态学联合会和国际生物学联合会共同举行关于可持续发展问题的专题研讨会，会中将可持续发展明确定义为"保护和加强环境系统的生产和更新能力"，也就是说可持续发展是寻求最佳的生态系统，既不超越环境系统的再生能力，又使人类的生存环境可以持续。

1991年6月，在北京召开了由41个发展中国家和9个发达国家参加的第一次发展中国家环境与发展部长级会议，会议通过的《北京宣言》表明了发展中国家在环境与发展问题上的立场。1992年6月，联合国在里约热内卢召开了由100多个国家的领导人参加的世界环境与发展大会，大会通过了以"可持续发展"为主题的《里约环境与发展宣言》、《21世纪议程》等5个纲领性文件，标志着可持续发展理论已得到世界上大多数国家的认可。此后一系列的有关可持续发展国际会议的召开和国际协议的签署，大大加快了可持续发展观在全世界的传播。

1993年，我国坚决落实联合国大会的决议，通过制定《中国21世纪议程》表明"走可持续发展之路，是中国在未来和下世纪发展的自身需要和必然选择"的重要决心；1994年7月，来自20多个国家、13个联合国机构、20多个外国有影响企业的170多位代表在北京制定了"中国21世纪议程优先项目计划"，用实际行动推进可持续发展战略的实施；1996年，我国第八届人民代表大会顺利通过《中华人民共和国国民经济和社会发展"九五"计划和2010年远景目标纲要》，明确把"实施可持续发展，推进社会主义事业全面发展"作为我国的战略目标；2000年11月，我国十五届五中全会通过了《中共中央关于制定国民经济和社会发展第十个五年计划的建议》提出了"实施可持续发展战略，是关系中华民族生存和发展的长远大计"的论断；2002年，党的十六大报告把"可持续发展能力不断增强，生态环境得到改善，资源利用效率显著提高，促进人与自然的和谐，推动整个社会走上生产发展、生活富裕、生态良好的文明发展道路"作为"全面建设小康社会的目标"之一。随着我国之后一系列配套政策的陆续出台，为可持续发展的落实提供了政策支持，使得可持续发展在我国得到了空前的发展和壮大。

(二) 可持续发展的维度

可持续发展理论综合了多门学科的精髓，具有丰富的科学内涵，因此其包含了多个维度，主流上将可持续发展理论分为自然维度、社会维度和经济维度。

1. 自然维度

从自然维度来看，可持续发展观旨在说明自然资源及其开发利用程度间的平衡。从生态环境概念出发定义可持续发展，即认为可持续发展是寻求一种最佳的生态系统，这种生态系统能够同时支持生态的完整性和人类愿望的实现，从而使人类的生存环境得以维系，人类得以发展。从对比我们可以看出，传统的发展方式为了满足人类不断增长的物质需求，在工业化和现代化过程中对自然进行无限度的索取和破坏。可持续发展则在尊重自然的前提下考虑人的发展，维护人、自然、社会整个系统的利益。总之，可持续发展所强调的生态发展在于经济活动需基于人们的基本需要和适合生态的方式，从而保持自然生态和人类生存发展的可持续性。

2. 社会维度

从社会维度来看，人和社会的发展是可持续发展理论的一个重要层面，因此可持续发展的核心是以人为本，提倡社会的全面进步和人的全面发展。由此可见，可持续发展理论关注人的全面发展，强调人的主体地位，具有十分强烈的人文主义色彩。可持续发展理论是一种人类主体生态意识的觉醒，使人们认识到有限的资源环境是人类生存和发展的基本前提条件，生活在地球上的所有人都有共同的责任和义务去保护唯一的地球，不能以损害同代人的利益和后代人的生存发展为代价来满足自己的需要。人与自然应该形成一种相互平衡的新型关系，尊重自然本身的发展权，为人类提供了一种面向未来的发展道路和模式，可持续发展理论强调平等这一根本性原则，要求代内平等，更要求代际平等，追求各社会成员、团体或国家间的责任与义务的平等。可持续发展理论带领人类重新认识自己在自然界中的地位，增强环保意识实质上是摆正自己对待自然态度的一种表现。可持续发展理论要求人的发展不仅包括了单个人的发展，也包括全人类的发展，不仅要求从当代人、当代社会发展的角度看待发展，还要求从未来的人类和社会的角度看待发展问题。可持续发展理论主张人类在追求经济效益和生产成果的同时，也需要与自然保持一种和谐关系，在维续当代人生存和发展的目标下，也保障后代人与自己的机会平等和生存权益。

3. 经济维度

从经济维度来看，可持续发展理论的定义有不少表达方式，但主要都认为可持续发展的核心是经济发展。其中的经济发展已不再是传统的"以牺牲资源和环境为代价"的经济发展，而是"不降低环境质量和不破坏世界自然资源基础"的经济发展。从国与国之间的关系来看，经济利益是国与国之间矛盾的焦点。世界各国的经济发展步伐与程度均有很大差异，随着经济全球化的发展，这种差异愈演愈烈。一方面，一些发达国家和地区对不发达国家和地区进行资源掠夺和经济挤压，产生"马太效应"，导致落后国家和地区资源枯竭、环境污染，不仅严重阻碍了经济发展，还危及到了整个国家和地区的生存。另一方面，世界性经济危机的产生表明世界是一个紧密结合的整体，世界经济也呈现出一种全球化的趋势，国家和地区的经济波动会牵动整个世界的经济活动，每个国家和地区都对世界的经济有着或多或少的贡献或影响。因此国与国之间达到一种动态的经济平衡，实现可持续发展十分适用于当今"和平发展"的主题。可持续发展就是追求全世界的均衡永续发展。从一个国家范围内来看，土地、水源、能源等自然资源是有限的，呈现报酬递减的趋势，限制了人类的生存和发展。但是人类的作用如教育的普及、知识的丰富、科技的进步等，在尊重自然、顺应自然的可持续发展基础上，克服了一些自然环境带来的生存和发展困难，相对地拓展了人类的生活空间，为人类提供了一个美好的和持续发展的未来。

三、可持续发展与人口均衡发展

(一) 我国的可持续发展战略

总的来说，我国的可持续发展战略经历了以下三个阶段。

1. 以遏制环境恶化为目标的可持续发展战略

由于我国以资源浪费和牺牲环境为代价赢得高速发展的模式使当前的生存、发展面临沉重的压力(邓楠，1996)，包括自然资源相对短缺且利用率低，生态环境脆弱且自然灾害频繁，环境污染严重，农业生产条件先天不足、后天恶化，经济发展尚没有走上提高经济效益的轨道等，这一连串的问题突显出国内环境污染和资源情况的不断恶化。在国外兴起的环境保护运动的启发下，我国在20世纪七八十年代，开始着手于环境保护。1978年，我国《宪法》第一次对环境保护作出明确规定(周宏春，季曦，2009)"国家保护环境和自然资源，防止污染和其他公害"，为环境保护法制化建设奠定了基础。在第二次全国环境保护会议上环境保护正式成为我国的一项基本国策，推动了我国环保事业的发展。1989年第七届全国人民代表大会通过并公布《中华人民共和国环境保护法》，使环境保护正式成为人人必须遵守的法律规范，并在其后的二十多年里，我国不断完善环境保护的立法以及配套政策，避免再走"先污染、后治理"的老路。这一时期我国主要从环境的角度看待我国经济的发展问题。

2. 以协调人口、资源与环境关系为目标的可持续发展战略

1991年，我国与国际接轨，首次引入可持续发展的概念，得到了国家的广泛关注，并迅速成为支持我国现代化建设的战略之一。国内学界也对可持续发展展开了如火如荼的讨论。有的学者将可持续发展定义为"不断提高人均生活质量和环境

承载力的、满足当代人需求又不损害子孙后代满足其需求能力的、满足一个地区或一个国家人的需求又不损害别的地区和国家满足基本需求能力的发展"(叶文虎，1995)。从广义上来看，可持续发展就是指"随着时间的推移，人类福利得到连续不断地保持以致增加"(张坤明，1997)，而实现可持续发展则需要通过资源的合理开发、节约使用及污染的防治和环境的保护(吴季松，2000)。这些优秀的研究成果都为我国可持续发展提供了理论支撑。

1994年，我国通过了《中国21世纪议程》，并制定《中国21世纪议程优先项目计划》，确立了中国21世纪可持续发展的总体战略框架和各个领域的主要目标。1995年，我国召开了"全国资源环境与经济发展研讨会"，在该大会上将可持续发展定义为：根本点就是经济社会的发展与资源环境相协调，核心就是生态与经济相协调。1996年第八届全国人民代表大会批准通过了《中华人民共和国国民经济和社会发展"九五"计划和2010年远景目标纲要》，把可持续发展作为一个重要的指导方针和战略目标。2002年我国政府向可持续发展世界首脑会议提交了《中华人民共和国可持续发展国家报告》，"总结了自1992年以来我国实施的可持续发展战略的总体情况以及取得的成就，阐述了履行联合国环境与发展大会有关文件的进展和中国今后实施可持续发展战略的构想，和中国对可持续发展若干国际问题的基本原则立场和看法"。至此，我国实施可持续发展已经取得了举世瞩目的成就：在坚持计划生育，走可持续发展的道路背景下，我国人口自然增长率明显下降，并得到了控制，妇女与儿童事业取得明显进步；城镇化水平也有所提高，并开展了城市环境综合整治；大力发展生态农业和可持续发展工业，环境保护以及污染治理明显改善；制定了全国生态环境建设规划和全国生态环境保护纲要，进一步加强对环境和自然资源的合理利用。我国这一系列密集的政策与举措都表明，将可持续发展战略作为国家的基本战略，是面向新世纪、新挑战的最科学合理的选择。

3. 以建立生态文明社会为目标的可持续发展战略

尽管我国早已意识到环境保护等问题，但近十几年来，经济的高速增长和工业化、城市化的加速推进使我国付出了巨大的资源和环境代价，中国实现发展的自身环境比较脆弱(陈耀邦，1995)，多年来我国的不可持续增长使资源、环境方面的欠账积重难返，实现经济快速发展的压力很大。我国人口众多给发展带来了沉重的负担，中国发展中出现的人口、资源、环境问题的不断积累和日益加剧的趋势对我国经济社会的持续发展开始构成一种威胁。这些问题的存在严重制约着中国经济和社会的发展，必须采取强有力的对策加以解决。基于这一国情，中国在可持续发展的基础上形成了具有中国特色的科学发展观。在党的十七大报告中提出，"科学发展观第一要义是发展,核心是以人为本,基本要求是全面协调可持续性,根本方法是统筹兼顾",指明了我们进一步推动中国经济改革与发展的思路和战略,明确了科学发展观是指导经济社会发展的根本指导思想。不仅如此,还适当加入发展"绿色经济"的元素,强调以生态经济协调发展为核心的可持续发展经济,把近期与长远发展相结合,从战略高度统筹考虑,按可持续发展的战略思想,保持经济持续、快速、健康增长。

在可持续发展战略的指引下,我国又创新地提出了生态文明建设理念。我们建设的中国特色生态文明是指一种"人性化和生态化的崭新社会主义现代文明,它的终极目的既要保证满足全体人民的可持续生存与全面发展的需要,又要保证满足非人类生命物种可持续生存与生态系统健康发展的需要"(刘思华,2009)的文明。其中强调了人类自身的可持续发展和其他自然生物、自然资源的可持续发展,将人类放到了自然界这一大的系统当中,不再单独关注人的社会属性,在理论上将人的发展、社会的发展、自然的发展统一到了建设生态文明当中。党的十六大报告明确指出我国全面建设小康社会的一项重要目标,就是要走"可持续发展能力不断增强,生态环境得到改善,资源利用效率显著提高,促进人与自然的和谐,推动整个社会走上生产发展、生活富裕、生态良好的文明发展道路",将生态文明的发展与建设小康社会紧密联系起来;2013 年,我国第十八届三中全会上提出了经济建设、政治建设、文化建设、社会建设、生态文明建设的"五位一体制度建设",将生态环境建设推向了更高的"文明"这一层面,可持续发展战略和我国国情的相结合达到了空前的新形态,照亮了我国人口、经济、社会、环境永续发展的未来。

(二)我国的人口发展战略

针对不同阶段出现的人口问题,我国坚持具体问题具体分析,"有的放矢"地采取相应的解决策略,总体来看,可以划分为三个时期。

1. 计划生育严格执行时期

新中国成立以来,我国始终将马克思主义人口理论与中国实际相结合,不断探讨人口的发展路径,摸索既切合国情又满足发展的人口政策方针,逐渐建立了具有中国社会主义特色的人口发展战略体系。

1953 年的全国第一次人口普查数据显示,当时的中国人口达到了 6 亿,人口的自然增长率甚至高达 23‰,令许多人口学专家学者为我国人口发展的未来担忧。在当时的历史条件下,为了国家以及未来一代的生存发展,我国对待人口增长的态度和措施发生了重大的转变——赞同并重视对人口的控制(翟振武,2001)。毛泽东同志曾提出"人类要自己控制自己,实现有计划的生育"观点,并着手启动了计划生育工作。1956年初,中央更加明确提出"除了少数民族地区以外,在一切人口稠密的地方,宣传和推行节制生育,提倡有计划地生育子女"。在20世纪70年代,我国全面推行了计划生育,包括广大农村地区,均大规模地实施计划生育,最终于1982年党的十二大首次确定了计划生育是我国的基本国策,普遍提倡一对夫妇只生育一个孩子。2001年我国颁布了《计划生育法》,"计划生育"成为我国人口发展战略中的里程碑。

随后,国家陆续出台计划生育的配套政策,完善了计划生育政策体系。自全面推行计划生育以来,我国生育率迅速下降,取得了空前的成就。在短短30年的时间内,实现了人口再生产类型由传统型的"高出生率、低死亡率、高增长率"向现代型的"低出生率、低死亡率、低自然增长率"的历史性转变,步入世界低生育国家行列。有效缓解了人口对经济、社会、自然资源和环境的压力。不仅如此,根据贝克尔的孩子数量质量替代理论,孩子数量减少,意味着对单独一个孩子的投入增多。随着"一对夫妇只生一个孩子"的普及,对我国人口素质的提高也有明显的积极作用。从此,"计划生育"在曲折中逐步走上了正轨。

2. 人口发展政策的调整与摸索时期

在我们享受计划生育政策带来的诸多成果的同时,一些相生相伴的负面作用也逐渐凸显。一方面,我国人口内部出现了许多矛盾与病症。自20世纪80年代以来,我国出生人口性别比持续攀升,直至现在也是异常偏高的状态。出生人口性别比偏高不仅会产生婚姻性别挤压现象,对家庭乃至社会的稳定都有致命的影响。严格的计划生育政策还加剧了人口老龄化问题,老龄人口剧增和未成年人口及劳动适龄人口缩减将成为不可逆的现象。虽然计划生育并不是这一系列问题的"病根",但是它在一定程度上制约了我国人口、经济、社会的发展。因此,在这一前提下,我国采取了"稳定低生育水平"的重大决策,进一步加深计划生育的内涵,巩固计划生育的基本国策地位。2000年,我国颁布了《关于加强人口与计划生育工作,稳定低生育水平的决定》,指出"控制人口数量,提高人口素质,实现我国社会主义现代化建设宏伟目标和可持续发展的重大战略决策,必须从我国社会主义现代化建设的大局和中华民族生存与发展的长远利益出发,进一步抓紧抓好人口与计划生育工作"。不仅如此,江泽民同志更把人口问题提高到可持续发展战略的首要地位,指出必须正确处理经济建设与人口、资源、环境的关系。我国对于人口不再是一味地进行控制,而是追求更高的发展,与经济、社会、自然环境、资源的协同发展,创造出更大的人口价值。

另一方面,随着人口、资源与环境经济学的不断发展,我国的人口政策也不再局限于仅针对人口内部的一些问题，也考虑人口与外部区域环境相辅相成关系。目前我国各地区均暴露出了生态足迹远远超过了环境的可承载力这一严重的问题，越是经济发达的地区越是严重，由此，我国提出了"人口发展功能区"的概念，扩展了我国人口发展战略的外延。人口发展功能区的首要目的就是为了促进区域人口和资源环境协调发展。这一理论提倡人口的布局应遵循"科学发展、和谐发展"的方针，按照"五个统筹"的要求（生态屏障、功能区划与人口发展课题组，2008），优先投资人的全面发展，将人口发展作为谋划未来发展的主线，将人的发展作为发展的根本目的和持久动力，科学界定人口发展功能区，引导人口有序的流动、适度的聚集，在不改变原有生态环境的前提下，利用技术的提高相对地扩大人口的生存与发展空间，从而增进人口发展的机会公平，促进不同地区的人口与资源、环境协调和可持续发展。

3. 人口长期均衡发展战略的落成时期

在新一轮的人口发展战略中，我国综合考虑了我国人口内部的均衡发展和人口与经济、资源、环境的协调发展，推陈出新提出了人口长期均衡发展的理念，成功地将可持续发展延伸到人口研究的领域，突出强调人口的长期均衡发展是可持续发展的一项重要内容，彻底把"人口的可持续发展"改造为我国的人口发展战略。2010年，中国人口学会召开了主题为"促进人口长期均衡"的年会，依据50多位人口学者的研究成果，首次提出了要在人口领域全面实施可持续发展战略，并且在原有的建设两型社会目标的基础上，提出了建设"资源节约型、环境友好型、人口均衡型"的三型社会的建设目标。

现在学界对人口长期均衡的定义初步达成了以下共识：在可预见的时期内，人口自身的数量、质量、结构、分布的协调，以及人口与经济、社会、资源、环境等外部系统及国际竞争力的协调和可持续发展的协调都能达到一种理想状态，人口均衡发展的本质就是要在人口自身系统与经济、社会、资源和环境四个外部系统的相互制约与促进中找到一个平衡点，使人口规模维持在既能满足经济、社会发展要求的同时又在资源环境承载范围之内的水平。人口长期均衡意味着人口的发展不再是固定的模式，而是实现人口的动态平衡。不论是人口内部的数量、结构关系，还是人口与外部的区域经济、环境和资源关系，都应该避免一种"大起大落"的震荡性状态，而是保持在一定范围内的相对平稳的理想变动状态。

最终我国在"以人为本"、"全面协调可持续"的科学发展观的指导下，实行"控制人口数量、提高人口素质、调整人口结构"三者相结合，促进三者协调发展，人口与资源、环境、经济、社会可持续发展的战略。这一人口发展战略既具有历史继承性,又有时代进步性;既继续控制人口数量的增长,又兼顾人口年龄、结构的变动,人口质量的提高,以及人口流动与区域的平衡;既保证降低较高的生育率和较高的增长率,缓解和逐步消除人口过剩带来的压力,又将人口的健康发展纳入到科学发展观体系当中,推进人口与可持续发展战略的实施。由此,我国实现人口的长期均衡发展成为全面实现可持续发展的重要前提和根本保障,没有人口的可持续发展,也就没有全社会的可持续发展。建设人口均衡型社会是我国人口发展战略的一个质的飞跃,它汲取了我国自改革开放以来有关人口政策的成功经验,针对具体国情,紧跟时代步伐,成功地将人口长期均衡融合到我国的人口发展战略当中。

第三节 人口长期均衡发展

人口长期均衡发展理论指出人口未来的发展不仅要注重人口内部系统的均衡,也强调人口外部系统的均衡,以及二者之间的平衡与协调,从这个角度出发,人口现象本身作为一种中性现象,并不必然构成人口问题,只有把它们置放在特定的国家和特定的社会经济发展阶段,考察人口数量、结构和质量与经济、社会、资源、环境的适应性,才可能造成人口问题。归根结底,人口问题本质上是发展问题(翟振武,2001),具有相对性、动态性、系统性,讨论人口长期均衡发展存在的问题,需要基于我国国情与现状。

一、人口自身均衡

(一)人口数量问题

人口自身均衡,亦即人口内部均衡,主要体现为人口数量、人口结构和人口质量三方面(杨云彦,2011)。"众人拾柴火焰高"、"人多好办事"这些俗语都说明了人口数量的优势,但作为世界人口最多的发展中国家,人口数量问题也一直是我国经济社会可持续发展过程中所面临的一个巨大挑战,威胁着我国的生存与发展。正如温家宝总理所言,"任何很大的数除以13亿,都会变得很小,任何很小的数乘以13亿,都会变得很大"。人口数量问题更是牵一发而动全身,对人口结构以及经济社会的发展、资源环境的承载能力都将产生深远影响。

根据六普数据推断出的总和生育率为1.18,既低于政策生育率1.47,也低于国家人口发展战略提出的1.8的水平,更低于人口更替水平所要求的2.1,但仅从这一数字推断中国的生育水平陷入了"危机"阶段则是缺乏依据的。此外,尽管总和生育率已降到更替水平以下,但由于人口惯性的影响,据保守估计,我国人口在今后几十年中还依然呈增长的趋势,有资料显示,中国总人口每年仍将净增 800~1000 万人,而世界每年出生的总人口平均为 7800 万,这意味着中国每年出生的人口占世界每年出生总人口的 1/8 左右,也意味着每 2 年将产生一个澳大利亚人,每 6 年产生一个英国人,并且这种趋势在中期基本不会受到人口政策或其他社会经济因素的影响(向华丽等,2015;马娟,2007),这是不以人们的意志为转移的客观规律。

由此可见,人口数量问题仍会在当前及以后一定时间内存在,因此,看待人口长期均衡发展中的数量问题,首先要求人口在数量方面处理好短期与长期的关系,短期内,仍要稳定低生育水平,控制人口增长;长期内,科学把握人口规律并对人口数量进行合理预测,着眼于保证人口与社会经济、资源环境稳定有序发展,在对生育进行有意识调节的前提下,转变群众生育意愿,实现人口转换的平稳过渡,使人口的生育率和死亡率能够处于长期较稳定的变化状态,整个人口的发展态势呈现较稳定的规律性(宋健,2002)。

(二) 人口结构问题

我国在短短数十年内实现了人口由"高生育率、低死亡率、高增长率"向"低生育率、低死亡率、低增长率"的转变,其发生机制既有社会经济文化的作用,更主要地受强有力的政策因素影响,因而呈现迅速、不平衡、不稳定的特点(翟振武,2015),但也由此带来了人口结构变动等深层次问题,如出生人口性别比、年龄结构以及人口的城乡分布。

(1) 出生人口性别比结构

出生人口性别比失衡以及 15 岁以上未婚人口性别比的严重失衡是社会稳定发展的绊脚石,根据第六次人口普查数据,2010 年全国出生人口性别比是 118.1,与联合国的标准 102~107 相比还任重而道远,而 15 岁以上未婚人口性别比更是达到 134.4,严峻的性别比形势使我国的出生人口性别比综合治理工作面临巨大挑战。而从区域分布角度考察,人口出生性别比还面临地区差异和城乡差异,表现为中部地区高于东部和西部地区,农村高于城市,即失衡问题在农村、中部地区更为突出。此外,亦有学者从空间异质性角度探讨了我国人口出生性别比问题,实证研究显示,人口出生性别比在空间上具有集聚效应,相邻地区会相互影响,出现趋同的现象。

重男轻女的传统文化、计划生育政策的实施、胎儿性别鉴定和选择的技术手段的提高和普及、社会保障制度的不完善等因素的综合作用导致了出生人口性别比偏高。但毋庸置疑的是,随着社会经济的发展以及婚育观念的改变,人们对子女的性别偏好会逐步弱化,这将成为出生人口性别比下降的内在动力。加之有关部门大力实施治理出生人口性别比失衡的措施,比如关爱女孩行动、打击两非的违法行为等,亦会持续推动出生人口性别比偏高局面的改善。此外,正常情况下,出生人口性别比本身会呈现周期性变化(王钦池,2012),这也要求政策制定者在实际工作中把握出生人口性别比的周期性波动规律,关注出生人口性别比的中长期趋势,降低并稳定出生人口性别比率。

(2)年龄结构

就年龄结构而言,普查数据显示,1990年我国65岁及以上老年人口比重为5.80%,2010年,这一比重上升了3个百分点,达到8.87%,劳动年龄人口平均年龄则从33.52岁增长到37.52岁,按照联合国关于老龄化社会的新标准,即65岁以上老人占总人口的7%,我国已经进入老龄化社会,而人口预期寿命的延长,更是加大了我国高龄老人(80岁以上老龄人口)的比例。

由于人口转变的不可逆性,老龄化的趋势亦不可避免,我国老龄化发展态势十分严峻,主要表现为三个方面(杨江权,2013),其一为规模大,不仅表现在相对数上,更体现在绝对数上,是全球唯一老年人过亿的国家;其二为速度快,发达国家老龄化水平从5%上升到10%,普遍用了40多年,而我国只用了18年;其三为解决难度大,老龄化快速增长所带来的需求已远远超出相关的配套供给。

但是值得注意的是,我国大部分退休老年人业余生活并不同于西方国家,受传统文化的影响,只要身体允许,依然会做些力所能及的事,为家庭创造可观的经济收入,例如帮忙带小孩、做家务,或者其他的营生达到自给自足。此外,改革开放背景下,人口年龄结构的变化与国民受教育水平的提高导致大量受过高等教育的年轻人进入劳动市场替换那些受教育水平低的老年人所带来的人力资本提升效应,以及老龄化对人口年龄结构变化所引起的劳动者平均劳动熟练程度、劳动强度以及经济活动人口比重也会在一定程度上弱化或延缓老龄化趋势(王立军,2012),因此在分析老龄化问题时,不能忽视其背后所具有的中国特色以及传导机制,短期内,区别名义和真实劳动量供给;长期内,把握人口老龄化问题的趋势和本质,提前做好应对政策。

(3)人口城乡结构

70年代末以后,随着我国经济体制和发展战略的转变,传统的计划迁移被人口的自由流动和迁移所取代(杨云彦,1994),人口迁移逐渐为社会所重视,2010年人口普查显示,我国人口迁移规模达到2.61亿,与2000年人口普查相比,增长率达到81.03%,占总人口比例由11.37%上升到19.46%。在城镇化背景的推动下，受区域经济发展差距等因素的影响，人口迁出和迁入的分布都呈一定集中趋势，且迁入集中趋势尤为明显；人口迁出呈"多极化"，迁入则更加集中化；一些重要的人口迁出地和迁入地的迁出和迁入强度表现出强者恒强、强者更强的特征，人口迁入重心北移，长三角都市圈取代珠三角都市圈成为新世纪以来省际人口迁入的主要地区，传统迁出大省安徽、江西、河南、湖北、湖南、广西、四川迁出规模及增幅始终居前(王桂新等，2012)。巨大的人口迁移流，一方面有利于促进合理配置资源，转移剩余劳动力，提高劳动者生产效率，优化产业结构，推进城镇化，另一方面也加大了对城市交通、基础设施建设、环境资源、教育、社会保障的压力，给相应部门的管理带来了一定的挑战。

在人口迁移成为大趋势的背景下，迁移流主要是从农村迁入城市，尽管有助于农村剩余劳动力的吸收和增加农民收入，但是却加剧了农村空心化的发展。有学者指出，农村空心化本质是在城乡转型发展进程中，农村地域经济社会功能的整体退化，包括农村土地空心化、人口空心化、农村产业空心化和基础设施空心化(刘彦随，2010)。由于农村土地制度的管理与改革的相对滞后，大量农村青壮年劳动力的流出直接导致了田地的荒芜和宅基地的空置，对土地资源形成双向浪费，劳动力的流失进一步造成农村产业的单一化，成为农村产业结构升级的瓶颈，而基础设施和社会服务的落后，极大地破坏了村庄的整体格局和景观风貌，恶化了农村居民的居住环境，进而又促使新生代农村劳动力不愿意留在农村，造成一个村子里只剩老人和小孩的情况比比皆是，使空心村、留守老人、留守儿童等问题日益严峻。另一方面，流入城市的农村劳动力，仍面临着与城市劳动力相分割的二元劳动力市场(洪小良，2007)，就业主要集中在城市的非正规部门，从事着"险、脏、累"的工作，而户籍制度及附着其上的"倾向于城里人"的各种福利制度和社会保障制度又将其拒之门外，形成所谓的"伪城市化"。但是就城镇化现状而言，我国城镇化远低于工业化，实现二者之间的协调发展仍面临挑战，比之发达国家，我国城镇化率也还有待提高，新型城镇化背景下的城乡一体化亦存在诸多问题。

在分析由人口迁移政策的变更和城镇化的推动促进资源自由流动和合理分配所带来的积极效应时，我们亦不应忽视伴随成果所产生的问题。在新型城镇化背景下，决策者更应准确研判城镇化发展的新趋势新特点，妥善应对城镇化面临的风险，引导劳动力有序流动与合理分布，改善农村居住环境，促进人口城乡分布均衡，实现大中小城市、小城镇、新型农村社区的协调发展，最终实现城乡一体化。

(三)人口素质问题

人口素质在经济社会发展中的作用日益突出，已成为我国综合国力竞争的核心和影响我国实现全面建成和谐社会的重要因素。虽然多年来国家在加强教育方面投入了很大力量，纵向上比较，人口素质已有显著的提高，文盲率、升学率、大学生占总人口比例、科研创作等方面都得到了有效改善，但是从长期发展的角度看，我国目前最关键的问题仍是人口素质偏低，科技创新能力偏低。虽然我国目前每10万人受教育的人数已超过了印度和许多发展中国家，但与发达国家相比，从事开发和研究的人员占总人口比例仍很低，差距还很大，仍然有待大幅度提高。从世界各经济落后国家追赶先进国家的经验看，人口受教育水平的提高都要快于经济追赶速度，在我国还存在一定的发展空间。其次，我国教育投入占GDP比例较发达国家也还偏低，而受教育程度的差别在性别、城乡、区域、民族之间亦相去较远，高素质人才的分布极不均衡，"马太效应"明显。此外，人才结构与实际需求也有一定差距，理论与实践没有实现很好的结合，体现为一方面就业难，另一方面则招工难，近年来一些地方出现大学生找不到工作和公司技术人才严重短缺并存的现象就是一个例证。

如何推动我国由人口大国向人力资源强国，把大力提高人口素质作为实施人口发展战略的关键环节，并以此为翘板实现人口的长期均衡可持续发展需要相关政策制定者予以着重考虑。

人口数量不仅仅是数量的问题，它与人口结构问题、人口素质问题相互联系，相互影响，共同作用于人口自均衡，过去我们主要对人口数量目标进行调控，对人口结构、人口素质所引起的问题没有足够重视，随着社会的发展，这些问题逐步显现，人口自均衡要求我们统筹好数量与结构、质量的关系，在控制人口数量时，更要关注人口的性别结构、年龄结构、城乡结构和素质状况，特别要注重提升人口质量，以质替量，形成统筹协调的政策取向，满足时代发展的需要。

二、人口外部均衡

人口外部均衡要求人口与周围所处环境即外部系统协调发展，既不能超前也不能落后，内涵主要包括三方面，即人口与经济、人口与社会和人口与资源环境。

（一）人口与经济问题

传统观念认为，中国人口基数大，劳动力数量特别是农村剩余劳动力取之不尽，用之不竭，人口数量红利还有很大的发展空间，但也有不少学者从人口年龄结构变化趋势、劳动力市场供求关系变化、普遍出现的民工荒现象以及劳动力工资上涨的新形势，做出了刘易斯转折点到来的判断（蔡昉，2010），尽管对于目前中国经济增长是否正在经历由劳动力买方市场向卖方市场的转变以及是否正在缺失人口红利的支撑还存在很人的争议,但不可否认的是,主要依靠低廉劳动力成本换取经济增长的方式已经不再具有现实可行性。

有目共睹,改革开放以后,我国经济发展取得了举世瞩目的成就,究其根源,除了政策的推动,低廉的劳动力成本也是主要因素之一,人口对经济发展的促进作用,主要体现为长期以来,我国一直是依靠"两头在外"的外向型经济来促进经济发展,外向型经济主要的竞争优势是依靠劳动密集型产业,进入门槛较低,大量劳动力,特别是从农村流向城市的劳动力正好对这一经济增长方式提供了有力支撑。

但巨大的人口基数对经济发展的负向作用也是显而易见的,主要体现为就业压力,而解决庞大的就业需求最根本的办法就是发展经济,保持国民经济的增长水平高于就业的增长水平。只有保证我国社会经济持续快速增长,扩大就业的范围和领域,才能进一步促使劳动力人口与就业、经济发展处于良性循环的状态。提高国民生产总值水平,扩大就业需要,既是促使劳动力人口与就业协调发展的最根本的战略原则,也是缓解劳动力过剩状况的积极主动的办法,更是解决劳动力人口供大于求的一个基本前提(周宝余,1999),而如何保证经济的持续快速增长又对我们提出了更高的要求。

其次,转轨时期的中国经济增长充分利用了人口红利,但随着加入世贸的成功,我国开始逐步实现了经济全球化,对经济增长方式也提出了更高的要求,传统的高投入、高消耗的粗放型增长方式已经不再适应时代的要求,必须向以低投入、低消耗、高产出的集约型增长方式转变。但目前我们却面临着人口红利在趋于缓慢消失,经济却还未成功转型的困境,大部分发达国家多是在完成工业化、人均GDP达到1万美元后进入老龄化社会,而我国在进入老龄社会时人均GDP还远未达到这个标准,呈现"未富先老"的形势,降低了劳动力的供给和市场参与率,进一步加大了我国产业结构、所有制结构转型的压力。

最后,我国劳动力素质还不能满足经济产业转型的需求,我国虽是世界上人力资源最丰富的国家,但劳动力整体素质较低,人力资源的潜力还没有转化成为人力资源的现实优势。拿企业来说,虽然我国企业内部劳动力数量比较多,但生产一线的技术工人整体素质却不高,其中技术工人只占一半,而在技术工人中,高级工所占比例又极其小,与发达国家高级工相比,在数量和质量方面都相差甚远(王风峰,2003)。随着高新技术产业部门的发展,必然对相应产业工人素质有着更高要求,必须通过加强职业培训,根据产业结构的调整变化,了解哪些行业需要具备什么技术、技能,需要具备什么条件和素质的劳动力人口,并在此基础上有针对性地培训员工,实现与工作要求的有效接轨,使培训工作真正成为提高劳动力人口素质和技能的有效措施，提高就业技术和能力，促进劳动力人口适应市场和技术发展的需要。

因此，既不要把人口作为绝对的包袱，也不要觉得人口越多竞争优势越大，科学的人口观要求我们一方面看到人口作为生产者的属性，另一方面看到人口作为消费者的属性（杨云彦，2011）。对于人口与经济我们真正所面临的挑战是如何将我国初级化的人口红利，即数量型人口红利，转化为高级化的人口红利，即素质型人口红利，以人力资本支撑经济的发展，提高劳动者生产效率，调整经济结构，增强我国在全球范围内的软实力、竞争力和影响力，这对我国的经济政策和人口政策都提出了很高的要求。

（二）人口与社会问题

人口发展是社会发展的重要组成部分，目前我国却面临着人口与社会的多重问题制约着社会的稳定与发展，从性质上划分，中国的人口社会问题主要分为三种类型：一是人口变动和人口社会关系变化带来的问题；二是由于社会与经济发展之间的不协调导致的问题；三是其他社会政策与人口政策不协调导致的问题。从形式上划分，中国的人口社会问题可以划分为四种类型：一是基于人口数量的问题；二是基于人口结构的问题；三是基于人口素质的问题；四是基于人口社会关系的问题（李建民等，2007）。

巨大的人口基数加大了社会保障工作的难度与挑战，我国幅员辽阔，各地区发展也存在一定的差异，要实现社会保障和公共服务的全覆盖和均一化目前还很难做到。因此我国人口虽然实现了现代化的转变，但社会发展却还有一定的滞后，此一方面导致潜在的"人口红利"转变为现实收益的程度比较低；另一方面加大了社会公共支出的压力，而社会公共支出的不足又带来了部分人群的贫困化与边缘化，这种现象在农村和老人那里表现得尤为突出，进一步加大了城市与农村的社会分层。

严重的性别比失衡关系到婚姻、家庭、社会等稳定问题，北京大学国家发展研究院中国经济研究中心预测，如果当前我国出生性别比得不到遏制，2020年以后，婚龄男性多于女性数字将超出3000万，这意味着在今后相当长的时期内我国将不得不忍受人口性别失衡带来的痛苦，未来男性婚姻挤压会变得更严重（姜全保，2010），而由于出生人口性别比长期持续偏高所导致的不良的社会影响亦将是长期的、持续的。

流动人口是在我国的社会变迁中产生的一个特殊群体，他们是城市发展的一支重要力量，但是受制于现存的制度安排，流动到城市里的劳动力并不能享有与城里人一致的公共服务，事实上，流动人口与流入地居民之间最主要的差异集中表现为社会保障福利和其他公共资源的获得,例如医疗保险服务、随迁儿童的教育等问题,而正是制度安排维系着不同身份人群之间在公共资源可及性和可得性方面的不公(杨菊华,2011),造成社会资源分配的极度不均。

随着经济社会的发展,人们的家庭结构也在发生深刻变化,表现为家庭规模小型化、家庭结构简单化、家庭类型多元化,这些变化将弱化传统家庭的保障功能,加大对社会公共服务的需求。例如家庭养老职能的弱化,老年人的家庭生活照料问题会变得日渐突出,都将加大对社会养老、医疗服务的需求,而当前我国在这方面的服务还比较薄弱和欠缺,如何满足老年人尤其是农村老年人的需求将成为我国养老中面临的大难题。此外,计划生育家庭生计面临可持续发展的风险,计划生育手术并发症、子女伤残死亡、养老等问题日益积聚,成为不容忽视的社会问题。计划生育家庭为人口的控制与经济社会的发展做出了巨大奉献和牺牲,但现在却面临保障水平低、覆盖范围窄、相关利益引导机制弱等问题(王军平,2011),其生产、生计、生活均存在一定的困难。如何将人口政策与社会保障政策进行更好地衔接,完善计划生育利益导向机制,进一步改善计生家庭民生,使其享有改革的发展成果,提高家庭发展能力,政策制定者需要进一步把握。

(三)人口与资源环境问题

庞大的基数一方面为经济的发展提供了人口红利,另一方面却加剧了人口对资源环境的压力,随着人口不断膨胀,人们对资源环境的消费量均与日俱增,同时"分母效应"稀释了人均拥有量,导致僧多粥少。人类生存与发展离不开自然资源,但人口增长过快使自然资源受到巨大压力,这些资源有再生性的,也有非再生性的,主要体现为人口增长对土地资源、淡水资源、森林资源和矿产资源的影响,这种压力不仅来自人口绝对数量的增加,而且来自每个人因生活消费水平提高带来的资源消耗增长。工业化和城市化所产生的三废、汽车尾气的排放等使人类生存环境受到了污染,空气质量日益恶化,各地雾霾的爆发也严重损害了人们身心健康,而由于环境具有公共物品的特征,环境治理和保护需要财力投入和技术手段,不管是发达国家还是发展中国家,环境保护都是乏力的,导致环境污染并没有得到真正有效的遏制,环境状况继续恶化,公害事件不断出现,人类生存的环境质量仍在下降(吴文恒等,2009;肖立见,1997)。

实现可持续发展的关键在于协调人与自然的关系,人类一切的生产活动所需要的物质、能量、环境和信息完全取自人类赖以生存的自然环境。因此人类的发展必须以人口与环境可持续发展为前提,追求人口与经济、社会的发展不得以牺牲环境质量为代价,而要以环境保护、维持生态平衡为前提。人口与经济、社会、资源环境可持续发展，终究还是要以人口与资源环境能否达到"协调一致"和"互动平衡"为转移，人口与资源可持续发展是全部可持续发展的条件，是制约可持续发展的终极因素（周毅，2003）。

归根结底，资源、环境容量的有限性及其对人类社会发展的不可替代性与目前人们巨大的需求量构成了人口与资源环境的矛盾，只有在协调好人与资源环境关系的条件下，控制人口数量、节约资源、保护环境，转变经济的增长方式，从一味向自然索取到合理开发利用资源兼顾与自然的双赢发展，发展偏重利用社会资源和智力资源，才能够实现人口与资源的可持续和均衡发展。

人口作为社会活动的最基本单元，其长期均衡发展不仅要求人口内部系统构成要素相互匹配，也要求人口自身与外部系统的协调发展，一方面人口数量、性别结构、年龄结构、素质结构和分布情况会影响经济、社会和资源环境外部系统的发展，而外部系统的发展也会反作用于人类行为，促进人口内部系统的调整与改变，系统内任一要素的失衡，均会影响其他要素的均衡。人口长期均衡发展既注重长期发展，亦强调均衡发展，长期发展从纵向时间维度上表明了发展的动态性和可持续性，均衡发展从横向空间维度上揭示了发展不仅要在人口内部实现人口总量适度、人口素质提升、人口结构优化和人口分布合理的目标，同时强调人口作为整体，要注重与外部系统的关系，其发展应该与经济、社会发展水平相协调，与资源、环境承载能力相适应，既不能落后于外部系统的发展造成资源浪费，也不能超前于外部系统的发展超出资源的承载力，最终达成人口内外系统及系统内部各个要素之间的协调发展。这一理念的提出，细化了我们对人口发展问题的认识，它并不仅仅就人口个体属性谈论人口问题，而是通过强调人口的社会属性来统筹人口发展的各方面，只有把握发展的整体性，才能实现社会的和谐与可持续。

第二章 人口长期均衡发展视角下的计划生育利益导向政策

计划生育利益导向政策是从计划生育政策中演化出来，迄今仍主要是用于引导人们生育意愿和生育行为的政策，是一种由外部因素引起内部因素发生变化，最终通过内部因素起决定作用的治本措施，对计划生育政策的顺利施行起着巨大的推动作用。随着社会发展和时代变迁，计划生育的内涵在不断变化，从控制人口数量到同时关注人口素质和人口可持续发展，逐步完善计划生育政策、促进人口长期均衡发展是今后计划生育利益导向政策的重要方向。

第一节 计划生育利益导向政策概述

一、计划生育内涵的演变

计划生育是通过晚婚、晚育、少生和优生，有计划地对人口进行控制的过程。计划生育的思想并非一成不变的，它随着时代的发展不断被赋予新的内涵。新中国成立初期，百废待兴，国家重点放在经济建设上，有着"人多力量大、人多好办事"的观念，政府并没有意识到人口大量增长所带来的一系列的问题，这一阶段生育主要处于放任状态。同时，在当时国际政治环境下，中国政府照搬苏联的人口理论和人口政策，在政策和舆论上主张学习苏联奖励多生育的做法，对多生孩子进行鼓励和支持（杨发祥，2004）。另外，1950年颁布的《中华人民共和国婚姻法》，及国家卫生部门从维护妇女健康的角度出发，颁布的限制打胎、节育以及人工流产等规定，在理论和实践上执行着不成文的鼓励人口增长的政策（汤兆云，2005）。

随后中国政府很快意识到了人口过快增长带来的问题，特别是1953年第一次人口普查后，人口快速增长的压力已开始显现，政府开始提倡节制生育，并采取了相应措施，限制人口增长（樊明，2010）。1962年《关于认真提倡计划生育的指示》中指出"在城市和人口稠密的农村提倡节制生育，适当控制人口自然增长率，使生育问题由毫无计划的状态逐渐走向有计划的状态,这是我国社会主义建设中的既定政策"。

20世纪70年代初以来我国开始大力推行计划生育,1971年"第四个五年计划"提出"一个不少,两个正好,三个多了"的节育口号;1973年第一次全国计划生育汇报会提出"晚、稀、少"的节育政策;1978年中央提出"提倡一对夫妇生育子女数最好一个,最多两个";1978年以后计划生育成为中国的一项基本国策。

20世纪80年代以后,我国的计划生育思想开始发生转变,从原来全力控制人口数量到开始注重提高人口质量。1982年2月,《中共中央、国务院关于进一步做好计划生育工作的指示》第一次明确规定了我国的人口政策,即"控制人口数量,提高人口素质",提倡晚婚、晚育、少生、优生;1991年5月,《关于加强计划生育工作严格控制人口增长的决定》中提出把计划生育、控制人口增长、提高人口素质作为我国一项长期基本国策。

2000年3月《关于加强人口与计划生育工作稳定低生育水平的决定》中指出"控制人口数量,提高人口素质,是实现我国社会主义现代化建设宏伟目标和可持续发展的重大战略决策,并提出计划生育是我们必须长期坚持的基本国策。在实现了人口再生产类型的转变之后,人口与计划生育工作的主要任务将转向稳定低生育水平,提高出生人口素质"。

另外,2001年12月第九届全国人民代表大会常务委员会第二十五次会议通过的《中华人民共和国人口与计划生育法》第3条规定"开展人口与计划生育工作,应当与增加妇女受教育和就业机会、增进妇女健康、提高妇女地位相结合"。

进入21世纪,我国人口增长与人口再生产类型实现了从"高、高、高"到"低、低、低"的转变。随着人口再生产类型的转变,我国人口问题变得更加复杂,人口分布不均衡,老龄化等问题都凸显出来,这些问题对我国经济社会的发展产生了深刻影响,国家开始重视人口发展战略研究。

2003年2月,中央决定将原国家计划生育委员会更名为"国家人口和计划生育委员会";2004年国家启动了历时两年的人口发展战略研究,为我国制定重大战略规划和政策提供了重要支撑(樊明,2010);2006年《中共中央国务院关于全面加强人口和计划生育工作统筹解决人口问题的决定》中指出"实现我国经济社会又好又快发展所面临的重大问题,无不与人口数量、素质、结构、分布密切相关,在人口问题上的任何失误,都将对经济社会发展产生难以逆转的长期影响。以人的全面发展统筹解决人口问题,变人口压力为人力资源优势,为经济社会发展提供持久动力,是实现中华民族伟大复兴的战略选择"。同时提出,"要全面贯彻落实科学发展观,优先投资于人的全面发展,稳定低生育水平,提高人口素质,改善人口结构,引导人口合理分布,保障人口安全,促进人口大国向人力资本强国转变,促进人口与经济、社会、资源、环境协调和可持续发展"。

虽然计划生育政策一直将控制人口数量放在首要位置,但面临我国低于更替水平的低生育率和日渐加速的老龄化进程,2012年中共十八大报告并未继续强调"稳定低生育水平",而是首次强调"坚持计划生育的基本国策,提高出生人口素质,逐步完善政策,促进人口长期均衡发展"。2013年11月,《中共中央关于全面深化改革若干重大问题的决定》中明确:坚持计划生育的基本国策,启动实施一方是独生子女的夫妇可生育两个孩子的政策,逐步调整完善生育政策,促进人口长期均衡发展。2015年1月,十八届五中全会提出,促进人口均衡发展,坚持计划生育的基本国策,完善人口发展战略,全面实施一对夫妇可生育两个孩子政策,积极开展应对人口老龄化行动。这是中国人口和生育政策适应经济社会发展形势所作出的重大调整,反映了中国政府在与时俱进地对人口结构进行调整方面所作出的努力。

世界上一切事物都处在发展和变化之中,人口及其运动也不例外(张纯元,2000)。我国计划生育经历了从单纯控制人口数量、到提高人口素质、再到统筹解决人口问题的发展过程,计划生育政策在不断调整完善,以适应包括人口数量、人口素质、人口结构、人口分布等各方面在内的人口长期均衡发展。计划生育内涵的不断完善为促进我国经济、社会、资源、环境的可持续发展提供了良好的人口条件。

二、利益导向政策的提出

计划生育利益导向政策是指政府对积极响应国家计划生育号召的家庭在生产、生活和生育上进行奖励、优待、帮扶和保障,使他们能够享受到多方面的优惠和关照,并对违反计划生育政策的家庭给予一定的经济限制和行政、党纪方面的处分,使他们能够受到一定的约束和惩罚的政策。

20世纪70年代末,我国迫于当时人口增长过快对经济社会发展的压力,推行计划生育政策。在计划生育政策执行初期,由于各种主客观的原因,在城市和广大农村还不同程度地存在着多生子女、特别是多生儿子的家庭在经济上多得利的状况,由此造成国家同每个家庭在控制人口增长方面的物质利益上存在着一些矛盾(洪娜,2014),这些矛盾对计划生育政策的推行产生了较大的阻碍。另外,虽然实践表明,计划生育政策在短期内起到了很好的控制人口增长的作用,但这种政策给育龄人群造成很大的压力,一些人的生育意愿与国家政策发生矛盾时,会产生很强的对立情绪，往往会造成社会基层关系和党群关系紧张。

因此，仅仅施行单一的控制人口增长的计划生育政策并不能从根本上达到控制人口增长的目的，为了提高计划生育工作的水平，必须努力探索搞好计划生育工作的新途径，使广大群众能自觉自愿地实行计划生育。20世纪80年代初，一些地方政府逐步认识到经济奖励手段对控制人口的作用；80年代中期利益导向政策对计划生育工作的功效得到了强化，各地政府和计划生育管理部门在党中央国务院的号召下，结合各地实际情况，开始了制定相应激励措施的尝试。在实行家庭联产承包责任制时，让农村独生子女家庭多包田少包产、少交提留金、多分自留地，同时优先帮扶他们勤劳致富；另外还从老年福利事业出发，妥善解决孤寡老人的生活及其他各类问题，解除他们实行计划生育的后顾之忧。

20世纪80年代以来计划生育利益导向政策正式与我国人口控制工作相结合。经过了数十年的探索和建设后，我国目前已经基本上形成了包括免费计划生育技术服务制度、独生子女父母奖励制度、农村计划生育家庭奖励扶助制度、西部地区"少生快富"工程、计划生育家庭特别扶助制度、免费孕前优生健康检查制度等六个方面在内的计划生育家庭利益导向政策体系，为我国新时期人口和计划生育工作的开展奠定了坚实的前提条件(汤兆云，2013)。

三、利益导向政策的意义

计划生育利益导向政策是从计划生育政策中逐步演化出来的，相比于主要控制人口数量的计划生育政策，利益导向政策更倾向于社会的综合治理。利益导向政策对提高人们计划生育积极性、稳定低生育率、提高家庭发展能力、贯彻我党全心全意为人民服务的宗旨以及适应我国计划生育发展的需要有着重要意义。

利益导向政策有利于加速人们生育观念的转变，提高实行计划生育的自觉性。我国20余年计划生育工作的实践表明，计划生育工作中要解决的根本问题，是转变人们的生育观念(张怀宇，秦玉莲，1995)。中国传统的生育观点是"早生"、"多生"、"生男"，这与计划生育的理念产生了很大的矛盾。运用利益导向政策，利用增加计划生育家庭利益的办法，积极鼓励和支持家庭少生快富，切实提高遵行计划生育家庭的社会福利和社会地位，有利于加快人们生育观念的转变，引导人们自觉减少生育子女数量，实行计划生育。

利益导向政策有利于解决我国计划生育工作中的基本矛盾，推动我国计划生育工作的深入开展。计划生育工作主要依靠自上而下的行政力量推行，不仅不利于启发和诱导广大群众自觉实行计划生育，还有可能在群众中产生强烈的对立情绪，不利于社会的和谐稳定。运用利益导向政策，通过增加计划生育家庭利益的办法，调动广大人民群众参与计划生育的积极性，实现个人生育愿望与国家生育政策的统一，保障我国计划生育工作的方针政策得到切实的贯彻执行。

利益导向政策有利于提升家庭发展能力，增强家庭发展可持续性。家庭发展能力是家庭凭借其所获取的资源满足每一个家庭成员生活与发展需要的能力（吴帆、李建民，2012）。我国多年来实施的计划生育政策，有效控制了人口增长的规模和速度。但是，家庭规模缩小、家庭结构简化、家庭稳定性减弱导致家庭发展能力下降。通过利益导向政策，对计划生育家庭进行奖励、补助、保障、帮扶，增强计划生育家庭抗风险能力，使计划生育家庭获得更多的发展资源，促进家庭发展能力建设。

利益导向政策有利于贯彻落实我党全心全意为人民服务的宗旨。我国多年来的计划生育管理一直根植于社会制约的管理模式。虽然成效显著，但客观地说付出了沉痛的代价。广大群众尤其是生产力不发达地区的农民牺牲了个人和家庭的利益，为国家作出了巨大的贡献（吕洪江，2000）。运用利益导向政策，为积极响应国家计划生育号召的家庭提供相应的补偿和鼓励，切实保障独生子女家庭的利益，有利于贯彻落实我党全心全意为人民服务的宗旨，有利于加强人民对党的支持和拥护。

利益导向政策有利于适应我国计划生育发展的需要。进入21世纪，随着人口再生产类型的转变，我国人口问题变得更加复杂，计划生育工作不能仅仅局限于控制人口增长速度，更重要的是提高人口素质、改善人口结构，引导人口合理分布。通过一系列旨在控制人口数量、提高人口素质、改善人口结构、促进人口发展功能分区的利益导向政策引导促进人口均衡发展，有利于促进人口与经济、社会、资源、环境协调和可持续发展。

总之，利益导向政策对推动计划生育工作的顺利开展，促进经济社会和谐发展有着重大意义。利益导向政策作为计划生育政策中逐步演化出来的辅助政策，虽然不能取代各种社会制约机制在计划生育中的作用，但是它能够缓和各种社会矛盾，推动计划生育政策的顺利施行；同时，利益导向政策能够适应我国计划生育发展的需要，有利于提高人口素质、改善人口结构，引导人口合理分布，保障人口安全，促进人口大国向人力资本强国转变，促进人口发展与经济社会和谐发展相适应。

第二节 利益政策与导向政策

计划生育利益导向政策包含利益政策和导向政策两层含义，利益政策主要是通过补偿机制促进人口均衡发展，导向政策主要是通过引导机制促进人口均衡发展。通过这两种机制来控制人口数量、稳定人口增长、提高人口素质、改善人口结构，最终实现促进人口长期均衡发展的目标。

一、利益政策

利益政策的动机是"补偿性的"，补偿计划生育家庭为促进人口长期均衡发展所做出的个人牺牲。补偿计划生育家庭执行计划生育政策所承担的孩子在收入效应、养老照顾效应与精神慰藉方面的损失、父母与家庭成员性别偏好的损失以及孩子在成长过程中面临的不幸伤残或死亡带来的损失。利益政策大致可以分为这四类：对计划生育家庭利益受损补偿、对计划生育家庭的直接奖励、西部地区"少生快富"工程和参加社会保障的优先优惠。

1. 对计划生育家庭利益受损补偿

1977年12月《关于全国计划生育工作汇报会的报告》中首次提出：要妥善处理好节育手术事故和并发症的问题，对确因节育手术发生的事故和并发症，卫生部门应本着对人们健康负责的精神，积极治疗，对因节育手术事故造成死亡或丧失基本劳动能力而导致生活困难的农村社员、城市居民，应采取集体为主，国家社会救济资助的方法帮助解决。1990年，国家人口计生委出台了《节育并发症管理办法》和《节育并发症鉴定办法》（试行），该办法统一了计划生育手术并发症患者的补贴方法。

2007年8月，国家人口计生委、财政部《全国独生子女伤残死亡家庭扶助制度试点方案》中提出，我国城镇和农村独生子女死亡或伤、病残后未再生育或收养子女家庭的夫妻，符合1933年1月1日以后出生、女方年满49周岁、只生育一个子女或合法收养一个子女、现无存活子女或独生子女被依法鉴定为残疾（伤病残达到三级以上）条件的对象，由政府发放独生子女伤残死亡家庭扶助金。扶助的标准是：独生子女死亡后未再生育或合法收养子女的夫妻，由政府给予每人每月不低于100元的扶助金，直至亡故为止；独生子伤、病残后未再生育或收养子女的夫妻，由政府给予每人每月不低于80元的扶助金，直至亡故或子女康复为止。

对计划生育家庭利益受损补偿的直接补偿制度，通过对因实行计划生育而利益受损的家庭提供一定的补助，在一定程度上弥补了他们遵行计划生育政策所做出的个人牺牲。

2. 对计划生育家庭的直接奖励

1982年中共中央、国务院下发《关于进一步做好计划生育工作的指示》中指出，

"对独生子女及其家庭的奖励和照顾,各地已有一些可行的办法,如发给独生子女保健费,由夫妇双方所在单位各负担50%"。各地都有给独生子女家庭发放一定数量的独生子女保健费,对计划生育家庭进行直接奖励。

20世纪70年代末、80年代初我国许多省区实施对城镇独生子女父母退休的奖励政策。其完整表述为"依法领取退休金的机关、企事业单位独生子女父母,自法定退休年龄退休之月起,按本人基本工资5%的标准增发退休金"(唐玉萍,2009)。

2004年,国家人口计生委、财政部《关于开展对农村部分计划生育家庭实行奖励扶助制度试点工作意见的通知》中表示,对农村只生一个子女或两个女孩的计划生育家庭,夫妇年满60周岁以后,按人年均不低于600元的标准发放奖励扶助金,直至亡故为止。

通过给独生子女家庭发放独生子女保健费、城镇独生子女退休奖励和农村计生家庭奖励扶助制度给遵行计划生育的家庭实施直接的物质奖励,有利于补偿其在实行计划生育政策的利益损失。

3. 西部地区"少生快富"工程

2004年10月国家人口计生委、财政部印发《西部地区计划生育"少生快富"工程实施方案》对内蒙古、海南、四川、云南、甘肃、青海、宁夏、新疆8省(区)按照政策法规规定可以生育三个孩子而自愿少生一个孩子,并按照各省(区)的有关规定采取了长效节育措施的夫妇,给予一次性奖励资金及其他政策优惠,帮助其发展经济,促使其尽快致富。

2008年11月,国家人口计生委、财政部发布《关于实施"三项制度"工作的通知》,提出:扩大西部地区"少生快富"工程目标人群实施范围,即在目前实施"少生快富"工程的内蒙古、海南、四川、云南、甘肃、青海、宁夏、新疆8省(区),将目标人群扩大到"按照政策法规的规定,可以生育三个孩子而自愿少生一个或两个孩子,并按照各省(区)的有关规定采取了长效节育措施的夫妇"参加社会保障的优先优惠。

通过在西部欠发达少数民族地区实施"少生快富"工程,给予符合条件的计划生育夫妇一次性奖励资金及其他政策优惠,有利于促进西部地区人口生育观念和生育方式的转变,人口与资源、环境的协调发展和社会稳定、和谐。

4. 参加社会保障的优先优惠

1978年10月,《关于国务院计划生育领导小组第一次会议的报告》的通知中规定,有关农村口粮分配,城市住房分配等社会经济政策和其他一些规定,要有利于计划生育工作的开展。1980年9月,中共中央《关于控制我国人口增长问题致全体共产党员、共青团员的公开信》中提出：在入托、入学、就医、招工、招生、城市住房和农村住宅基地分配等方面，要照顾独生子女及其家庭。1982年2月，中共中央、国务院《关于进一步做好计划生育工作的指示》中指出：除了继续实施已有的奖励照顾政策外，对农村社员年老丧失劳动能力、独生子女不在身边的、应按照当地的有关规定，与无子女老人一样给予照顾，农村应积极举办敬老院等养老事业。1992年2月，妇女儿童工作协调委员会《九十年代中国儿童发展规划纲要》中指出：在城市鼓励建立健全生育社会补偿制度；在有条件的农村推广独生子女、女童家长养老专项保险，逐步消除在生育、就学、就业等方面的性别差异。

2009年12月底，国家人口计生委、人力资源与社会保障部、财政部联合出台了《关于做好新型农村社会养老保险制度与人口和计划生育政策衔接的通知》中要求"有条件的试点地区要研究制定鼓励农村独生子女和双女父母，特别是支持死亡伤残独生子女的父母、计划生育手术并发症人员等特殊困难群体参加新农保的具体政策措施；引导有条件的农村集体经济组织对独生子女和双女父母参加新农保给予适当补助"。另外还提出"切实做好新农保制度与农村部分计划生育家庭奖励扶助制度的衔接。在新农保试点过程中，农村部分计划生育家庭奖励扶助制度以及计划生育家庭特别扶助制度的奖励扶助金、特别扶助金，不能抵顶农村独生子女和双女父母参加新农保的政府补贴"。

通过计划生育利益政策与普惠政策的结合，给予计划生育家庭社会缴费标准和报销水平的优惠等社会保障优先优惠政策，有利于提高利益政策的实施效力，减少普惠政策对计划生育利益政策的冲击作用。

二、导向政策

导向政策的动机是"引导性的"，引导城乡居民意愿生育水平与国家政策水平趋于一致；导向政策应具有前瞻性，引导人口长期均衡发展以适应经济社会长期均衡发展的需要。导向政策大致可以分为这三类：对不按照计划生育给予限制的政策、提高人口素质的政策、引导出生人口性别比趋向正常的政策。

1. 对不按照计划生育给予限制的政策

1982年2月，中共中央、国务院《关于进一步做好计划生育工作的指示》中指出：要对不按计划生育的，给予适当的经济限制。国家干部和职工，城镇居民，计划外生第二胎的，要取消其按合理生育所享受的医药、福利等待遇，还可视情况扣发一定比例的工资，或不得享受困难补助、托幼补助。对农村社员超生的子女不得划给责任田、自留地；或对超生子女的社员给予少包责任田，或提高包产指标等限制。同时要求广大党员、团员和全体干部、职工，要带头实行上述各项规定。

1992年9月《关于加强婚姻管理制止早婚早育的意见》中提出，对早婚早育者，要按照当地计划生育法规给予处罚；对自愿实行晚婚晚育的青年可以视情况给予一定的奖励。2002年8月国务院公布的《社会抚养费征收管理办法》第三条规定，不符合人口与计划生育法第十八条的规定生育子女的公民，应当依照本办法的规定缴纳社会抚养费。社会抚养费的征收标准，分别以当地城镇居民年人均可支配收入和农村居民年人均纯收入为计征的参考基本标准，结合当事人的实际收入水平和不符合法律、法规规定生育子女的情节，确定征收数额。这些导向政策引导将要生育的群众少育，以控制人口增长速度。

通过对违反计划生育政策家庭的经济限制、政治处罚、经济制裁，有利于警示生育家庭，引导他们遵行计划生育政策，形成良好的生育行为。

2. 提高人口素质的政策

1983年，国家计划生育委员会出台《关于计划生育科研工作管理试行条例》，提出"根据我国具体情况，重点开展预防性优生的科学研究。建立遗传病的诊断方法，检查人口出生缺陷，进行流行病学调查，探究原因，提出预防措施。"

各地也都相继出台了开展孕前优生检查的相关政策的试点工作。上海从2007年在全国率先探索以免费孕前优生健康检查为抓手的出生缺陷一级预防模式。2010年8月，浙江省出台了《关于实施免费婚前医学检查和免费孕前优生检测的意见》，提出"在我省登记结婚的男女青年进行婚前医学检查的；在我省领取《生殖健康服务证》的待孕妇女进行孕前优生检测的"。

2010年4月，国务院批准了国家人口计生委、财政部共同上报的《国家免费孕前优生检查项目试点工作方案》，在河北、吉林、江苏、浙江、安徽、山东、河南、湖北、湖南、广东、广西、重庆、四川、贵州、云南、陕西、甘肃、新疆18个省市区的100个县市开展为期一年的孕前免费优生检查。逐步降低出生缺陷发生率，逐步提高出生人口素质。

1994年，劳动部为了维护企业女职工的合法权益，保障她们在生育期间得到必要的经济补偿和医疗保健，均衡企业间生育保险费用的负担，根据有关法律、法规的规定，制定了《企业职工生育保险试行办法》。为城镇企业及其职工提供了医疗保健，保护胎儿正常成长，提高出生人口素质。

我国计划生育的导向政策主要是通过为计划生育夫妇提供孕前检查和为城镇企业及其职工提供生育保险来实现优生优育，促进出生人口素质的提高。

3. 引导出生人口性别比趋向正常的政策

1982年11月,《关于第六个五年计划的报告》中指出,只生一个女孩并且把她抚养好、教育好,比只生一个男孩更应该得到表扬、支持和奖励。1992年国务院下达关于《九十年代中国儿童发展规划纲要》的通知中提出"在城市鼓励建立健全生育社会补偿制度;在有条件的农村推广独生子女、女童家长养老专项保险,逐步消除在生育、就学、从业等方面的性别差异"。

2004年11月,国家人口计生委《关于"关爱女孩行动"试点工作指导意见》中提出:要在党委政府协调下,建立起有效的利益导向机制。计划生育、民政、教育、卫生、农业、工商、劳动、税务、公安、司法、财政、宣传、组织、人事、工青妇等部门密切配合,共同做好政策引导工作。各部门在本部门的职能范围内,制定落实有利于女孩及女儿户的各项政策。同时,优先救助贫困计划生育女儿户。要采取有效救助措施,帮助解决贫困女儿户面临的实际困难。要在技术、资金、物质、人力等方面优先给以扶持,帮助他们脱贫致富。

近年来我国各省区及其下辖市对计划生育家庭实施了各种奖励政策,比如江西省、福建省、湖北省武汉市等对农村独女户中考高考的加分奖励;广西清远市、福建漳州市、福建德化县等为独女户家庭提供购房补助;福建武夷山市、山西中阳县、湖南炎陵县对独女户在承包土地、经营村办企业等给予优惠招工、招干、安排岗位时优先考虑。

通过对独女户或双女户家庭的补贴和奖励,以及关爱女孩活动的开展,引起社会对女孩的重视和关爱,引导出生人口性别比趋向正常,促进人口结构的优化。

三、人口长期均衡发展与导向政策

坚持人口与经济社会发展综合决策,促进人口长期均衡发展,为经济社会提供核心竞争力和持久动力,是新时期人口和计划生育综合改革的基本任务(朱东梅,2011)。计划生育利益导向政策除了对计生家庭利益损失进行补偿外,更希望通过导向政策引导生育观念和生育行为的转变。经过多年的探索,我国已经基本建立起了较为完整的导向政策体系,这些导向政策在控制人口数量、提高人口素质、优化人口结构等方面发挥了重要的引导作用,但是与人口长期均衡发展目标的要求相比,还存在较大的改进空间。

导向政策在调整人口结构方面的作用较差。人口结构各因素中,年龄和性别是最基本最重要的因素,主要表现为出生性别比、人口年龄结构等方面。国家颁布了一系列导向政策引起社会对女孩的重视和关爱,有效遏制出生人口性别比升高的势头。但是,受到传统"重男轻女"、"养儿防老"的思想观念以及现代医学技术、检查技术滥用等因素的影响,我国人口出生性别比一直居高不下。我国在2000年已经进入老龄化社会,人口老龄化对我国经济和社会的发展形成了巨大压力。计划生育导向政策虽然没有直接作用于老龄化现象,但是计划生育导向政策对生育率的引导会使得出生人口数量下降,与缓解人口老龄化存在一定的矛盾。

普惠型公共政策对计划生育导向政策造成了较大的冲击。由于普惠型公共政策的实惠效应与现实效应与计划生育导向政策目标人群少、目标覆盖面过窄、年龄限制过高、奖励标准过低、资格条件限制过多、申领程序复杂、对家庭帮助较小等缺陷影响,导致计划生育的导向作用在逐渐减弱,严重影响着导向政策的执行效果。另外,各政策实施部门缺乏统筹规划和全局协调机制,往往都"自扫门前雪",各个导向政策之间缺乏有效的配合,很难发挥出真正的效用。

计划生育导向政策内涵亟待转变以适应人口长期均衡发展的需要。计划生育导向政策需要从全局、多角度来考虑人口发展的相关问题,从单纯的控制人口数量为主向统筹解决人口问题转变,从关注人口数量的单一目标向人口内部均衡、人口与经济社会、人口与资源环境的可持续发展统筹兼顾的多元目标转变(李波平,2014)。另外,计划生育导向政策要与地区经济社会发展水平相适应,对于人口较多的经济欠发达地区,导向政策要注重引导人们少生、优生,控制人口数量、提高人口素质,使人口发展与地区经济社会发展水平相适应;对于人口较多的发达地区,导向政策要注重引导人口合理分布,提高人口素质、调整人口结构,使人口发展适应区域长期均衡发展的需要。同时,导向政策的设计应紧扣人们的现代生活,覆盖教育、医疗、收入、社会保障的方方面面,各方面政策密切配合,以达到最优的执行效果,使人们能从计划生育行为中获得较大的收益,以引导他们主动遵行计划生育政策。当然,计划生育导向政策应考虑经济社会长期发展的需要,政策的设计应具有可持续性。导向政策应不仅仅满足于控制人口增长速度和规模,而应立足长远实现提高人口素质、优化人口结构、提升家庭发展能力、增强家庭发展可持续性,适应人口长期均衡发展的需要。

第三节 我国引导人口长期均衡发展的导向政策

人口长期均衡发展指的是人口同时实现了"变量均衡"和"行为均衡",即同时具备了协调性和可持续性,使得变动着的人口自身及与其相关的各种因素达到力量相对平衡,而且变动的净趋向为零的状态(张俊良,郭显超,2013)。除了计划生育利益导向政策外,还有一些与人口发展相关的导向政策来共同引导人口自均衡、人口分布均衡与人口外部均衡以实现人口长期均衡发展。

一、计划生育基本国策的发展与演变

1953年第一次人口普查后,中国政府开始意识到人口快速增长的压力,开始倡导节制生育。1954年11月卫生部发出《关于改进避孕及人工流产问题的通报》规定:"避孕节育一律不加限制","一切避孕用具和药品均可以在市场销售,不加限制"。1955年3月中共中央对卫生部党组《关于节制生育问题的报告》作出批示:"赞成适当地节制生育"。1956年《1956—1967年全国农业发展纲要》中提出"除了少数民族地区以外,在一切人口稠密的地方,宣传和推广节制生育,提倡有计划地生育子女"。1962年《关于认真提倡计划生育的指示》提出"在城市和人口稠密的农村提倡节制生育,适当控制人口自然增长率,使生育问题由毫无计划的状态逐渐走向有计划的状态"。

1971年7月《国务院转发卫生部军管会、商业部、燃料化学工业部关于做好计划生育工作的报告》中提出"除人口稀少的少数民族地区和其他地区外,都要加强这项工作的领导,深入开展宣传教育,使晚婚和计划生育变为群众的自觉行为"。1972年,卫生部提出了"晚稀少"人口政策内容的最初设想,1973年,第一次全国计划生育工作汇报会确定了"晚稀少"的方针,1974年中共中央在转发上海、河北等地关于开展计划生育工作会议的报告中,肯定了按"晚稀少"方针要求结婚和生育的政策(汤兆云,2005)。1975年《国务院批转卫生部关于全国卫生工作会议的报告》中提出,"力争在'五五'期间(1976—1980),降低人口自然增长率,农村降到10‰左右,城市降到6‰左右"。1978年《关于计划生育领导小组第一次会议的报告》中提出"提倡一对夫妇生育子女数最好一个,最多两个,生育间隔三年以上。"1978年又将计划生育纳入宪法。

国务院在1980年9月召开的第五届全国人民代表大会第三次会议上,正式宣布实行计划生育政策。同年9月25日,中共中央《关于控制我国人口增长问题致全体共产党员、共青团员的公开信》中提倡一对夫妇只生育一个孩子。1982年《关于进一步做好计划生育工作的指示》明确要求:国家干部和职工、城镇居民,除特殊情况经过批准外,一对夫妇只生育一个孩子。农村普遍提倡一对夫妇只生育一个孩子,某些群众确有实际困难要求生二胎的,经过审批可以有计划地安排。不论哪一种情况都不能生三胎。同年10月,中共中央办公厅和国务院办公厅转发《全国计划生育工作会议纪要》时指出"实行计划生育,是我们国家的一项基本国策,是一项长期的战略任务"。

1984年《关于计划生育情况的汇报》中指出"继续提倡一对夫妇只生一个孩子，但是对农村继续有控制地把口子开得稍大一些，按照规定的条件，经过批准，可以生二胎"。1986年12月召开的全国计划生育工作会议允许要求生第二胎的独女户，间隔几年以后可生第二胎。1987年，全国就有11个县市和地区进行过二胎政策试点。对于农村家庭而言，如果第一个孩子是女孩或缺少劳动力，按规定在头胎生育满足一定年限后可申请生二胎。城镇夫妻双方都是独生子女的可申请生二胎。

2001年《人口与计划生育法》规定：符合法律、法规规定条件的，可以要求安排生育第二个子女。随后各地相继出台了"双独二胎"政策，规定"夫妻双方为独生子女，要求生育的，经批准可以按计划生育第二个子女"。2013年11月《中共中央关于全面深化改革若干重大问题的决定》提出"坚持计划生育的基本国策，启动实施一方是独生子女的夫妇可生育两个孩子的政策，逐步调整完善生育政策，促进人口长期均衡发展"。

20世纪50年代初期政府开始提倡计划生育，20世纪五六十年代的计划生育政策相对来说比较模糊，直至20世纪70年代，计划生育工作才得到全面推行，形成了明确而全面的控制总和生育率的具体政策，20世纪70年代末计划生育成为我国一项基本国策，20世纪80年代初，限制人口增殖政策在生育数量上进一步紧缩，到80年代后期，计划生育开始有所松动，进入21世纪，计划生育政策逐步放开。计划生育政策的发展和演变适应了我国控制人口增长、提高人口素质、优化人口结构的需要，对引导人口长期均衡发展具有极其重要的意义。

二、户籍制度改革

新中国成立后，把户政建设工作作为建设新国家的一项基础性工作。1953年的人口调查登记工作，已为建立经常的户口登记制度奠立了基础。为了做好户口登记制度工作，1955年6月9日，国务院颁布《关于建立经常户口登记制度的指示》，随时登记变动人口，以掌握人口变动的情况，开始在全国范围内建立统一的户口登记制度。

1958年《中华人民共和国户口登记条例》(以下简称《条例》)以法律形式规范了户口登记制度，加强了对人口流动的控制。《条例》在户口登记、户口迁移、户口变更、人口迁移、人口流动等方面做了严格的规定，首次以法规形式限制农村人口向城镇迁移。1962年公安部又出台的《关于加强户口管理工作的意见》规定"对农村迁往城市的，必须严格控制；城市迁往农村的，应一律准予落户，不要控制；城市之间必要的正常迁移，应当准予，但中、小城市迁往大城市的，特别是迁往北京、上海、天津、武汉、广州五大城市的，要适当控制"。1964年8月14日，国务院批准公安部《关于户口迁移政策规定》提出"从农村迁往城市、集镇，从集镇迁往城市的，要严加限制。从小城市迁往大城市，从其他城市迁往北京、上海两市的，要适当限制。"1977年11月，国务院批转《公安部关于处理户口迁移的规定》提出要在几年之内把无户口的城市闲散人员动员回去。

随着改革开放的深入发展，户籍制度改革开始逐步推进，户籍制度对人口迁移流动的管制开始逐步松动。1980年9月，公安部、粮食部、国家人事局联合颁布了《关于解决部分专业技术干部的农村家属迁往城镇由国家供应粮食问题的规定》开始打破户籍制度对人口迁移和流动的严格限制。1984年，国务院颁发了《国务院关于农民进入集镇落户问题的通知》提出：凡申请到集镇务工、经商、办服务业的农民和家属，在集镇有固定住所，有经营能力，或在乡镇企事业单位长期务工的，公安部门应准予落常住户口，及时办理入户手续，发给《自理口粮户口簿》，统计为非农业人口。

1992年8月，公安部《关于实行当地有效城镇居民户口制度的通知》，决定在小城镇、经济特区、经济开发区、高新技术产业开发区实行当地有效城镇户口制度。同年10月开始，广东、浙江、山东、山西、河南等10多个省先后以省政府名义下发了实行"当地有效城镇居民户口"的通知，即"蓝印户口"，它是一种介于暂住户口和正式户口之间的折中户口，其所有人基本上可以享受正式户口所带来的权益，从此户口准入制度开始扩大到小城镇。1997年《国务院批转公安部小城镇户籍管理制度改革试点方案和关于完善农村户籍管理制度意见的通知》，提出：在小城镇已有合法稳定的非农职业或者已有稳定的生活来源，而且在有了合法固定的住所后居住已满两年的，可以办理城镇常住户口；在小城镇范围内居住的农民，土地已被征用、需要依法安置的，可以办理城镇常住户口。1998年国务院批转《公安部关于解决当前户口管理工作中几个突出问题的意见》中放宽了落户限制。

进入21世纪，我国户籍制度改革翻开了新的篇章。2001年5月，国务院再次批转公安部《关于推进小城镇户籍管理制度改革的意见》，提出"通过改革小城镇户籍管理制度，引导农村人口向小城镇有序转移，促进小城镇健康发展，加快我国城镇化进程"。2010年《关于2010年深化经济体制改革重点工作的意见》提出"深化户籍制度改革，加快落实放宽中小城市、小城镇特别是县城和中心镇落户条件的政策。进一步完善暂住人口登记制度，逐步在全国范围内实行居住证制度"。

2011年《政府工作报告》提出"把有稳定劳动关系并在城镇居住一定年限的农民工，逐步转为城镇居民"。2013年3月《政府工作报告》提出"加快推进户籍制度、社会管理体制和相关制度改革"。2014年3月《国家新型城镇化规划(2014—2020年)》进一步提出"逐步使符合条件的农业转移人口落户城镇,不仅要放开小城镇落户限制,也要放宽大中城市落户条件"。2014年3月《政府工作报告》提出"推动户籍制度改革,实行不同规模城市差别化落户政策"。我国户籍制度改革得到全面推行。

2014年7月《国务院关于进一步推进户籍制度改革的意见》(以下简称《意见》)指出,严格控制特大城市人口规模。改进城区人口在500万以上的城市现行落户政策,建立完善积分落户制度。《意见》提出"全面放开建制镇和小城市落户限制,有序放开中等城市落户限制,合理确定大城市落户条件,严格控制特大城市人口规模。"《意见》要求"各省、自治区、直辖市人民政府要根据本意见,统筹考虑,因地制宜,抓紧出台本地区具体可操作的户籍制度改革措施,并向社会公布",随后"地方版"的户籍制度改革意见陆续出台。

目前全国已有新疆、黑龙江、河南、河北、四川、山东、安徽、贵州、山西、陕西、江西、湖南、吉林、福建、广西、青海等省份正式公布了本地区的户籍制度改革意见,各地户籍制度改革的主要方向是进一步放宽户口迁移的政策,完善居住证制度,推动农业转移人口市民化;并提出取消农业户口和非农业户口性质区分,建立统一城乡户口登记制度,消除身份歧视。户籍制度改革最终目标是消除依附在户口性质上的如医疗、就业、住房保障等方面的差别待遇,真正实现城镇基本公共服务的全覆盖和均等化。但是目前户籍制度改革还面临着很大的问题,首先,地方政府很难从户籍改革中获利,改革的积极性不足;其次,户籍制度改革中农业转移人口市民化成本过高,改革政策实施难度大;最后,中小城市吸引力不足,大城市承载能力有限,人口都涌向大城市,极易引发"城市病问题"。

三、人口发展功能分区

开展人口发展功能区工作,把人口数量、素质、结构和分布等问题紧密结合起来,把人口与资源、环境、经济、社会紧密联系起来,这是对人口发展战略和规划的深化,也是统筹解决人口问题的重大举措,对促进人口长期均衡发展具有重要意义(陈立,2008)。

人口发展研究是实现区域可持续发展的首要问题。未来几十年是我国人口规模最为庞大,人与自然关系最为紧张的时期,同时也是人口迁移与流动最为频繁的时期,引导人口合理流动,形成合理的人口分布格局是摆在我国政府与人口学界面前的重大现实问题(向华丽,杨云彦,2013)。2006年国家"十一五"规划纲要中明确提出"根据资源环境承载能力、现有开发密度和发展潜力，统筹考虑未来我国人口分布、经济布局、国土利用和城镇化格局，将国土空间划分为优化开发、重点开发、限制开发和禁止开发四类主体功能区"。

根据中央关于促进形成全国主体功能区的要求，基于国家人口发展战略，国家人口计生委"生态屏障、功能区划与人口发展"课题组2005年启动了人口发展功能区工作，2006年9月提交了《建设国家生态屏障促进人口资源环境协调发展》调研报告，得到国务院领导充分肯定；并于2007年10月初，完成了《科学界定人口发展功能分区　促进区域人口与资源环境协调发展》研究报告。

2008年4月国家人口计生委下发了《关于开展人口发展功能区编制工作的指导意见》（以下简称《指导意见》），该意见基于每平方公里的格网数据，以县域为基本单元，系统评价不同地区人口发展的资源环境基础和经济社会条件，遵循自然规律和经济社会发展规律，统筹考虑国家战略意图，将全国划分为人口限制区、人口疏散（收缩）区、人口稳定区、人口集聚区等4类人口发展功能区。其中人口限制区主要是自然环境不适合人类长期居住和生活的地区；人口疏散（收缩）区是指临界适宜或一般适宜人类生活的地区，在这一区域坚持生态环境保护优先，引导人口收缩集中布局；人口稳定区是指比较适宜人类生活的地区，在这一区域注重区内人口总量的动态平衡；人口集聚区是指非常适宜人类长期居住和生活的地区，在这一区域的战略重点是提高人口密度、实现经济社会又好又快发展。

《指导意见》提出：通过人口发展功能分区与统一规划，针对不同人口发展功能区的特点，确立不同的战略取向，制定和实施差别化的政策体系，合理利用公共资源和市场机制，引导人口合理有序迁移与流动，逐步形成"聚集区人口成网连片、稳定区人口连线成轴、收缩/疏散区人口以线串点"的人口和产业布局，形成区域功能互补、协调发展的格局，保障国家生态安全，缓解资源环境压力，促进经济发展与生态保护的良性互动。到15亿人口高峰期，大部分人口将以城市群和都市圈为依托，聚集在沿海、沿江、沿线地区。

人口发展功能分区将人口与自然、资源、环境、经济、社会等制约人口分布的条件联系了起来，开展人口发展功能区工作，科学界定人口发展功能区的分布与范围，明确不同功能区人口发展的定位与方向，科学制定不同类型区的人口发展规划和政策，促进人口合理分布，引导人口有序流动，促进人口发展与资源环境相协调，引导经济发展与人口资源环境相协调，对实现人口长期均衡发展有着重要的意义。

人口内部均衡是人口长期均衡发展的前提。中国人口长期发展的内部均衡面临的主要问题是人口总量大规模下降、人口红利不复存在且人口负担系数过高、超老龄化问题突出。目前我国通过放宽计划生育政策，调整人口结构，实现人口自均衡。人口动态均衡是人口长期均衡发展的保障。中国人口长期均衡发展的动态均衡所面临的主要问题是城乡发展不均衡。人口城乡均衡发展既具有发达国家城市化过程中的共性问题，更多的则具有我国固有的经济体制、社会体制所决定的特性问题。目前，我国在大规模城市化背景下，通过大力推行户籍制度改革，实现人口城乡均衡。人口外部均衡是人口长期均衡发展的重要条件。中国人口长期均衡发展的外部均衡面临的主要问题是东西部地区人口分布不均、人口发展与城市化进程不相协调、人口发展的资源环境承载力有限。目前，我国在主体功能区划背景下，开展人口发展功能分区工作，引导人口合理流动，促进人口与经济、社会和资源环境协调，实现区域人口均衡。

第三章 人口现状与长期发展的趋势

第一节 中国人口发展现状

一、总人口概况

我国是一个地域辽阔，人口众多的多民族国家，包含香港、澳门、台湾和大陆31个省、直辖市和自治区。本文采用第六次全国人口普查的数据，截止到2010年，全国总人口为13.71亿人，其中普查登记的大陆31个省、自治区、直辖市和现役军人的人口共13.40亿人，约占总人口的97.75%；香港特别行政区人口为709.76万人，约占总人口的0.52%；澳门特别行政区人口为55.23万人，约占总人口的0.04%；台湾地区人口为2316.21万人，约占总人口的1.69%，港澳台合计占总人口的2.25%。与第五次人口普查相比，十年共增加7389.98万人，增长了5.84%，年平均增长率为0.57%。

自实行计划生育以来，我国大陆地区的总和生育率持续下降，近十年以来，一直稳定在1.8以下，充分表明我国人口呈现低生育水平。虽然人口一直处于增长的趋势，但是增长幅度一直在缩小，总和生育率偏低，但由于人口基数庞大，人口增长惯性势头依然强劲。其中，大陆共有家庭户4.02亿户，平均家庭户人数为3.10个，比第五次全国人口普查时的3.44人减少了0.34人，家庭组成模式日益核心化，也就是说"2—1"家庭模式已是普遍。

近年来，虽然国家加大综合治理出生人口性别比的力度，我国大陆地区的总人口性别比有所下降，但是出生人口性别比依然超出正常水平。在我国大陆地区人口中，男性人口为6.87亿人，占51.27%；女性人口为6.53亿人，占48.73%。出生人口性别比由2000年的116.86进一步上升到2010年的118.06。

我国大陆地区人口的年龄构成中，0—14岁人口为2.22亿人，占16.60%；15—59岁人口为9.40亿人，占70.14%；60岁及以上人口为1.78亿人，占

13.26%，其中65岁及以上人口为1.19亿人，占8.87%。同2000年第五次全国人口普查相比，0—14岁人口的比重下降6.29个百分点，15—59岁人口的比重上升3.36%，60岁及以上人口的比重上升2.93%，65岁及以上人口的比重上升1.91%。可以看出我国的人口同时出现了少子化和老龄化，人口老龄化在加重。

我国大陆地区人口中，汉族人口为12.26亿人，占91.51%；各少数民族人口为1.14亿人，占8.49%。同2000年第五次全国人口普查相比，汉族人口增加6653.71万人，增长5.74%；各少数民族人口增加736.26万人，增长6.92%。汉族人口仍然占绝大多数，少数民族人口增长较快。

在我国大陆地区的人口中，具有大学（指大专以上）文化程度的人口为1.20亿人；具有高中（含中专）文化程度的人口为1.88亿人；具有初中文化程度的人口为5.20亿人；具有小学文化程度的人口为3.59亿人（以上各种受教育程度的人包括各类学校的毕业生、肄业生和在校生）。同2000年第五次全国人口普查相比，每10万人中具有大学文化程度的由3611人上升为8930人；具有高中文化程度的由11146人上升为14032人；具有初中文化程度的由33961人上升为38788人；具有小学文化程度的由35701人下降为26779人。大陆31个省、自治区、直辖市和现役军人的人口中，文盲人口（15岁及以上不识字的人）为5465.65万人，同第五次全国人口普查相比，文盲人口减少3041.31万人，文盲率由6.72%下降为4.08%。

在城乡人口分布方面，大陆地区人口中，居住在城镇的人口为6.66亿人，占49.68%；居住在乡村的人口为6.74亿人，占50.32%。同第五次全国人口普查相比，城镇人口增加2.07亿人，乡村人口减少1.33亿人，城镇人口比重上升13.46%。

随着经济社会的迅速发展，人口迁移正在加快，人户分离的情况迅速增多，居住地与户口登记地所在的乡镇街道不一致且离开户口登记地半年以上的人口为2.61亿人，其中市辖区内人户分离的人口大约为4亿人，不包括市辖区内人户分离的人口为2.21亿人。同2000年第五次全国人口普查相比，居住地与户口登记地所在的乡镇街道不一致且离开户口登记地半年以上的人口增加1.17亿人，增长81.03%。

二、人口增长

第六次人口普查大陆总人口为13.397亿，与第五次人口普查相比，增长了5.84%，年平均增长率为0.57%。年均新增人口从第五次普查的近2000万下降到1600万左右，我国每年新增人口数下降较快，图3-1显示，总人口的增长幅度逐年变缓，人口过快增长得到有效遏制。

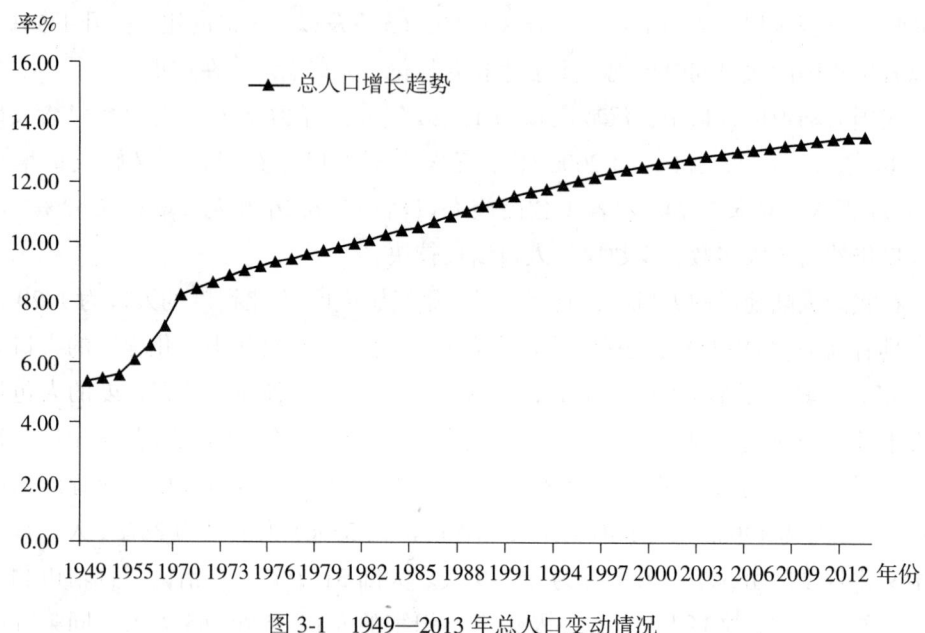

图 3-1　1949—2013 年总人口变动情况

图 3-2 是从 1978 年至 2013 年的人口出生率、死亡率、自然增长率变动情况。我们可以从图中看出，死亡率较为稳定，相对而言对自然增长率的影响并不明显，而出生率则对自然增长率的作用巨大，出生率和自然增长率同步下降，在 5‰—25‰之间波动。出生率和自然增长率均在 1982 年达到一个小高峰，分别为 22.28‰和 15.68‰；在 1987 年则达到了生育和自然增长率的峰值，分别为 23.33‰和 16.61‰。在这之后，由于我国计划生育政策的有效实施，出生率大幅度下降，自然增长率也随之下降。近年来计划生育政策的调整以及二胎政策的实施，导致出生率和自然增长率的下降幅度减缓，出生率逐渐趋近于 12‰，自然增长率则趋近于 5‰，人口自然增长率已经处于世界低水平。总的来看，我国人口增长模式已处于"低出生率、低死亡率、低自然增长率"的模式。

三、人口结构

(一) 家庭结构和生育情况

1. 家庭结构

表 3-1 表明，2010 年第六次全国人口普查统计大陆共有家庭户 401517330 户，

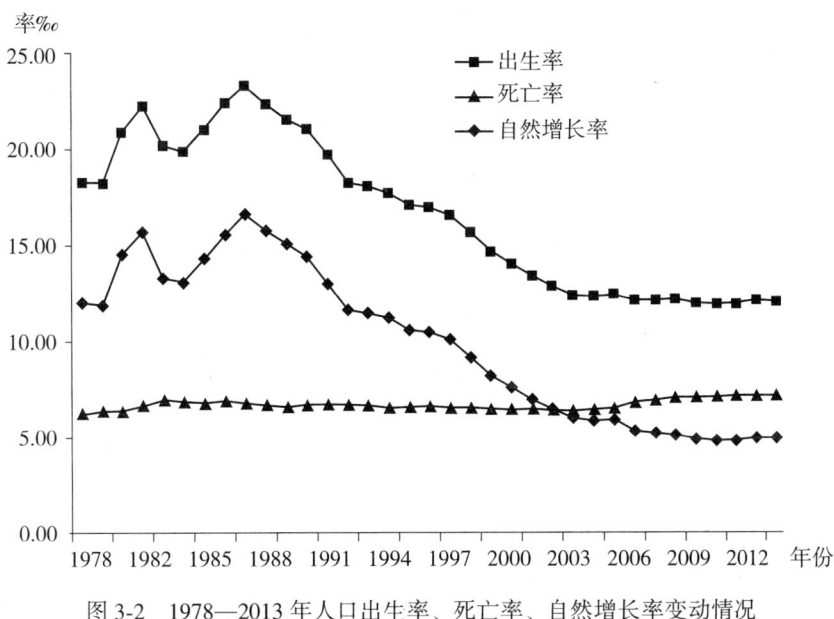

图 3-2 1978—2013 年人口出生率、死亡率、自然增长率变动情况

平均家庭户人数为 3.10 个。从家庭规模来看,三人户最多,占 26.86%,其次是二人户,占 24.37%,三人户及以下合计占 65.76%,反映了我国大陆地区家庭人口规模的小型化,家庭组成模式日益核心,也就是说"2—1"家庭模式已是普遍。从家庭代际来看,二代户最多,占 43.83%,其次是一代户,占 34.18%,最少的为五代及以上户,说明了计划生育政策实施后,独生子女增多,年轻人结婚后,普遍选择独立生活,这是导致家庭规模变小、家庭户数增多的一个重要原因。

表 3-1 家庭户规模与户数

家庭户规模	家庭户户数	一代户	二代户	三代户	四代户	五代及以上户	百分比(%)
总计	401934196	137363112	192237846	69562135	2768189	2914	100
一人户	58396327	58396327					14.53
二人户	97947686	75218232	22729454				24.37
三人户	107978654	2463294	102050486	3464874			26.86

续表

家庭户规模	家庭户户数	一代户	二代户	三代户	四代户	五代及以上户	百分比(%)
四人户	70598493	742461	51256083	18527039	72910		17.56
五人户	40332512	352069	12249841	27233357	497183	62	10.03
六人户	16887554	83923	2692507	13118985	991806	333	4.2
七人户	5753970	37656	786951	4212526	716033	804	1.43
八人户	2235271	23272	272183	1657839	281117	860	0.56
九人户	942511	11050	102349	713749	114900	463	0.23
十人及以上户	861218	34828	97992	633766	94240	392	0.21
百分比(%)	100	34.18	43.83	17.31	0.69	0.00*	

数据来源于《中国2010年人口普查资料》；"0.00*"为0.0007的四舍五入值。

2. 各年龄段生育孩数

各年龄段生育孩数中，最为集中的是20—24岁，25—29岁这两个年龄段，合计占66.63%，再次是30—34岁，占17.35%，这一年龄段的妇女生育年龄较晚，值得注意的是15—19岁这一年龄段妇女生育的比例为2.35%，反映了早育的现象比较严重。在生育的孩次方面，生育一孩、二孩、三孩的比例分别是62.02%、31.45%、6.53%，反映了随着经济社会的发展和计划生育政策的实施，我国的妇女总和生育率的下降，过半家庭只生育一个孩子，生育三个孩子的家庭极少。

3. 各民族生育率

根据第六次全国人口普查数据，我国各民族生育孩数均在1到2个左右。由于少数民族在我国的特殊地位，人口过少，死亡率与汉族相比较高，因此平均生育孩数略微高于汉族，除了个别因死亡率过高，如独龙族等少数民族生育孩数达到2.05个之外，其他都保持在计划生育政策的要求范围内，计划生育政策的落实情况可见一斑。

(二) 人口性别构成

我国历年来总人口性别比情况变动不大，如图3-3，基本上在103—107的正常范围内波动。但出生性别比则一直偏离正常值。据国家统计局数据显示，我国出生人口性别比由 2000 年的 116.86 进一步上升到 2010 年的 118.06，始终超出了 103—107 的正常值范围，由于中国历史的遗留因素，导致较强烈的男孩偏好，在生育观念转变的过程中遭遇了严重的出生性别比的失衡。我国出生人口性别比持续偏高 30 多年，从 1982 年 108.47 攀升至 2004 年 121.20 的历史最高纪录；2008 年，出现下降拐点，有下降趋势，根据国家统计局数据可得，2014 年出生人口性别比为 115.88。我国近年来为遏制人口性别比失衡开展的综合治理措施取得了一定的成效。目前性别比仍在高位徘徊。从国际上来看，目前我国是出生人口性别比失衡程度最高、持续时间最长、波及人口最多的国家，综合治理人口性别比的任务非常艰巨。全国出生人口性别比同第五次人口普查比较来看，又有攀升的趋势，特别是一孩出生性别比达到了 113.73，比 2000 年高了 6.61。我国妇女生育水平已经降到最低水平，一孩出生数占全部出生数的比重较大，占全部出生数的 62.17%，由于计划生育政策加强了家庭在一孩时的性别选择性，因此，一孩出生性别比的变化对整个出生性别比有着决定性的影响。

图 3-3 直观地展示了我国人口性别比从 1949 年至 2013 年的变动情况，总体来说，是在 106 上下波动，属于正常的人口性别比例，而我国出生人口性别比与老年人口性别比的情况却与此大相径庭。第六次全国人口普查数据显示，我国出生人口性别比接近 118，远远超出了正常的阈值范围，并且 0 岁至 14 岁的性别比都是大于 116，呈现少儿性别比异常偏高的情况。而老年人口中的高龄老年人口性别则与

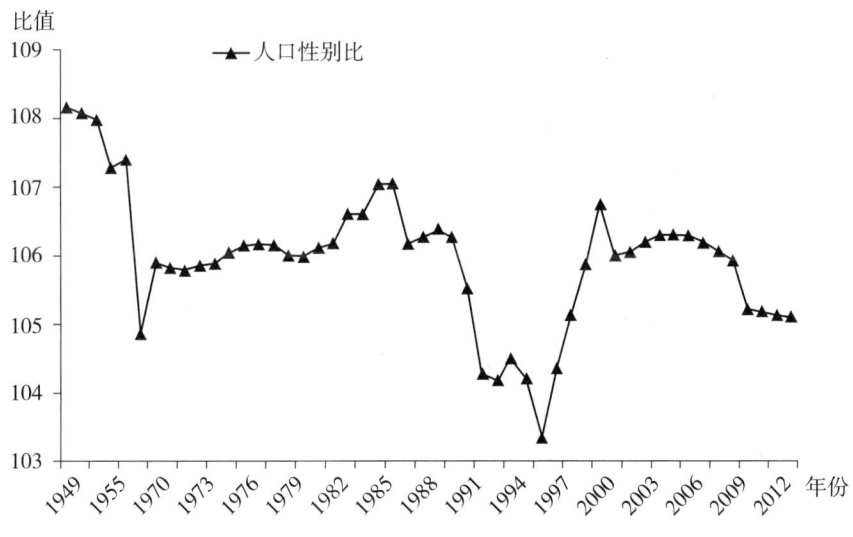

图 3-3 1949—2013 年总人口性别比变动情况

此相反，女性人口明显多于男性人口，且年龄越高，性别比越低。在这两者中和的情况下，才使得全国整体性别比处于一个正常的状态。

从民族的角度来看，全国各个民族基本是在性别比的正常范围内，大多数都是男多女少的形式，其他一些民族因当地的历史、社会风俗、宗教信仰等因素，出现女性略多于男性的情况。

各省份地区性别比差异较为明显。天津、海南等地的性别比超过了110，属于性别比严重偏高，其他地区基本在正常范围内，但是各个地区的性别比差异明显，性别比最小的江苏和性别比最大的天津差异达到了13。

从1981年全国近半数省份、自治区、直辖市的出生性别比在101—107之间，略过半数出生性别比在108—112之间，发展到2000年仅在计划生育政策较为宽松、少数民族集中居住区的青海、西藏、新疆出生性别比还在正常范围内，这几个地区人口规模较小、少数民族的生育不受独生子女政策的限制，因而使整体比例趋于合理。如图3-4，在出生人口性别比偏高的省份中，有11个省份出生性别比超过了120，占婴儿总数的34.29%，尤为突出的是安徽省、福建省和海南省，出生人口性别比超过了125。从地区结构上分析，出生人口性别比明显从偏高的沿海地区向中西部扩展。

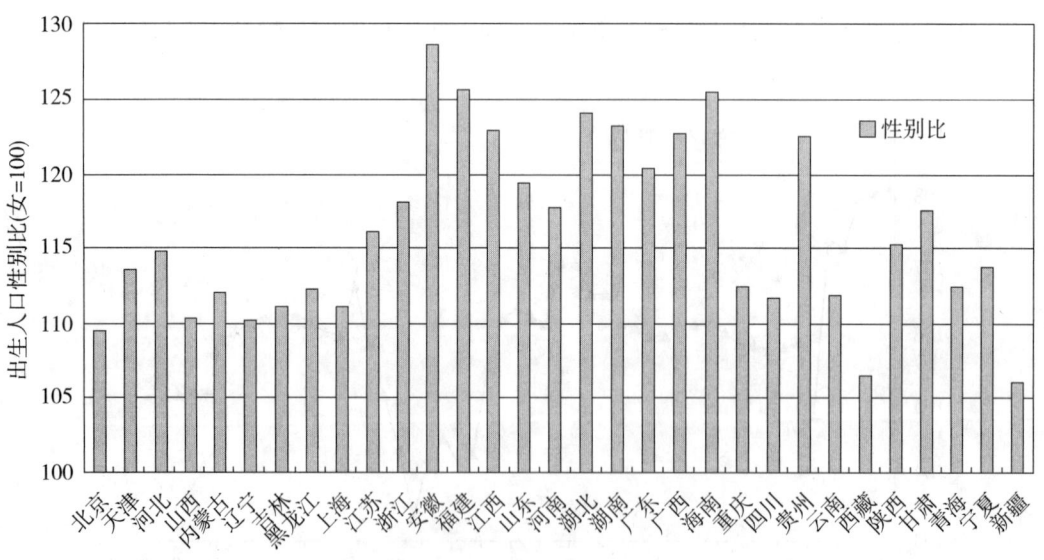

图3-4　全国各省市出生人口性别比

数据来源于第六次人口普查

(三)年龄构成

2010年第六次人口普查时,0~14岁的人口占到16.6%,比第五次人口普查下降了6.29%;而与此相对的是,60岁及以上人口所占比例为13.26%,65岁及以上人口所占比例为8.87%,均比2000年的数据略有上升。图3-5清晰地展示了我国老龄化的趋势走向。全国0至14岁的人口数为2.21亿人,比重为16.61%;15至59岁的人口数为9.34亿人,所占比例为70.07%;60岁及以上老年人口数为1.78亿人,占到了全部人口的13.32%。从世界范围来看,我国60岁及以上老年人口约为1.78亿,是全球唯一老年人口过亿的国家。从国内来看,我国劳动力人口比重较大,人口红利优势明显,但各年龄层次人口分布较不均衡,经济发达省份或地区如北京、天津、上海等地因吸引了大量年轻劳动力,劳动力人口占到了较大比例,使得其总抚养比达到比较低的水平;而相对落后的地区对劳动力人口外流有较强的推动力,留守儿童和无法劳动的老年人口相对较多。从时间序列上来看,2000年,中国60岁及以上老年人口所占比例为10%,2010年60岁及以上老年人口所占比例为13.32%,从我国进入老龄社会到目前为止的十年时间里,我国60岁及以上老年人口增加了5000万,而发达国家老龄化水平从5%上升到10%普遍用了四十多年,中国只用了18年,老龄化速度较快;从横向来

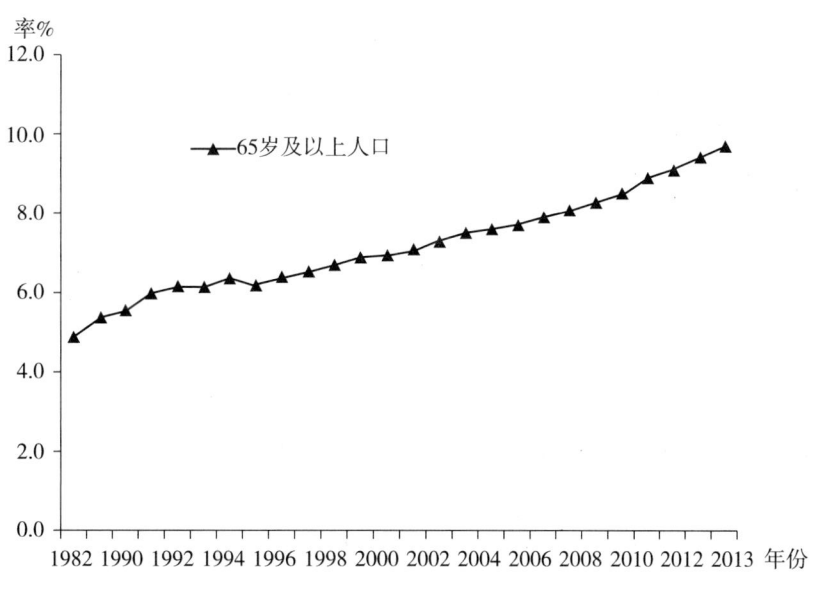

图3-5 1982—2013年65岁及以上人口比重

看，我国60岁及以上老年人口占世界老年人口的21.3%，占亚洲老年人口的39.8%。目前高龄老人年平均增长率为3.5%，高龄老人、空巢老人数量增长较快。我国正在快速进入老龄化阶段，发达国家多数是在完成工业化、人均GDP达到1万美元后进入老龄社会，而我国在进入老龄化时人均GDP远远低于这一水平，呈现未富先老的态势。

(四) 人口分布

城镇人口比重是衡量一个国家或地区城市化水平的重要指标之一。我国自新中国成立以来，城镇人口比重逐年上升，特别在改革开放之后，迎来了城市发展的加速期，而城镇人口数量增长速度也明显加快，成一种线性关系，见图3-6。到2013年为止，我国城镇人口达到7.3亿，占全国总人口的53.73%。

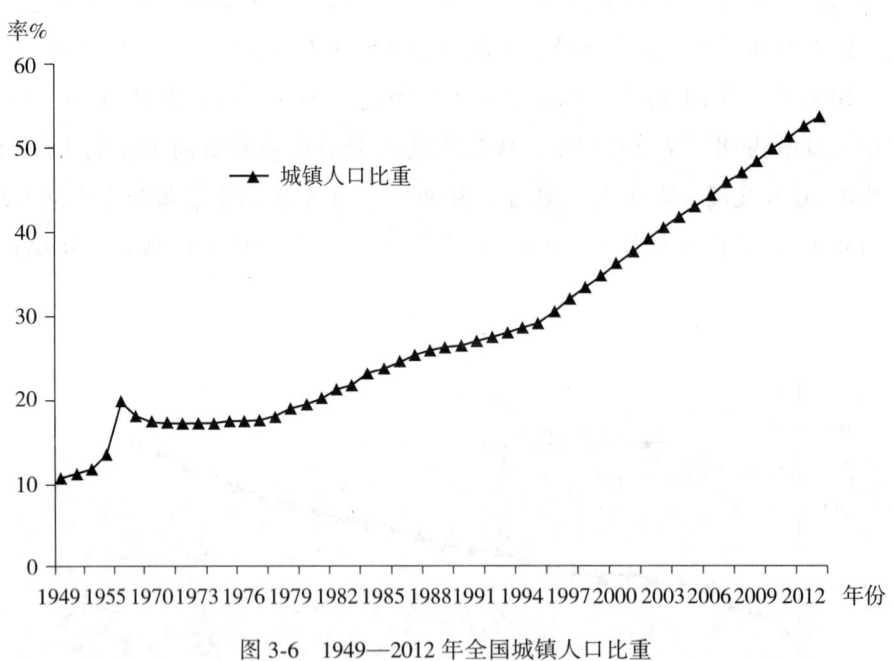

图3-6 1949—2012年全国城镇人口比重

我国人口空间分布十分不均衡，一些土地面积较大的省份因其地理环境、经济等因素，产生地广人稀的现象，如西藏、青海等地；而经济相对发达的广东、北京等地人口较为集中，加之其土地面积小，使得人口密度也比较大。

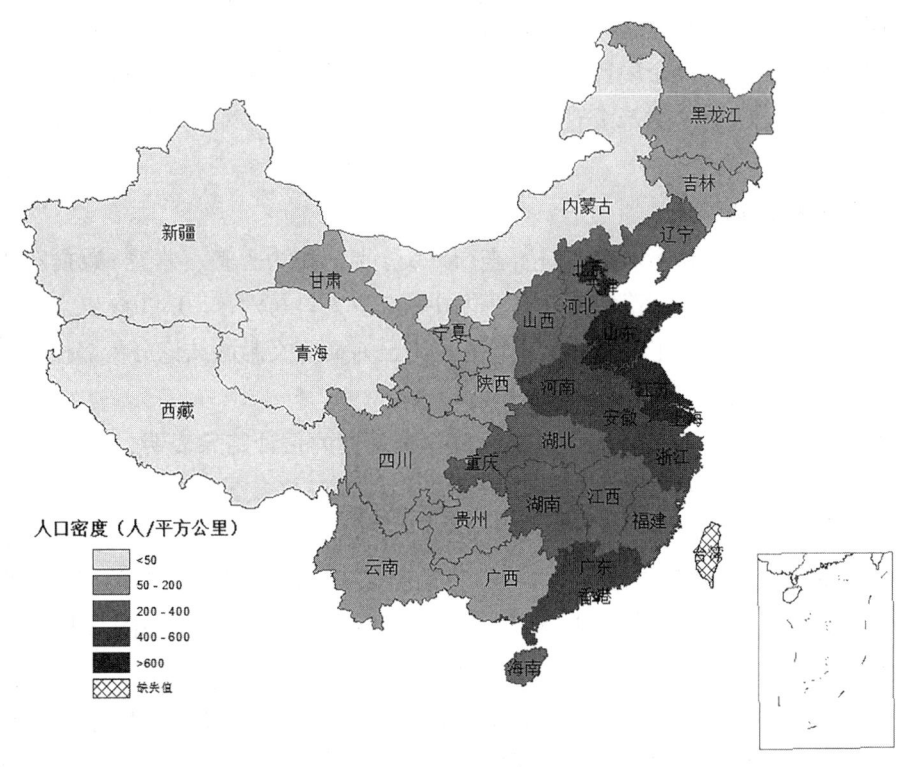

图 3-7 全国各省份人口密度图
数据来源于第六次人口普查

第二节 中国人口中、长期均衡发展态势分析

一、预测方法与基础数据

(一) 预测方法

本文预测方法基于宋健提出的人口发展方程(宋健等,1982),该方法是一种动态的预测方法,其优越性在于抓住了影响人口发展的主要因子,即出生、死亡和迁移。人口发展方程中一些基本函数需要根据实际情况来确定。这些基本函数主要是人口迁移函数、人口死亡函数和生育模式函数,这三个基本函数均为年龄和预测年的函数。其中生育模式函数一般用卡方曲线来进行拟合,人口死亡函数基于人口

预期寿命构建生命表来进行。人口迁移函数一方面考虑为年龄的函数，即各年龄人口迁移概率，另一方面考虑人口净迁移总量是时间的函数（杨云彦，1992）。基于已确定基本函数的人口发展预测模型，应用 C++语言编写人口预测程序进行人口预测（向华丽，2013）。本部分预测基础数据为国家统计局网站发布的第六次人口普查数据。

（二）基础数据修正

主要根据第五次和第六次人口普查（以下分别简称为五普、六普）数据对比来对第六次人口普查数据进行修正。将五普 0—90 岁人口与六普 10—100 岁人口进行比较，从表数据提供的年龄别数据比较并参考已有研究文献的结论分析漏报、重报的数量，从而确定具体的修正值。

崔红艳等（2013）对第六次人口普查数据准确性的估计结果表明，0—9 岁低年龄人口存在漏报，20—45 岁人口有重有漏，死亡人口数据漏报较为严重。王金营和戈艳霞（2013）对第六次人口普查数据质量评估结果表明，0—9 岁人口漏报率为 0.75%，重报率为 0.55%，低龄人口死亡漏报率超过 60%，老年人口的死亡漏报率平均在 5%以上，部分年龄达到 20%。李若建（2013）根据 1953—2010 年历次人口普查数据推知，从 1982 年第三次人口普查开始就出现了明显的低年龄组人口漏报，漏报人口中，女性多于男性，并且漏报情况越来越严重。陶涛，张现苓（2013）对第六次人口普查数据中低龄组人口漏报和青年人口重报进行了评估，结果表明低龄组存在大量漏报，其中 0 岁组男孩漏报更多，16—21 岁青年组人口可能存在重报，每个年龄组重报人口数在 100 万以上。这些学者对第六次人口普查数据的质量评估结果一致表明存在低龄人口的漏报，青年人口的重报，老年人口死亡漏报的问题。

基于文献的分析结论以及本文对比结果来看，对于低龄人口：第五次人口普查数据低龄人口男性 0—11 岁，女性 0—15 岁人口存在漏报，由此推测第六次人口普查数据低龄人口同样存在漏报；对于青年人口：第六次人口普查数据青年人口存在重报；对于 75—100 老龄人口存在明显的死亡漏报。由此本文对于第六次人口普查分年龄性别人口数据的修正方案为：（1）考虑信息技术的普及提高了数据采集质量，在此我们仅调整六普 0—9 岁人口。其中 0 岁人口漏报率设置为 10%，1—9 岁人口漏报率为 5%；（2）青年人口重报，根据五普和六普数据的对比分析并结合年龄别死亡率计算进行调整。（3）75—100 岁人口，根据五普和六普死亡率逐年推导死亡率来调整。

基础数据修正前后主要数据对比如表 3-2 所示：

表 3-2　　　　　　　　　　　　修正前后主要数据对比表

	六普数据(人)	修正后数据(人)
总人口	1332774935	1319250489
男性人口	682320252	675120159
女性人口	650454683	644130330
少儿人口(0—14岁)	221322621	228643331
劳动力人口(15—64岁)	992561090	986331363
老年人口(65岁及以上)	118891224	104275795

(三) 预测参数的设置

本文预测方法决定了重要预测参数有总和生育率、预期寿命和出生性别比，这里将国际迁移忽略不计，所以预测中不考虑迁移对人口的影响。王金营(2013)基于修正的分性别、分年龄别的死亡概率数据计算得到 2010 年男性预期寿命为 71.58 岁，女性为 78.26 岁。舒星宇等(2014)基于第六次人口普查数据进行分析得到我国人口平均预期寿命已经达到 73.65 岁。杨凡，赵梦晗(2013)对 2000 年以来中国的总和生育率进行了估计，其结论是 2000 年以来总和生育率至少达到了 1.6 左右的水平。王金营和戈艳霞(2013)对 2010 年总和生育率水平的估计值为 1.52 以上。根据历次人口普查和抽样调查数据来看，人口出生性别比一直居高不下，且从二孩和多孩出生性别比升高演变为第一孩出生性别比升高(石人炳，2013；王军和郭志刚，2014)。联合国在进行人口预测时根据各参数的历史变化规律，基于概率模型拟合来进行预测参数未来值的设定。

我国的人口预测参数在很大程度上受人口政策的影响，因此本文根据人口政策的变化趋势以及人口长期均衡发展要求分别设计了三种方案，具体设定见表 3-3。其中，低方案代表与现实情况较为接近的状态，中方案代表从现实情况逐步过渡到理想情况①的状态，高方案代表直接从现实情况转变为理想情况的状态。

---

① 理想状态是指总和生育率处于世代更替水平，出生性别比处于正常水平。

表3-3　　　　　　　　　　人口预测方案设置

预测方案	总和生育率	出生性别比	预期寿命
低方案	2011—2100年：1.6	110	2011—2100年，男：从72岁递增到85岁；女：从78岁递增到90岁
中方案	2011—2100年逐年线性递增到2.3	逐年线性变化：从110到107	
高方案	2011—2020年：1.6；2020—2100年：2.1	2011—2020年：110；2020—2100年：107	

二、人口中、长期均衡发展态势

(一) 人口规模

图3-8为中国人口总量的中长期发展态势预测结果，并将联合国对于中国人口规模未来发展态势的三种方案同时列出以兹对比。从图中可见，不同的方案选择①下中国未来②人口规模将呈现出巨大的差异。

在本文设定的三种方案下，中国人口的峰值均出现在2025年前后，且不超过15亿。随后，人口规模开始递减，至2050年，高、中、低三种方案下的人口规模分别是14.36亿、13.73亿和13.22亿，差距在1亿人左右，如果考虑到近40年的时间尺度，加上与现有人口规模的比较，这种差距应该说是不明显的。因此，笔者认为从中期来看，中国人口规模会由于人口生产所固有的惯性而保持相对稳定的发展态势。但从长期来看，不同的方案设定会对中国未来的人口规模产生巨大的影响，在高方案下，人口规模会维持在一个相对稳定的水平，至2100年为14.21亿人，在中方案下，人口规模下降的幅度不会太大，至2100年为12.22亿人，在低方案下，人口规模下降的幅度明显，至2100年为9.09亿人，约为现在中国总人口的70%左右。

在人口发展规模上，总和生育率影响巨大。按照第六次人口普查的结果，我国目前的总和生育率仅为1.18，但官方文件与大量研究认为这并不符合我国的实际情况，多数研究认为目前的总和生育率超过1.5。本文预测的低方案即采信此种认识，将总和生育率固定为1.6。但值得注意的是，将与中国社会文化背景相近的日

---

① 方案选择具有很强的政策含义。政策制定者可根据期望的人口发展调整相应的人口政策，从而实现预期的结果。

② 本文将2050年设为中期来考虑，2100年设为长期来考虑。

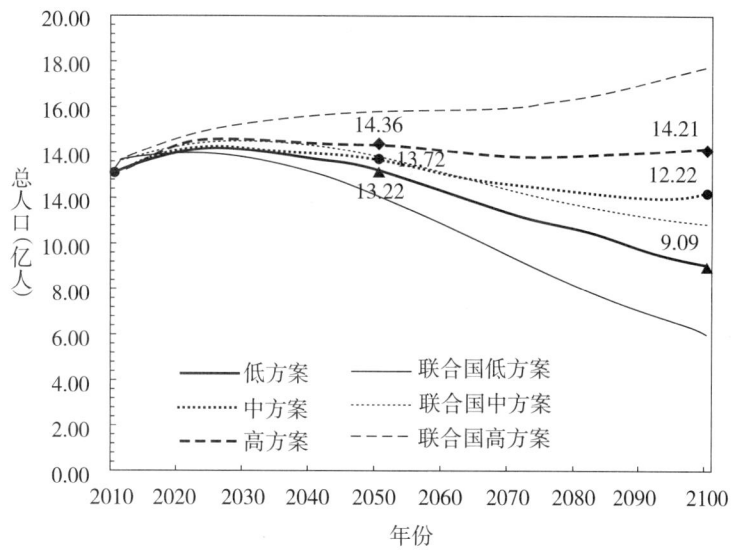

图 3-8 2010—2100 年中国总人口规模发展态势

本、韩国、台湾和新加坡等亚洲国家①放在一起对比，并考虑中国目前的经济社会转型目标与上述国家在 20 世纪 80—90 年代一致，而上述国家持续多年低迷的总和生育率状况(图 3-9)就不能不让我们担忧中国在未来即使全面放开人口计划生育政策，这种远低于世代更替水平的总和生育率设定能否实现？因此，从三种方案的总和生育率设定来看，笔者更倾向于认为低方案更能代表中国中长期的人口发展态势，而且要保证人口规模能够按照这种预期发展，还有必要在政策层面尽早做出规划从而预防其他亚洲发达国家的总和生育率持续低迷问题。

从人口均衡角度分析，究竟多大的人口规模为均衡？这个问题要从两方面加以考虑。如果从外部均衡来讲，人口规模与经济、资源、环境协调我们可以认为是均衡的，适度人口理论很好地阐释了这一问题，但迄今仍没有权威的或官方的数据对中国的适度人口规模做出判断，仍然是一个有待系统、深入研究的难题。如果从人口自均衡分析的话，人口的绝对数量并不能作为衡量人口自均衡的一个指标，因为一方面现实的人口规模是历史人口生产及其惯性作用下的结果，另一方面人口数量

---

① 日本、韩国、台湾和新加坡等亚洲国家总和生育率数据来源于世界银行(http：//data.worldbank.org/indicator/SP.DYN.TFRT.IN)，台湾 2014 年数据来源于维基百科 (http：//en.wikipedia.org/wiki/Demographics_of_Taiwan)

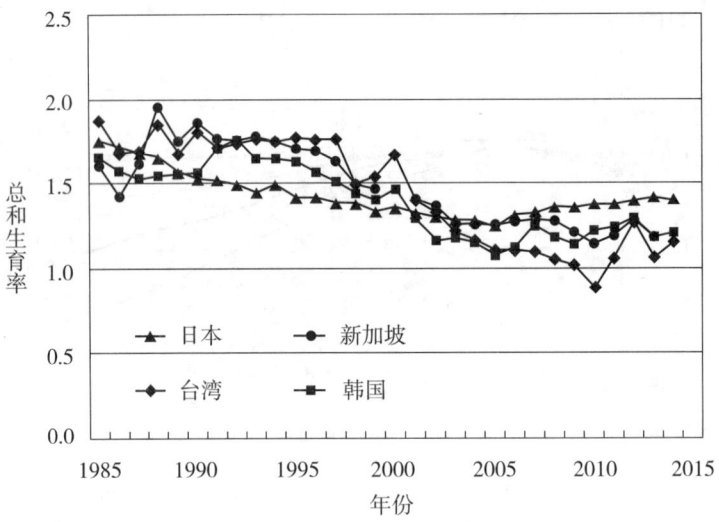

图 3-9 亚洲部分发达国家或地区近 30 年总和生育率变化情况

本身并不能决定人口结构,因而也不能决定人口是否处于自均衡状态。

总而言之,在人口规模方面,中国人口压力的峰值将出现在 2025 年前后,彼时人口与经济、资源、环境等方面的矛盾将最为突出,其后随着人口规模的不断下降(或维持稳定),人口的外部均衡问题将得到一定程度的缓解。

(二)少儿人口

图 3-10 为少儿人口的中长期发展态势预测结果。对未来少儿人口的数量起决定作用的是育龄妇女的年龄别数量和总和生育率的大小。由图可见,在中、高方案之下,由于总和生育率逐步趋向世代更替水平或稳定在更替水平,少儿人口的数量在年龄别育龄妇女数量的影响下总体围绕一定的基线水平呈波浪状发展,没有明显的中期和长期的差别,其中,中方案的基线水平为 2.14 亿,高方案的基线水平为 2.48 亿。但在低方案下,尽管同样有呈波浪状发展的迹象,但由于总和生育率远低于世代更替水平,总体表现为大幅下降的趋势,从 2010 年的 2.28 亿逐步下降到 2100 年的 1.04 亿人。

在少儿人口比重方面的规律与少儿人口总规模的规律趋于一致。中、高方案下,少儿人口比重基本分别在 16.23% 和 17.51% 上下浮动,而在低方案下,少儿人口比重从开始的 17.23% 逐步下降到 2100 年的 11.41%,下降近 6 个百分点。

(三)劳动力人口

图 3-11 为中国劳动力人口的中长期发展态势的预测结果。三种方案下劳动力

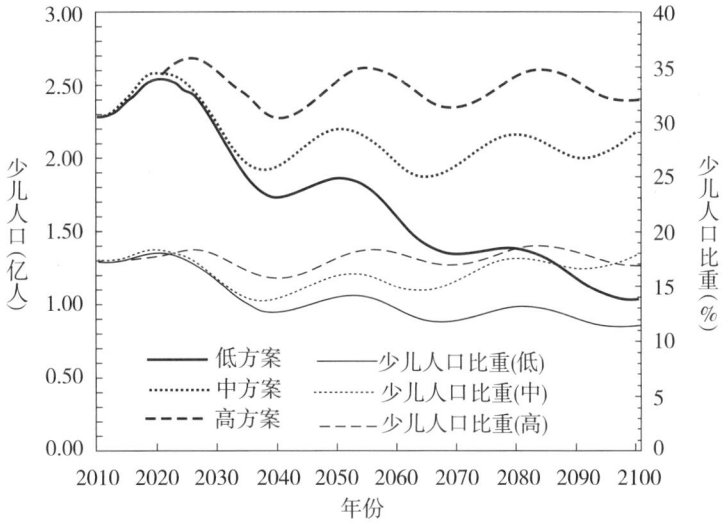

图 3-10 2010—2100 年少儿人口发展态势

人口规模差异明显,尤其是低方案与中、高方案的差异。从中期来看,劳动力人口无论在何种方案下,均表现出较为一致的大幅下降趋势,但从长期来看,低方案下劳动力人口规模会持续降低,至 2100 年,劳动力人口仅 4.95 亿人,约为目前的一半。在中、高两种方案下,劳动力人口数量会趋于稳定,中方案下劳动力人口会稳定在 6.8 亿人左右的水平,高方案下劳动力人口会稳定在 8.2 亿人左右的水平。

从人口负担系数分析,由图 3-11 可见,高方案下中国的人口红利期至多持续 10 年,中、低方案下则至多持续 20 年左右。但关键问题不在于人口红利期是否还存在或能持续多久,预测的结果显示出紧随人口红利期结束的是人口负担系数的大幅度攀升,从中期发展来看,三种预测方案下人口负担系数均呈线性递增趋势,至 2060 年前后达到近 80% 的峰值;从长期发展来看,中、低方案在经历短暂的人口负担系数下降后将会进一步持续上升,达到近 90% 的高人口负担系数,这也就意味着届时 1 个劳动力要负担 1 个非劳动力人口。高方案下的人口负担系数从长期来看,会在 2060 年以后有所下降,但仍然会稳定在 70% 以上的高位水平。

(四)老龄人口

图 3-12 为中国老龄人口中长期发展态势的预测结果。在三种预测方案下,老年人口从绝对数量上来看,其发展态势比较一致。老龄人口的峰值滞后总人口峰值约 30 余年,出现在 2060 年左右,最高达 3.81 亿人口。在中期(2050 年以前),老

第三章 人口现状与长期发展的趋势

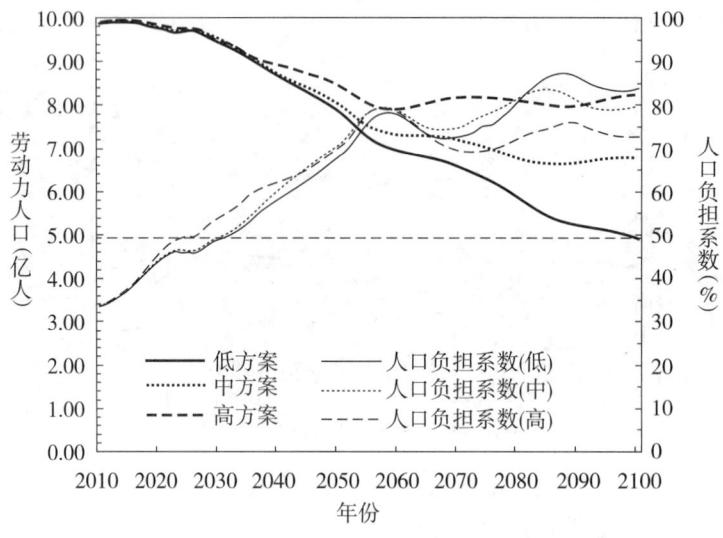

图 3-11　2010—2100 年劳动力人口发展态势

龄人口数量几乎呈线性递增趋势,从长期来看,老龄人口的绝对数量相对趋于稳定,但总数量维持在高位。

正如前文分析,如果单看老龄人口的绝对数量,同样不能反映人口是否处于自均衡状态,但老龄人口比重具有重要意义。按照目前联合国的定义,65 岁以上人口比重达 7% 即为进入老龄社会,比重达 14% 为深度老龄社会,比重达 20% 为超老龄社会。由图可见,无论是在何种方案下,中国将快速迈入深度老龄化乃至超老龄化状态,从 2000 年的老龄化起步到 2020 年左右迈入深度老龄化,仅 20 余年时间,而从 2020 年的深度老龄化到 2035 年左右的超老龄化更是缩短为 15 年左右。

另一方面,我们还要看到,本文采用的中、高两个方案是相对理想的人口发展态势,即便是在这种情况下,老龄人口比重从长期来看,也会维持在 25% 的高位水平,设若我国长期人口增长出现类似于亚洲其他发达国家的持续低生育水平,则老龄人口比重从长期来看,将持续攀升,最后达到 34% 以上的高位。目前深受老龄化影响的日本,其 2013 年老龄人口比重也才达到 25.1% 的峰值,因此,可以预见,长期的超老龄化问题将对中国未来社会产生巨大影响。

三、本章小结

从中期发展(2050 年以前)来看,我国人口预测方案的三种预测结果具有较高

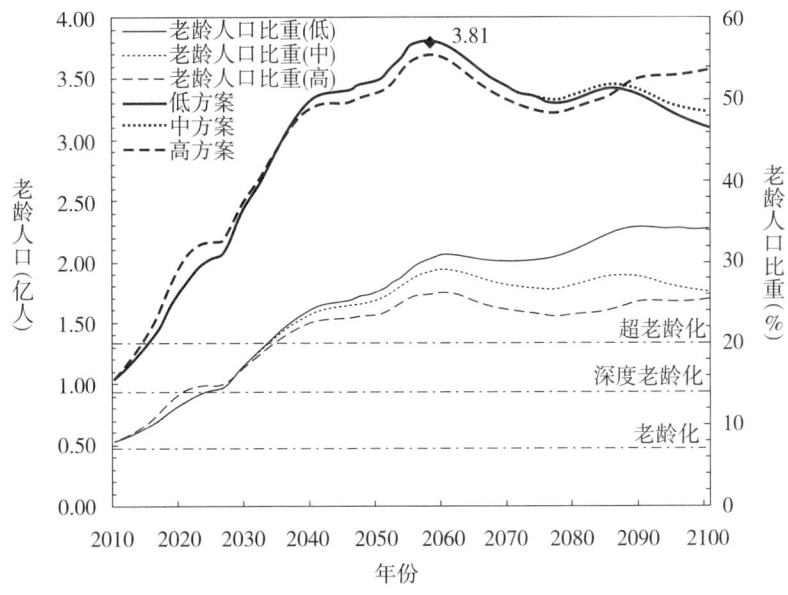

图 3-12 2010—2100 年中国老龄人口发展态势

的一致性,即人口总规模在达到峰值后逐步下降,劳动力人口大幅度下降,老年人口剧增。庞大的人口基数及人口生产本身所具有的惯性是导致不同预测方案不能在中期产生明显差异的原因,这也就意味着当前短期的人口政策调整或社会因素(经济、社会、文化及习俗等)无法对人口的中期发展产生显著影响。

从长期发展(2050—2100 年)来看,三种预测方案下的人口发展呈现较大的差异,且主要表现为低方案与中、高方案的差异。中、高方案能使中国的总人口规模保持在一定的水平,劳动力人口经过中期的大幅下降后亦可保持稳定,同时对避免人口超老龄化的过度发展具有一定的缓解作用;但是在低方案下,总人口规模及劳动力人口规模将持续下降,由此导致的超老龄化状况及问题会远远高于目前深受老龄化困扰的发达国家。

如果类比与中国在人种、文化、社会、经济等有相似成分的亚洲发达国家如日本、韩国、新加坡和台湾地区等,上述国家或地区持续近 30 年的低生育率水平则不能不让人对中国未来的总和生育率表示担忧。如果没有适当的人口政策刺激或其他经济、社会、文化或技术因素的重大影响,中国人口从长期来看,很有可能会按照低方案的预测结果发展,乃至更为糟糕!

第四章　人口长期均衡发展中的老龄化问题

人口再生产过程中出生率和死亡率的变化，带来了人口年龄结构的改变，其中人口老龄化成为世界人口变动和发展的一大趋势，它既是一个社会发展成熟的标志，也给社会进步带来严峻的挑战。人口老龄化的出现，是生活质量提高、医疗条件改善、卫生技术进步以及社会福利增加带来人口死亡率下降和预期寿命增加的结果。"十二·五"期间，随着经济社会的快速发展，人口发展目标已不局限于追求人口规模适度，而有了更为全面丰富的内容，"人口长期均衡发展"成为现今的人口发展方向。在人口发展方向的转变下，人口老龄化出现的特点、趋势等都对人口长期均衡发展产生了较大的影响。

第一节　老龄化对人口长期均衡发展的影响机制

自2008年国家人口计生委提出"实现人口长期均衡发展"的工作思路以来，学术界对"人口长期均衡发展"的重视和研究越来越多。2012年中共十八大报告首次强调"坚持计划生育的基本国策，提高出生人口素质，逐步完善政策，促进人口长期均衡发展"。

关于人口长期均衡发展的内涵，从发展历程上包括从短期均衡过渡至长期均衡（杨云彦，2011），范围上包括从一个国家或地区人口各要素变化之间的平衡到其与外部关系的协调（李建民，2010）。内涵上包括人口系统内部在规模、素质、结构、分布等各个要素之间的协调平衡发展，以及人口系统作为一个整体与外部的社会、经济、资源、环境等各方面发展相平衡（翟振武，2010；李斌，2011）。

目前学者关于人口老龄化对人口长期均衡发展的影响研究分散在以下几个方面：

（1）老龄化对经济发展的影响。国外较多学者（Leff，1969；Horioka，2006）通过实证研究发现人口结构变化带来老年抚养比的加重，对储蓄率带来负面影响。国内学者的研究结论也与此符合。彭秀健（2006）应用一般均衡模型对人口老龄化的宏观经济后果进行量化分析,发现中国人口老龄化将通过劳动力的负增长以及由此导致的物质资本的低增长减缓中国经济增长速度。陈会星等(2014)基于时间序列模型的实证研究得出老年抚养系数与储蓄率和家庭消费率呈负相关关系,从而人口老龄化与经济增长之间呈负相关。陈捷(2014)认为人口老龄化通过降低劳动供给能力、国民储蓄率、增加消费对经济增长贡献的不确定性等多方面来影响经济增长,同时老龄化后期带来的"人口负债也将造成经济影响"。

(2)老龄化对社会发展的影响。李洪心(2005)利用可计算一般均衡模型分析了人口老龄化对养老保险制度的挑战,现收现付的养老保险制度亟须调整和完善,以保持国民经济社会的可持续发展。翟振武(2010)认为老龄化水平与目前经济、社会发展水平不均衡,老年人口的平均增长速度远远快于总人口,养老服务的准备和供应还未充分做好应对目前的老龄化进程,盲目放松人口控制政策又会带来人口总量和老年人口数量之间变化的不均衡。

(3)老龄化对区域发展的影响。蔡鑫(2010)认为劳动人口向大城市流动舒缓了大城市的老龄化压力,与此同时,大城市向流出地省份反向输出了老龄化压力。宋洪远(2014)指出农村人口老龄化趋势明显,与经济发展的阶段不匹配,未富先老加重了农业生产、农民生活和农村社会家庭的负担。

总结来看,关于老龄化对人口长期均衡发展的影响,可以基于人口长期均衡发展的内涵从人口内部均衡和外部均衡两个方面来分析。

人口老龄化属于人口年龄结构的变化,其通过老年人口比重、老年抚养比和老少比等指标的变化来改变人口结构,使得人口结构内部出现失衡状态。同时,伴随着我国工业化进程中大规模的乡城转移劳动力,人口流动使得人口年龄结构出现城乡分布上的不均衡,老龄化出现城乡倒置现象。

与此同时,因为人口老龄化而带来的有效劳动供给减少、全要素生产率下降、储蓄率下降、投资消费水平降低等现象,会影响国民经济发展的速度,从而带来人口系统与经济系统发展的不均衡。此外,老龄化会加重养老负担,对社会养老保障体系、养老服务供给带来较大挑战,影响人口与社会的均衡发展。随着家庭规模逐步小型化,"空巢家庭"增多,传统的家庭养老方式受到冲击。

综合来说,人口老龄化带来人口系统内部在人口结构和人口分布上的不均衡发展,以及人口老龄化对国民经济增速的影响和对社会养老体系的更高要求,都是人口系统外部对社会经济发展的不均衡影响。以上这些由人口老龄化带来人口的内部发展不均衡和外部发展不均衡,都给人口长期均衡发展带来了极大的挑战,影响机制见图4-1。

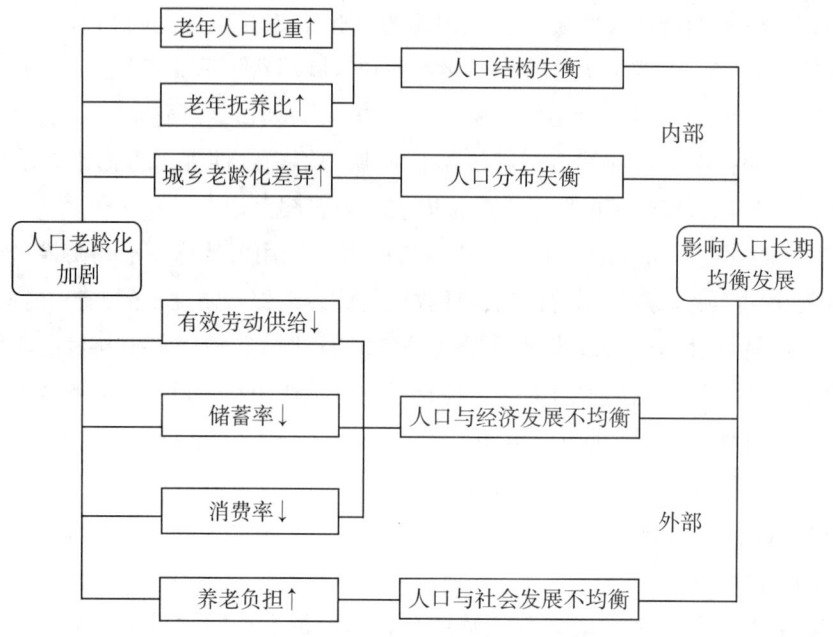

图 4-1　老龄化对人口长期均衡发展的影响机制

第二节　我国老龄化发展的总体状况

一、人口老龄化程度不断加剧

1953年我国65岁及以上人口数量为2502万，占总人口的比重为4.4%。随着出生率和死亡率的降低，少儿人口比重不断下降，老年人口比重不断上升。2000年我国65岁及以上人口数量为8872万，占总人口比重达到7%，标志着我国开始进入老龄化社会。2005年，我国老年人口数量首次超过1亿，老年人口数量增长幅度明显快于老年人口比重的增长幅度。2013年，我国65岁及以上老年人口数量达到1.3亿，老龄化水平为9.7%，人口老龄化程度进一步加剧的趋势较为明显，详见图4-2。

从人口抚养比的变化来看，新中国成立初期较高的出生率一度使人口总抚养负担加重。第二次人口普查后至20世纪80年代，出生率大幅下降使得少儿抚养比呈现出快速下降趋势，与此同时死亡率的下降和人口预期寿命的提高使得老年抚养比

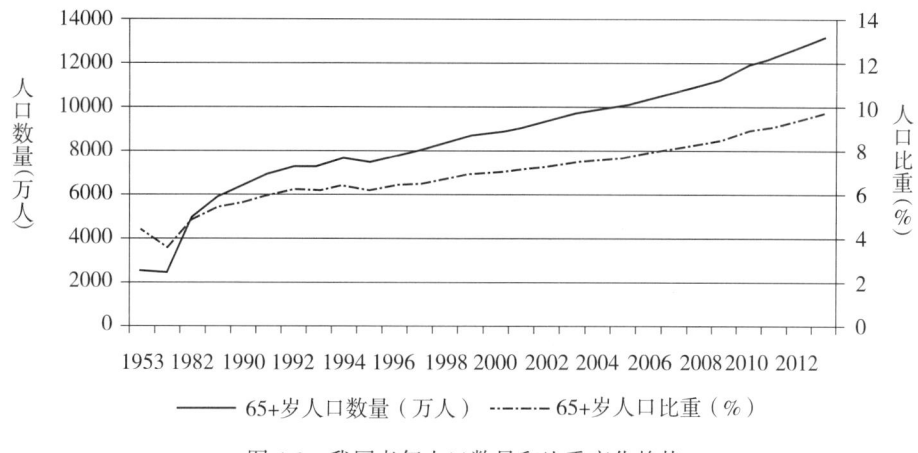

图 4-2 我国老年人口数量和比重变化趋势

资料来源：1953 年、1964 年数据来源于第一次、第二次人口普查资料，1982 年以后数据来源于《2014 中国统计年鉴》。

缓慢增加，总抚养比迅速降低至 50% 以下，人口机会视窗开启并开始释放出人口红利。20 世纪 80 年代开始，少儿抚养比继续下降，老年抚养比上升但其增幅远低于少儿抚养比的降幅，共同作用下我国的人口总抚养比逐渐下降。2010 年人口红利达到巅峰，人口总抚养比低至历史最低水平为 34.2%，2011 年人口总抚养比开始上升达到 34.4%，2013 年人口总抚养比增加至 35.2%。发生这种改变的原因是，少儿人口比重从 2010 年开始几乎不再下降，而老年人口比重不断上升，老年抚养比上升的幅度开始快于少儿抚养比下降的幅度，使得人口总抚养比开始上升，详见图 4-3。在此过程中，老年抚养比从 1953 年的 7.3% 逐渐上升至 2013 年的 13.1%，并呈现出继续上升的趋势，养老问题不断严峻，成为社会经济发展的重要问题。

二、人口高龄化趋势明显

我国人口老龄化表现出老年人口数量多、比重大、老龄化速度较快的特点，并且带来较高的老年人口抚养负担。而在老年人口中，随着预期寿命的增加，高龄老人数量和高龄女性比重都在不断增加。我国 80 岁及以上的高龄老年人口数量从 1982 年的 518 万增加至 2013 年的 2420 万，占总人口规模的比重从 0.51% 上升至 1.78%，占 65 岁及以上老年人口的比重从 10.43% 增加到 18.37%。从表 4-1 中可

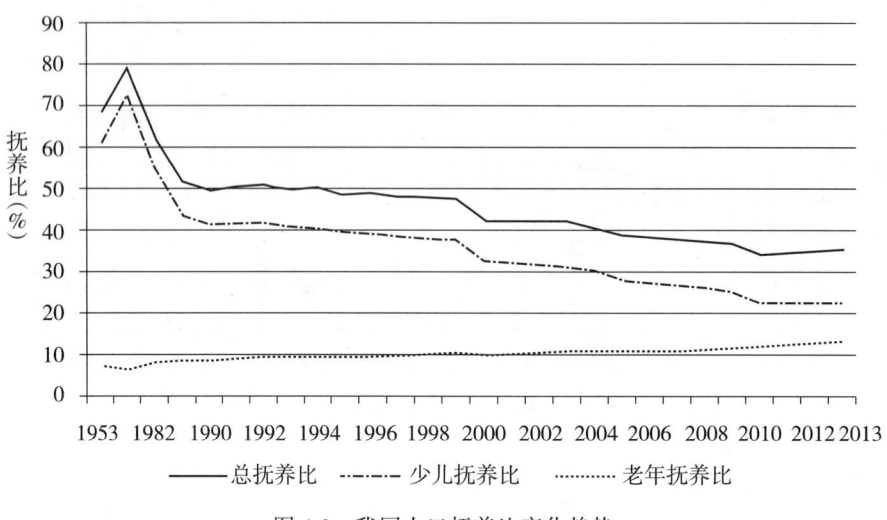

图 4-3　我国人口抚养比变化趋势

资料来源：1953年、1964年数据来源于第一次、第二次人口普查资料，1982年以后数据来源于《2014中国统计年鉴》，部分数据为作者计算所得。

以看出，1982年老年人口中以 65—69 岁年龄段的人口比重最大为 2.11%，占当年老年人口比重的 43.2%，而 2013 年这一比重下降到 36.2%。老年人口中 70—74 岁年龄段人口比重也在下降，而 75—79 岁、80—84 岁、85—89 岁以及 90+年龄段人口的比重都在增加，说明老年人口人均寿命增加明显，高龄老人数量比重不断扩大。从老年人口性别比例分布来看，男性预期寿命提高较为明显，1982 年老年人口中女性 70 岁以上的比例明显高于男性，而 2013 年，80 岁以下的老年人中男女比例差异越来越小，但 80 岁以上的老年人中女性数量明显高于男性。

表 4-1　　　　　　　　　我国老年人口内部结构变化情况

年份	2013 年			1982 年		
年龄段(岁)	总计(%)	男(%)	女(%)	总计(%)	男(%)	女(%)
65+	9.68%（右列为该年龄段人口占65+人口的比重）	4.64	5.04	4.89（右列为该年龄段人口占65+人口的比重）	2.18	2.71

续表

年份	2013年			1982年			
年龄段(岁)	总计(%)	男(%)	女(%)	总计(%)	男(%)	女(%)	
65—69	3.51	36.22	1.75	1.76	2.11	43.15	1.01	1.10
70—74	2.50	25.78	1.23	1.27	1.42	29.04	0.64	0.78
75—79	1.90	19.63	0.90	1.00	0.85	17.38	0.34	0.51
80—84	1.14	11.79	0.51	0.63	0.37	7.57	0.14	0.23
85—89	0.47	4.85	0.19	0.28	0.11	2.25	0.04	0.07
90+	0.17	1.72	0.06	0.11	0.03	0.61	0.01	0.02

资料来源：2013年数据来源于《2014中国统计年鉴》，1982年数据来源于第四次人口普查资料，部分数据为作者合并计算所得。

根据中国老龄科学研究中心2010年12月组织实施的第三次中国城乡老年人口状况追踪调查的数据显示，我国1.776亿60岁及以上老年人口的健康状况和生活自理能力差异较大。70岁以下的老年人口中，生活完全能自理的占85%以上，仅有3%左右的完全不能自理。70—80岁的老年人口中接近90%生活基本能自理。而超过80岁以后，老年人的生活自理能力大幅下降，仅有不到一半的生活完全能自理，完全失能的比重高达22.55%，其中男性的生活自理情况好于女性，这和80岁以上的老年人口中女性数量明显高于男性密切相关。此外，老年人口中各个年龄段的城市人口生活自理情况均好于农村人口，尤其是80岁以后，完全能自理的城市老年人口比农村老年人口高出12个百分点，说明城市老年人口的生活自理情况和健康状况明显好于农村老年人口。

结合上一章对我国人口规模和结构的预测结果，从中方案来看，我国人口总规模在2050年前后达到最高峰之后经过拐点总量开始下降，但65岁及以上老年人口和80岁及以上老年人口的数量和比重仍然会不断增加。2050年总人口规模约为13.7亿，其中65岁及以上老年人口规模达到3.48亿，占总人口的比重为25.4%。而80岁及以上的高龄老年人口规模将超过1亿达到1.14亿，占总人口比重的8.34%，占老年人口比重的32.88%。根据高、中、低三个方案的预测结果，到2100年，80岁及以上高龄人口占老年人口的比重均超过40%，其中低方案和中方案更高达48%，接近一半的老年人口为80岁及以上的高龄老年人口。

因此，随着我国社会经济发展的不断进步和生育观念的转变，健康投资的增加和医疗技术的提高会进一步降低死亡率，延长人口预期寿命。虽然老年人口的自身健康和生活自理状况都会提高，但其中80岁以上的高龄人口的情况会相对比较严重。20年后，老年人口中20%以上将是80岁以上的高龄人口，今后的老龄化重点关注对象应该从65岁以上人口转向80岁以上的高龄人口，特别是高龄女性的健康和养老问题。

表4-2　2010年按年龄、性别、城乡分的老年人生活自理能力状况(%)

	合计	60—64岁	65—69岁	70—74岁	75—79岁	80+岁
合计	100.00	100.00	100.00	100.00	100.00	100.00
完全能自理	77.34	89.44	85.09	74.03	67.15	45.17
部分失能	15.86	7.71	11.86	19.51	23.34	32.28
完全失能	6.79	2.86	3.05	6.46	9.51	22.55
男性						
合计	100.00	100.00	100.00	100.00	100.00	100.00
完全能自理	80.74	90.10	87.01	77.92	70.47	52.57
部分失能	13.60	6.60	10.34	16.39	20.11	31.49
完全失能	5.66	3.30	2.65	5.68	9.42	15.94
女性						
合计	100.00	100.00	100.00	100.00	100.00	100.00
完全能自理	74.08	88.75	83.13	70.17	64.16	39.85
部分失能	18.04	8.85	13.41	22.59	26.25	32.85
完全失能	7.88	2.40	3.46	7.24	9.59	27.30
城市						
合计	100.00	100.00	100.00	100.00	100.00	100.00
完全能自理	81.98	93.19	87.63	80.51	72.32	52.09
部分失能	12.45	4.25	9.18	16.00	19.10	28.98
完全失能	5.58	2.56	3.19	3.49	8.58	18.93
农村						
合计	100.00	100.00	100.00	100.00	100.00	100.00
完全能自理	73.69	86.44	83.13	68.76	63.05	39.93
部分失能	18.56	10.46	13.93	22.36	26.70	34.77
完全失能	7.75	3.09	2.94	8.88	10.24	25.29

资料来源：吴玉韶，郭平. 2010年中国城乡老年人口状况追踪调查数据分析，中国社会出版社，2014.

三、城乡老龄化差异显著

整体上看我国人口老龄化水平不断提高,老龄人口数量庞大且老龄化速度较快。但是,在我国社会经济发展过程中,伴随着人口流动和城镇化的逐步推进,城乡之间的老龄化水平差异也较为明显。

我国农村老年人口比重一直高于城镇,人口老龄化出现城乡倒置的现象,且二者之间的差距先缩小后逐渐拉大。1964年经历自然灾害的人口损失后,城镇老年人口比重为2.8%,农村老年人口比重为3.6%,二者之间的差距仅为0.8个百分点。此后城镇和农村的老年人口比重开始上升,农村先于城镇进入老龄化结构(农村在1995—2000年之间、城镇在2000—2005年之间老年人口比重达到7%),2010年农村老年人口比重达到10%,而城镇为7.8%,二者之间的差距拉大到2.2个百分点(见图4-4)。城乡老年人口抚养比的变化趋势与老年人口结构相同,农村的老年人口抚养比一直高于城镇,其中城镇老年人口抚养比从1964年的5.0%上升到2010年的10%,农村老年人口抚养比从1964年的6.6%上升到2010年的14.1%(见图4-5)。2010年农村地区65岁及以上老年人口数达到6711万,比城镇地区多1487万,农村地区如此庞大的老年人口养老问题更需要重视。

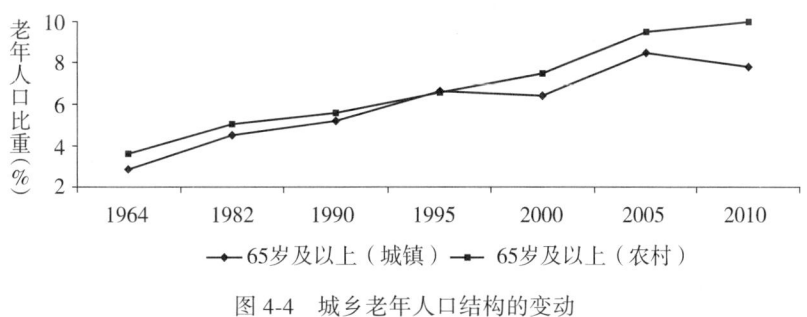

图4-4 城乡老年人口结构的变动

四、区域老龄化不均衡突出

2000年我国老龄化水平刚刚达到7%,开始进入老龄化社会。本节使用ARCGIS软件分别绘制了2000年和2013年中国65岁及以上老年人口比重和老少比①的区域分布图。

---

① 老少比是国际常用的判断人口年龄结构的指标之一,其等于65岁及以上人口数与0—14岁人口数之比。通常认为老少比不超过15%时,人口年龄结构属于"年轻型",老少比位于15%—30%之间时属于"成年型",老少比大于30%时属于"老年型"。

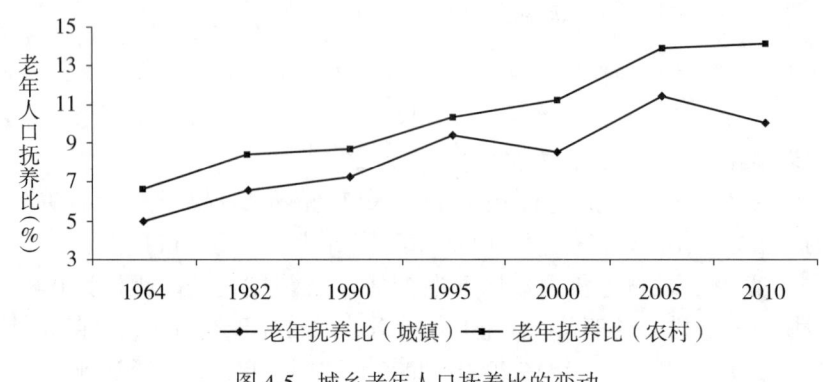

图 4-5　城乡老年人口抚养比的变动

资料来源：数据来源于历次人口普查和人口抽样调查数据，作者根据城市、镇和乡村模块分别合并计算得到。

从图 4-6 中我们可以看出，中国人口老龄化的空间区域分布不均衡现象显著，随着老龄化程度的加深，区域间的差别也进一步明显。2000 年东部地区①老龄化程度最高平均达到 8.09%，中部地区次之平均为 6.45%，西部地区老龄化程度最弱平均仅有 5.70%。但从东中西部内部差异来看，西部地区老龄化水平的变异系数②最大为 21.7%，东部地区次之为 19.2%，中部地区最平稳为 11.1%。全国有 12 个地区老龄化水平超过 7%，其中东部地区 7 个、中部地区 2 个、西部地区 3 个。所有地区中上海老龄化率最高达到 11.53%，浙江、江苏、北京、天津、山东的老龄化水平均在 8%~9% 之间，重庆、辽宁、四川、安徽、湖南、广西的老龄化水平均在 7%~8% 之间。甘肃、新疆、西藏、宁夏、青海的老龄化水平均在 5% 以下，其中青海最低仅为 4.33%。

相较于 2000 年，2013 年全国老龄化程度加剧明显，除新疆（6.37%）、西藏（5.17%）外，其余地区全部进入老龄化社会。虽然东部地区老龄化平均水平依旧最高达到 9.64%，但东中西之间的差别在缩小，中部地区老龄化平均水平达到

---

①　本文所指的东部地区包括北京、天津、河北、上海、江苏、浙江、福建、山东、广东、海南、辽宁 11 个省（自治区、直辖市，下同），中部地区包括黑龙江、吉林、山西、安徽、江西、河南、湖北、湖南 8 个省，西部地区包括内蒙古、广西、云南、四川、重庆、贵州、西藏、陕西、甘肃、青海、宁夏、新疆 12 个省。

②　变异系数采用标准差系数，公式为：$CV = \dfrac{S}{\bar{x}} \times 100\%$。其中，$S$ 为标准差，$\bar{x}$ 为均值，CV 即标准差系数，其大小直接反映观测值的变异程度大小。

9.44%，西部地区为8.80%。西部地区内部老龄化水平的差异进一步加剧，老龄化程度最高的是重庆(13.25%)，最低的是西藏(5.17%)，变异系数高达27.1%。东部地区内部老龄化水平差别略有缩小，老龄化程度最高的是江苏(12.25%)，最低的是广东(7.24%)，变异系数为16.4%。中部地区内部老龄化水平差异依旧平稳，老龄化程度最高的是湖南(10.57%)，最低的是山西(7.97%)，变异系数下降到9.5%。所有地区中重庆的老龄化水平最高达到13.25%，老龄化率超过10%的地区还有四川、江苏、天津、山东、上海、湖南、安徽、辽宁。而上海成为唯一一个相较于2000年老龄化水平下降的地区，2013年为10.64%，比2000年的11.53%下降了0.89个百分点。

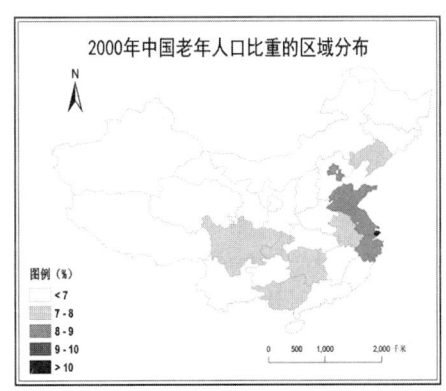 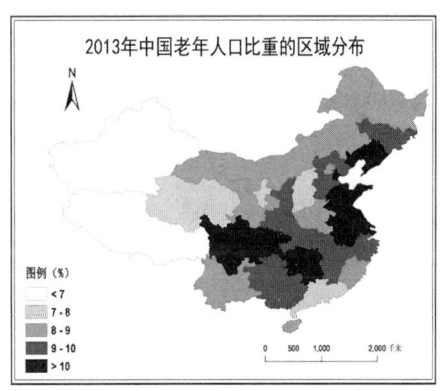

图4-6　2000年和2013年我国老年人口比重的区域分布

资料来源：2000年数据来源于第五次人口普查资料，2013年数据来源于《2014中国统计年鉴》，只包括大陆地区31个省、自治区、直辖市。

图4-7显示，我国人口老龄化的整体波动幅度随着老龄化程度的加深在减小，全国31个地区老龄化率平均值的变异系数从2000年的23.5%下降到2013年的19.5%。老龄化水平在东中西部之间的差异在缩小，但西部地区内部的差异在拉大。从变化幅度的绝对水平来看，人口老龄化速度最快的地区是重庆和四川，14年间老龄化率提高了5.3个百分点，由于重庆、四川两地老龄化程度上升幅度迅速，使得西部地区内部人口老龄化差异显著。重庆、四川、陕西、甘肃、吉林、湖北、黑龙江、江苏、贵州、湖南、内蒙古、天津、安徽、山东、江西、青海16个地区的人口老龄化速度均快于全国平均水平(2.72%)。西藏、浙江、北京的人口

老龄化速度较平缓,14 年间的变动水平不到 1 个百分点。而从变化幅度的绝对水平来看,老龄化水平增长幅度最大的是甘肃,最小的是北京。甘肃、四川、重庆、陕西、青海、吉林、黑龙江、贵州、内蒙古、宁夏、湖北、江西、湖南、安徽、新疆、江苏 16 个地区的老龄化增加幅度(速度)快于全国平均水平。

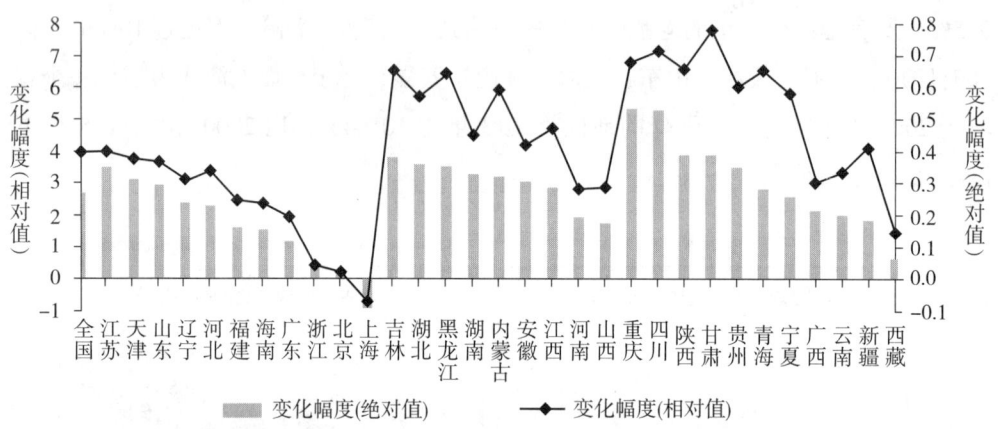

图 4-7　2013 年全国老龄化水平变化幅度①(相较于 2000 年)

资料来源:2000 年数据来源于第五次人口普查资料,2013 年数据来源于《2014 中国统计年鉴》,只包括大陆地区 31 个省、自治区、直辖市。作者计算所得。

从老年人口比重的变化能看出区域间老龄化水平和老年人口抚养负担的变化,结合人口老少比的变动能更好地分析人口年龄结构的变动以及老龄化水平变化的影响因素。从图 4-8 中可以看出,2000 年全国老少比为 30.4%,变异系数为 34.7%。东部地区人口老少比平均水平最高达到 44.5%,内部差异也是最大,变异系数高达 45.8%,原因在于上海地区老少比全国最高达到 94.6%,其次是北京为 61.5%,而东部排名第三的天津为 49.7%,排名最后的海南仅为 23.9%。中部地区人口老少比平均水平为 27.9%,但其平均差异最小,变异系数仅为 11.4%,其中老少比最高的是湖南为 32.9%,最低的是江西为 23.5%。西部地区人口老少比平均水平最低为 22.4%,但其平均差异高于中部地区为 31.1%,其中重庆老少比最高为

---

① 图中变化幅度的绝对值为各地区 2013 年老年人口比重减去 2000 年老年人口比重,单位为%。变化幅度的相对值为各地区 2013 年老年人口比重减去 2000 年老年人口比重的差值与 2000 年老年人口比重之比,单位为 1。

32.9%，西藏最低为14.4%。全国仅西藏地区人口老少比小于15%(14.4%)属于年轻型状态，而上海、北京、天津、浙江、江苏、辽宁、山东、重庆、四川、湖南、吉林、河北12个地区进入老年型状态，其中东部地区占了8个。

我国人口老少比上升幅度较大，增加速度也较快，各地区之间的不均衡程度在拉大，中西部地区老少比上升迅速。2013年全国老少比上升至61.2%，相较于2000年增长了一倍，变异系数增加到37.5%。东部地区老少比平均水平依旧最大达到75.2%，变异系数下降至33.8%，上海地区老少比进一步加重仍然排名第一，达到113.7%，天津人口老少比达到102.4%，广东地区老少比最低为43.4%。中部地区人口老少比平均水平上升至59.7%，变异系数上升至23.2%，其中黑龙江的老少比最高达到82.2%，河南最低为43.0%。西部地区人口老少比平均水平上升至49.25%，变异系数上升至39.3%，其中重庆老少比最高为84.9%，西藏仍然最低为22.2%。全国除西藏地区人口结构在成年型状态，其余地区全部进入老年型状态。

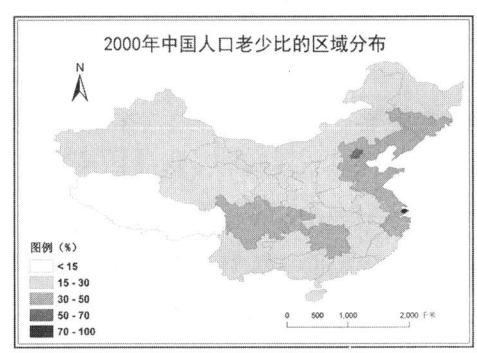 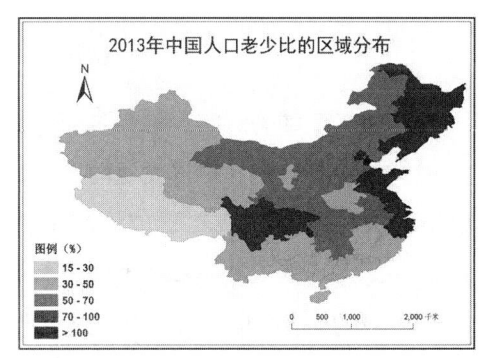

图4-8 2000年和2013年我国人口老少比的区域分布

资料来源：2000年数据来源于第五次人口普查资料，2013年数据来源于《2014中国统计年鉴》，只包括大陆地区31个省、自治区、直辖市。作者计算所得。

图4-9显示，我国人口老少比的整体波动幅度随着老龄化程度的加深略有增大，全国31个地区人口老少比平均值的变异系数从2000年的34.7%增加到2013年的37.5%。但从地区间的波动变化来看，东部地区人口老少比的内部差异缩小显著，但中西部地区内部差异在增大，中部地区增长幅度快于西部。辽宁地区人口老少比增加幅度最快，而甘肃地区增长速度最快。人口老少比增加幅度超过全国平

均水平的有辽宁、天津、吉林、重庆、江苏、黑龙江、四川、陕西、湖北、内蒙古、甘肃、山东12个地区。人口老少比增加幅度最慢的是西藏，但增加速度最慢的则是上海。

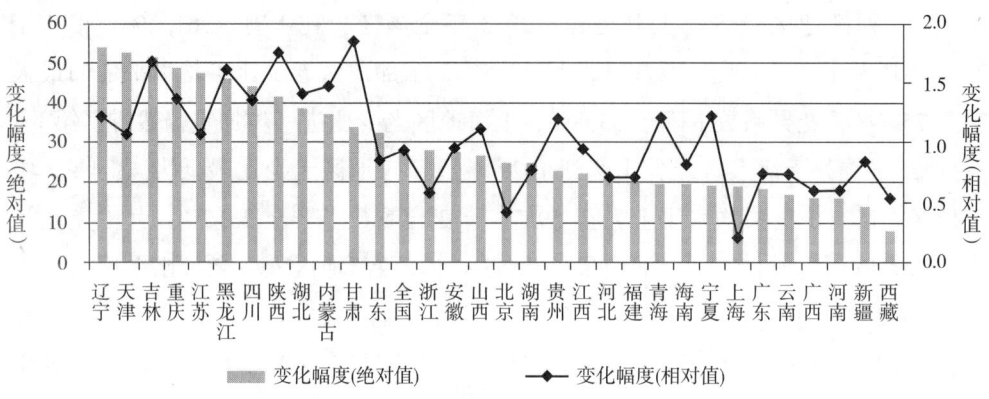

图 4-9 2013 年全国人口老少比变化幅度（相较于 2000 年）

资料来源：2000 年数据来源于第五次人口普查资料，2013 年数据来源于《2014 中国统计年鉴》，只包括大陆地区 31 个省、自治区、直辖市。作者计算所得。

总体来看，随着时间的推移各地区老龄化程度都在加剧，呈现出东部地区先步入老龄化社会其他地区跟进发展的态势，表现出由西向东增强的区域非均衡态势。目前东部地区人口老龄化程度最严重，平均水平为 9.64%，江苏、天津、山东、上海、辽宁等地人口老龄化水平已经超过 10%，但增幅增速最慢，14 年间（2000—2013 年，下同）年均增幅仅为 0.11%。西部地区老龄化程度虽然最低为 8.8%，但其增幅增速最快，年均增幅达到 0.22%，比东部地区老龄化速度快了一倍，且区域内部老龄化程度差异最大，重庆、四川两地人口老龄化程度高速度快，是我国人口老龄化最严重的两个地区。2013 年中部地区老龄化平均水平为 9.44%，年均增长 0.21%，但区域内部差异最小，湖南、安徽两地老龄化水平均超过 10%，老龄化程度最为突出。结合老年人口比重和老少比两项数据指标来看，在老龄化程度相当的地区，东部地区的老少比明显高于中西部地区，说明东部地区的老年人口抚养负担更重，整体人口发展缺乏活力，详见图 4-10。

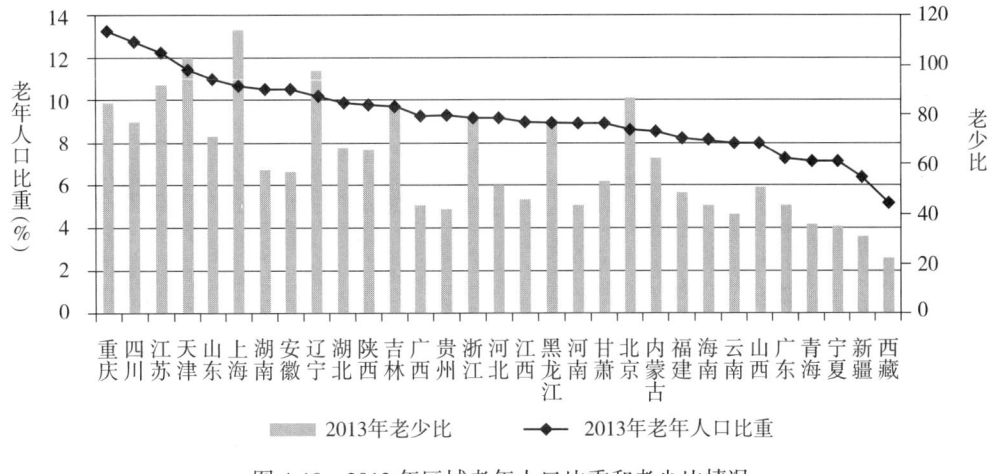

图 4-10　2013 年区域老年人口比重和老少比情况

第三节　我国人口老龄化的区域差异分析

我国 31 个省市在区位分布、资源禀赋、发展战略选择和历史基础条件等方面情况各不相同，从而在社会经济发展过程中表现出不同速度，各地区人口老龄化进程也存在较大差异。单从人口老龄化率的变化来比较各省市的老龄化进程差异并不足以详细说明其中的变化。因此本节分别选取 2000 年、2013 年全国 31 个省市的反映老龄化水平的老年人口比重和老少比指标，以及反映经济发展水平的人均 GDP 这三个指标，采用系统聚类法，运用 SPSS18.0 软件对两个年份的全国数据进行聚类分析，找出省市之间老龄化水平的差异和联系。

一、2000 年我国人口老龄化状况的聚类分析

图 4-11 的聚类树结果显示，2000 年我国 31 个省市老龄化水平可以分为 5 类。第 1 类是上海模式，该类模式的特点是经济发展水平最高，同时老龄化程度最严重。上海地处长三角，是我国经济最发达的地区，已经进入工业化中后期，低出生率和低死亡率使得人口年龄金字塔底部收缩顶端堆积，老年人口抚养负担突出。

第 2 类包括北京和天津，该类模式的特点是经济发展水平和老龄化程度都位于第二高水平，但人口年龄结构比上海年轻，其老少比明显好于上海。

第 3 类是江苏、浙江、辽宁和山东，这 4 个省份的老龄化程度和第 2 类相当，但经济发展水平明显低于第 2 类，少儿人口比重和人口出生率略高于第 2 类。

第四章 人口长期均衡发展中的老龄化问题

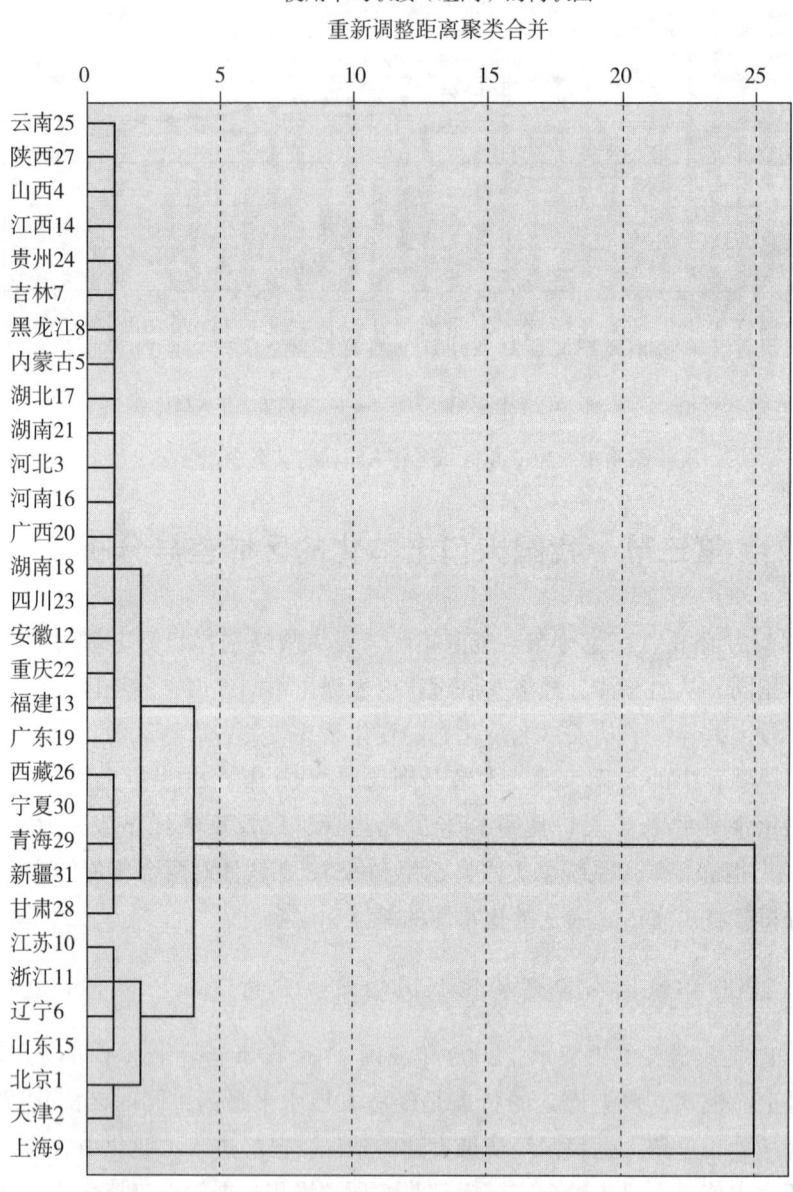

图 4-11 2000 年 31 个省市聚类树

第 4 类共有 18 个省市，包括东部的广东、福建、河北、海南和中部的山西、吉林、黑龙江、安徽、江西、河南、湖北、湖南以及西部的广西、重庆、内蒙古、四川、贵州、陕西。这类地区人口处于成年型结构，尚未进入老龄化，经济发展水平较低。

第5类是5个西部省份，经济发展水平最低，同时人口年龄结构较为年轻，老龄化也处于全国最低水平。该类地区人口中有很大比例是少数民族，实行较为宽松的生育政策，生育观念还未实现转变，因此相较于其他地区而言其出生率较高，但由于经济发展水平最低，医疗条件处于全国最低水平使得死亡率相较于其他地区较高。

表4-3　　　　　　　　　　2000年全国31个省市聚类分析结果

类别	省市名称	老年人口比重平均值（％）	老少比	人均GDP平均值(元)
1	上海	11.53	94.59	34547
2	北京、天津	8.35	55.60	20227
3	江苏、浙江、辽宁、山东	8.37	44.08	11504
4	河北、山西、内蒙古、吉林、黑龙江、安徽、福建、江西、河南、湖北、湖南、广东、广西、海南、重庆、四川、贵州、陕西	6.51	27.50	6385
5	西藏、甘肃、青海、宁夏、新疆	4.57	16.31	5159

二、2013年我国人口老龄化状况的聚类分析

图4-12的聚类树结果显示，相较于2000年分类较为集中的情况，2013年老龄化水平的集中性和分类性特点有所减弱，反映出其中的非规律性波动变化。2013年我国31个省市老龄化水平可以分为6类。第1类是北京模式，该类模式的特点是经济发展水平最高，但老龄化程度处于中等水平，老龄化水平比2000年只增加了0.22%，社会发展带来生育观念的转变使得出生率维持在较低水平，医疗条件的改善又在不断降低死亡率。同时大量的流动人口为北京的发展提供丰富的劳动力，保持经济运行活力，收获人口红利。

第2类包括天津、上海、江苏、辽宁4个东部发达省市。该类模式的特点是经济发展水平和老龄化水平均处于第二高，老少比平均水平超过100，人口年龄结构最老化，老龄化程度相当严重。上海是31个省市中老龄化水平相较于2000年唯一

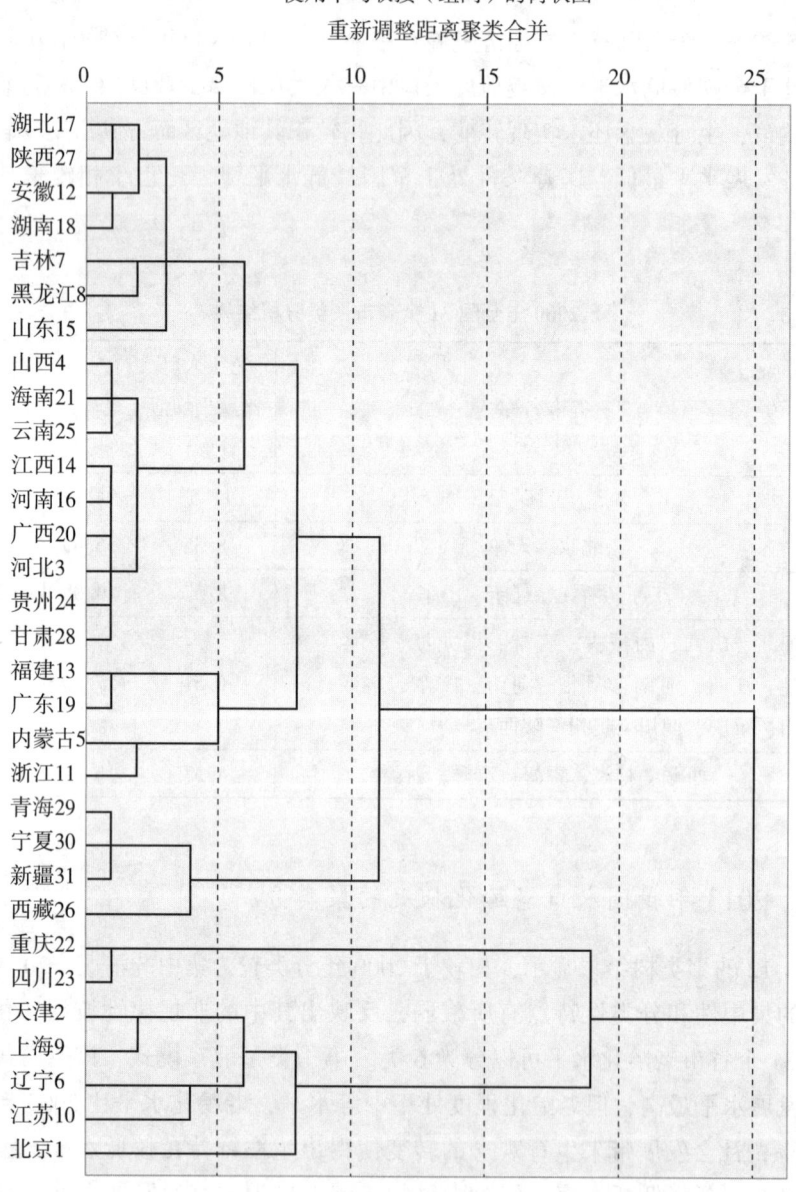

图 4-12　2013 年 31 个省市聚类树

一个下降的地区,降低了 0.89%,老龄化程度由于大量流动人口的进入得到了缓解,但老龄化程度仍旧十分严重。浙江的老龄化进程相对较为缓慢,比 2000 年只增加了 0.36%。

第 3 类包括广东、福建、内蒙古和浙江 4 个省份,其经济发展水平处于第三位,但老龄化水平相对较低,处于倒数第二位。其中,浙江的老龄化进程相对较为缓慢,比 2000 年只增加了 0.36%。而内蒙古的经济发展速度十分迅速,相较于与其经济水平相当的省份,其老龄化程度相对较低。

第 4 类包括重庆和四川 2 个省市,其经济发展水平处于第四位,但老龄化水平全国最严重。大量劳动力外流加重了两地的老龄化水平,人口红利向外转移。

第 5 类除河北、山东、海南外,其余均为中西部省份,包括湖北、陕西、安徽、湖南、吉林、黑龙江、山西、云南、江西、河南、广西、贵州、甘肃。该类地区经济发展水平处于第五位,老龄化水平处于第三高。

第 6 类包括青海、宁夏、新疆、西藏 4 个西部省份,该类地区经济发展水平最低,同时老龄化水平也是最低。虽然相较于 2000 年该类地区老龄化水平提高了接近 2 个百分点,人口出生率受生育观念影响和生育政策引导有所下降但仍然高于其他地区,人口年龄结构相对比较年轻,整体未进入老龄化社会。

表 4-4　　　　　　　　**2013 年全国 31 个省市聚类分析结果**

类别	省市名称	老年人口比重平均值(%)	老少比	人均 GDP 平均值(元)
1	北京	8.59	86.49	93213
2	天津、上海、江苏、辽宁	11.14	101.53	81498
3	广东、福建、内蒙古、浙江	8.29	57.80	63089
4	重庆、四川	13.00	81.00	37625
5	湖北、陕西、安徽、湖南、吉林、黑龙江、山东、山西、海南、云南、江西、河南、广西、河北、贵州、甘肃	9.32	55.40	35778
6	青海、宁夏、新疆、西藏	6.44	30.92	34795

三、不同年份聚类结果的比较分析

2000 年和 2013 年两次聚类分析的分类特点基本一致,分类结果有相似之处也有变化较为明显的地方,以下分析造成变动的因素所在。

从分类上看，2013年的聚类结果比2000年多了一类，主要在于重庆、四川两地的异常变化，老龄化程度加剧严重，从倒数第二高一跃成为全国最高水平，而经济发展水平仍旧处于较低位置。第1类由上海变成北京，北京的经济发展水平超过上海成为第一，但老龄化程度相对较好，仅处于相对较低水平。内蒙古由于经济发展水平增长迅速而老龄化水平增速相对缓慢，从第4类上升至第3类中，与东部发达省份广东、福建、浙江接近。甘肃从最后一个分类中上升至倒数第二个分类，并非由于经济发展水平的提高，而是因为老龄化程度的加重程度相较于其他几个西部少数民族省份更严重。

从总体上看，2000年我国老年人口比重和人均GDP呈现出一定的正相关关系，随着人均GDP的增加，老龄化程度加重。但从以上分类中可以看出，广东和福建两省经济发展水平和第3类接近，因为人口年龄结构较为年轻所以聚类分析时被归入第4类中，也显示出单从人均GDP水平来看并不能完全说明老龄化程度是随着经济发展水平的提高而加深。这一变化情况在2013年的聚类结果中反映地更加明显。随着经济水平的进一步提高，大规模的劳动力从中西部省份向东部地区流动，向外输出人口红利，中西部地区的老龄化程度随着经济水平的提高而加重，一些东部地区的老龄化水平却随着经济发展水平的提高而降低或者减速。即从全国纵向发展水平上看，2013年相较于2000年经济发展水平提高的同时老龄化程度加重，但是不同省份间变化的差异程度较大，2013年的分类结果说明经济发展水平和老龄化水平之间的正相关关系大大减弱。

第四节 本章小结

人口老龄化作为年龄结构变动的趋势，主要是由生育率下降和人口预期寿命延长引起人口转变而形成的。随着我国从20世纪70年代末期开始实行计划生育政策，一定程度上加速了生育水平的下降和生育观念的转变，也使得人口老龄化的进程逐渐加快。

人口老龄化属于人口年龄结构的变化，老龄化进程中老年人口比重增加、老年抚养比加大等变化，使得人口结构内部面临失衡状态。而人口老龄化会带来有效劳动供给减少、全要素生产率下降、储蓄率下降、投资消费水平降低等现象，影响国民经济发展的速度，从而带来人口系统与经济系统发展的不均衡。此外，老龄化会加重养老负担，对社会养老保障体系、养老服务供给带来较大挑战，影响人口与社会的均衡发展。由人口老龄化带来人口的内部发展不均衡和外部发展不均衡，都给

第四节 本章小结

人口长期均衡发展带来了极大的挑战。

从老龄化发展的总体状况来看，2000年我国65岁及以上人口比重达到7%，开始进入老龄化社会，2005年老年人口首次超过1亿人，老年人口数量增长幅度明显快于老年人口比重的增长幅度，人口老龄化程度进一步加剧的趋势较为明显。而在老年人口中，随着预期寿命的增加，高龄老人数量和高龄女性比重都在不断增加，人口高龄化趋势明显。在我国社会经济发展过程中，伴随着人口流动和城镇化的逐步推进，城乡之间的老龄化水平差异也较为明显，农村老年人口比重一直高于城镇，人口老龄化出现城乡倒置的现象。

此外，区域老龄化不均衡现象突出。随着时间推移各地区老龄化程度都在加剧，东部地区率先步入老龄化社会，2014年老年人口平均比重为9.7%，人口老龄化程度最严重但增幅增速最慢。中部地区老龄化平均水平为9.4%，但区域内部各省份之间的老龄化水平差异最小。西部地区老龄化平均水平为8.8%，但其增幅增速最快，且重庆、四川人口老龄化程度已经超过上海、北京，成为我国人口老龄化最严重的地区。同时，在老龄化程度相当的地区，东部地区的老少比明显高于中西部地区，说明东部地区的老年人口抚养负担更重，整体人口发展缺乏活力。

对比2000年和2013年的人口老龄化聚类分析结果，随着经济水平的提高，中西部地区的老龄化程度在加重，而一些东部地区的老龄化水平却在降低或者减速，反映出大规模的人口从欠发达地区向发达地区转移而对外输出人口红利，加快了欠发达地区的老龄化速度。

第五章 城乡人口发展现状及趋势

第一节 城乡结构变化分析

我国社会转型中,最为迟缓、最为艰巨的就是城乡结构的调整①。城乡结构不仅仅体现出了制度层面上的问题,还反映了经济结构和社会地位结构上存在的问题,具体包括阶层结构、家庭结构、经济结构、分配结构等,但从我国现阶段具体国情来看,城乡结构对我国各方面的影响要远远大于其他结构。本章从人口结构角度详细阐述城乡人口结构的具体现状。

一、城乡人口数量的变化

城乡人口数量是城乡结构最为重要的一个方面,城乡人口数量的变化也可以看作是城镇化进程的变化。我国城镇化一直发展缓慢,不仅落后于发达国家,甚至城镇化比率低于很多发展中国家。但是纵向来看,我国城镇化仍然取得了很大的进展,从新中国成立初期的10.64%增加到2013年的53.73%,而且在2011年超过了50%,使我国正式从农业社会转变为工业社会。

整体来看,我国城乡人口的变动可以按照人口城市化的变动分为四个阶段。

表5-1 人口城市化发展的四个阶段

时期	恢复发展阶段(1949—1957年)	动荡阶段(1957—1978年)	稳定发展阶段(1978—1996年)	快速发展阶段(1996—2013年)
城市化率(%)	10.6~15.9	15.9~17.9	17.9~29.4	29.4~53.7
城市化总增长率(%)	5.3	2.5	11.5	24.3
年均增长率(%)	0.66	0.12	0.64	1.43

---

① 王春光. 城乡结构:中国社会转型中的迟滞者[J]. 中国农业大学学报(社会科学版),2007,24(1):46-57.

第一个阶段为恢复发展阶段(1949—1957年),国民经济处于恢复发展阶段。这个阶段是社会主义改造的八年,这八年间经历了第一个五年计划,并开始了第二个五年计划,经济得以恢复。大量工业基地的建立、外国援建项目的落实,使我国老工业城市进一步复苏,新型工业城市相继涌现,大量的城市人口从乡村返回到城市,使我国的城市人口有了小幅度的增加。

第二个阶段为动荡阶段(1957—1978年),二十多年间,我国经济经历了前所未有的大动荡。1958年开始的"大跃进",农村人口涌向城市,城市数量有所增加,城市人口也在1958—1960年期间增加了1041万人,城市化发展非常盲目。但是之后几十年间,国家重新设置了新的市镇标准,压缩了城市规模,使城市人口有所减少。1966年"文化大革命"开始,城市工作一度陷入了停滞,知识青年上山下乡也阻滞了城市的进一步发展。这些因素导致了二十多年间我国城镇化率只提高了2.5个百分点,年均增长率仅为0.12%。

第三个阶段为稳定发展阶段(1978—1996年),改革开放推动了我国城镇化的不断提高,城市的发展带动了城乡人口的变动。上一个阶段知青和下放干部的返城给了城市建设巨大的推动力。改革开放的逐步实施,沿海城市的对外开放,珠三角、长三角、环渤海区域的飞速发展,都带动了城市建设的不断提高。我国城市建设呈现出健康发展的态势。

第四个阶段为快速发展阶段(1996—2013年),社会主义市场经济的建立和完善,改革开放的进一步深化,城市建设得到了新的发展。城市建设的完善使得对农村地区的"拉力"逐渐加强,导致大量农村闲置劳动力转移到了城市。加上不断放宽的户籍制度政策,使得农村剩余劳动力可以更加轻松地进入城市,落户城市。这个阶段的十七年间人口城市化率增加了24.3个百分点,年均增长率达到了1.43个百分点。而且城镇人口已经超过农村人口,在2013年达到了53.73%,我国也正式进入了城市型社会。最重要的是这种增长势头并没有减小的迹象,仍然保持着高势头、持久力。

表5-2　　　　　　　　　城乡人口总数及占总人口比例的变动情况

年份	总人口(年末)	按城乡划分			
		城镇		乡村	
		人口数(万人)	占总人口的比重(%)	人口数(万人)	占总人口的比重(%)
1949	54167	5765	10.64	48402	89.36

续表

年份	总人口(年末)	按城乡划分			
		城镇		乡村	
		人口数(万人)	占总人口的比重(%)	人口数(万人)	占总人口的比重(%)
1950	55196	6169	11.18	49027	88.82
1951	56300	6632	11.78	49668	88.22
1955	61465	8285	13.48	53180	86.52
1960	66207	13073	19.75	53134	80.25
1965	72538	13045	17.98	59493	82.02
1970	82992	14424	17.38	68568	82.62
1971	85229	14711	17.26	70518	82.74
1972	87177	14935	17.13	72242	82.87
1973	89211	15345	17.20	73866	82.80
1974	90859	15595	17.16	75264	82.84
1975	92420	16030	17.34	76390	82.66
1976	93717	16341	17.44	77376	82.56
1977	94974	16669	17.55	78305	82.45
1978	96259	17245	17.92	79014	82.08
1979	97542	18495	18.96	79047	81.04
1980	98705	19140	19.39	79565	80.61
1981	100072	20171	20.16	79901	79.84
1982	101654	21480	21.13	80174	78.87
1983	103008	22274	21.62	80734	78.38
1984	104357	24017	23.01	80340	76.99
1985	105851	25094	23.71	80757	76.29
1986	107507	26366	24.52	81141	75.48
1987	109300	27674	25.32	81626	74.68
1988	111026	28661	25.81	82365	74.19
1989	112704	29540	26.21	83164	73.79
1990	114333	30195	26.41	84138	73.59

续表

年份	总人口(年末)	按城乡划分			
		城镇		乡村	
		人口数(万人)	占总人口的比重(%)	人口数(万人)	占总人口的比重(%)
1991	115823	31203	26.94	84620	73.06
1992	117171	32175	27.46	84996	72.54
1993	118517	33173	27.99	85344	72.01
1994	119850	34169	28.51	85681	71.49
1995	121121	35174	29.04	85947	70.96
1996	122389	37304	30.48	85085	69.52
1997	123626	39449	31.91	84177	68.09
1998	124761	41608	33.35	83153	66.65
1999	125786	43748	34.78	82038	65.22
2000	126743	45906	36.22	80837	63.78
2001	127627	48064	37.66	79563	62.34
2002	128453	50212	39.09	78241	60.91
2003	129227	52376	40.53	76851	59.47
2004	129988	54283	41.76	75705	58.24
2005	130756	56212	42.99	74544	57.01
2006	131448	58288	44.34	73160	55.66
2007	132129	60633	45.89	71496	54.11
2008	132802	62403	46.99	70399	53.01
2009	133450	64512	48.34	68938	51.66
2010	134091	66978	49.95	67113	50.05
2011	134735	69079	51.27	65656	48.73
2012	135404	71182	52.57	64222	47.43
2013	136072	73111	53.73	62961	46.27

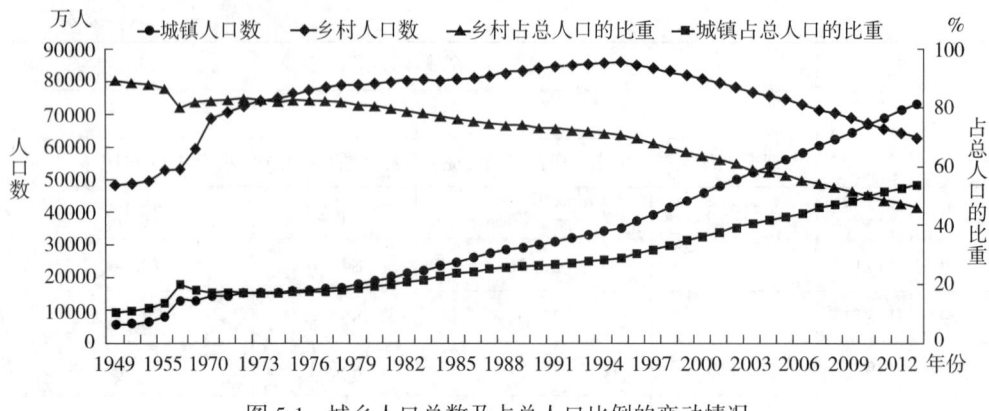

图 5-1　城乡人口总数及占总人口比例的变动情况

二、城乡家庭结构变化

家庭是市场经济运行中小的单位，而家庭的结构是影响家庭运行的关键因素。家庭结构的变动又深受人口、社会和经济发展等因素的影响，且不同时期的具体影响因素有别。一般认为，现阶段对中国家庭结构变动影响较大的因素主要有：（1）严格的计划生育政策实施以来，低生育水平逐步形成并保持，特别是第一代独生子女逐渐长大成人。（2）人口老龄化程度加深，老年人口构成和群体进一步扩大。（3）人口迁移流动增多，城市化水平提高。（4）住房状况改善，拥有自己住房民众的比例明显扩大。而且我国城乡二元分化严重，这样城乡分割的日益发展，不仅造成了城乡在社会经济发展等方面的差距，也势必会造成城乡家庭结构方面的差异①。

（一）全国总体

现代社会正在逐步形成以单个婚姻单位为主的个体家庭，但是分开居住的亲子之间仍保持着密切联系，两个及以上相对独立的小家庭构成网络家庭。具体见表 5-3。

以第三、四、五、六次全国人口普查数据为依据，把家庭分为核心家庭、直系家庭、复合家庭、单人户、残缺家庭和其他六类，其中，"核心家庭"指夫妇二人组成的，或夫妇（或夫妇一方）和未婚子女组成的家庭；"直系家庭"为夫妇（或父母、父母一方）和一个已婚子女及孙子女组成家庭；"复合家庭"为夫妇（或父母、

---

① 王跃生. 中国城乡家庭结构变动分析——基于2010年人口普查数据[J]. 中国社会科学. 2013(12)：60-77.

父母一方）与两个及以上已婚子女组成的家庭；"残缺家庭"指未婚兄弟姐妹组成的家庭。

从表 5-3 可以看出，全国总体而言，家庭呈现小型化发展趋势，表中只有复合家庭有轻微的上升，其余各种类型家庭都在不同程度地减小。具体来看，核心家庭和单人户变化幅度最大，核心家庭从一直保持稳定的 70% 左右，下降到了 60% 左右；单人户从最低的 6.34 上升到了 13.67，翻了一番还多，这也受到人口流动、户口变动和全国性别人数差异的影响。

表 5-3　　　　　　1982—2010 年全国家庭结构及其变动(%)

家庭类型	2010 年	2000 年	1990 年	1982 年
核心家庭	60.89	68.18	70.61	68.30
直系家庭	22.99	21.72	21.33	21.74
复合家庭	0.58	0.56	1.08	0.92
单人户	13.67	8.57	6.34	7.98
残缺家庭	0.93	0.71	0.57	0.84
其他	0.93	0.26	0.08	0.22

注：此表 2010 年数据由第六次全国人口普查表长表 1% 抽样 Excel 数据计算获得；1982 年、1990 年和 2000 年数据分别根据 1982 年第三次全国人口普查 1% 抽样数据库、1990 年第四次全国人口普查 1% 抽样数据库和 2000 年第五次全国人口普查表长表 1% 抽样数据库统计得到。

资料来源：王跃生. 中国城乡家庭结构变动分析——基于 2010 年人口普查数据[J]. 中国社会科学. 2013(12)：60-77.

（二）城乡家庭结构差异

表 5-4　　　　　　2000—2010 年城乡家庭结构比较(%)

	2000 年		2005 年		2010 年	
	城镇	农村	城镇	农村	城镇	农村
一代户	27.26	18.21	32.31	26.59	38.32	29.77
二代户	58.67	59.72	52.90	52.50	48.10	47.54
三代及以上户	14.07	22.07	14.79	20.91	13.58	22.69

数据来源：根据 2000 年第五次人口普查、2005 年全国 1% 人口抽样调查、2010 年第六次人口普查汇总数据计算得到。

第一,一代户城镇增加较快且相对稳定,农村增加幅度挺大但增速放缓。2000年城镇一代户家庭占到27.26%,明显大于农村的18.21%,到2005年城镇一代户家庭增加到32.31%,增幅达到18.5%,而农村一代户家庭达到26.59%,仍然低于城镇一代户,但其增幅超过城镇,达到46%。2010年城镇一代户家庭增长到38.32%,增幅为18.6%,农村一代户家庭为29.77%,增幅降到了12%。可以看出城镇增长稳定,而农村增长幅度较大却不太平稳。

第二,二代户农村下降速度大于城镇。2000年城镇二代户数量占58.67%,乡村为59.72%,乡村略高于城镇。2005年城镇这一比例降到52.90%,降幅为9.8%,农村这一比例达到了52.50%,降幅要大于城镇,为12.1%。2010年城镇二代户家庭占到48.10%,降幅稳定,为9.1%,农村二代户占到47.54%,降幅仍然大于城镇,达9.4%,但相对上一阶段降幅有所下降。

第三,三代及以上户城镇呈现先升后降,农村呈现先降后升的现象。2000年三代及以上户城镇占14.07%,农村占到22.07%,农村明显高于城镇。2005年城镇有所上升,达到了14.79%,上升幅度达到了5.1%,农村则恰恰相反,比例有所下降,降到了20.91%,下降幅度为5.3%。2010年城镇三代及以上户急转直下,降到了13.58%,降幅为8.2%,农村则不降反增,增加到了22.69%,增幅达到了8.5%。

三、城乡年龄结构变化

城乡年龄结构随着城市化过程中人口迁移及人口年龄结构的自然变动而不断发生变化。我国自20世纪70年代以来,由于计划生育政策的严格实施,在短短30年左右的时间里,中国史无前例地实现了从"高出生、低死亡、高增长"到"低出生、低死亡、低增长"的人口转变模式(邬沧萍等,2003)[①]。而各年龄段"五普"、"六普"时期分城市、镇、乡村人数占总人口比例的数据如下表5-5。

表5-5　　　　　各年龄段城市、镇、乡村人数占总人口比例(%)

年龄段	城市		镇		乡村		全国	
	六普	五普	六普	五普	六普	五普	六普	五普
0—9岁	7.99	9.64	10.98	12.33	12.81	14.09	10.99	12.81

---

① 邬沧萍,王琳,苗瑞凤.从全球人口百年(1950—2050)审视我国人口国策的抉择[J].人口研究,2003,27(4):6-12.

续表

年龄段	城市		镇		乡村		全国	
	六普	五普	六普	五普	六普	五普	六普	五普
10—19 岁	11.76	16.37	14.62	18.12	13.34	19.19	13.11	18.38
20—29 岁	21.18	20.08	16.24	18.68	15.04	15.61	17.14	17.07
30—39 岁	18.65	20.55	17.17	20.53	14.21	18.15	16.15	19.03
40—49 岁	17.39	14.82	17.73	13.16	17.04	12.96	17.28	13.42
50—59 岁	11.56	8.48	11.25	8.14	12.59	9.10	12.01	8.82
60—69 岁	6.37	6.18	6.84	5.44	8.42	6.29	7.48	6.16
70—79 岁	3.78	3.04	3.78	2.76	4.76	3.57	4.26	3.34
80—89 岁	1.20	0.76	1.24	0.74	1.64	0.96	1.42	0.88
90 岁及以上	0.11	0.07	0.14	0.07	0.16	0.07	0.15	0.07

首先从横向看,"五普"期间城市 0—19 岁年龄段的人口占比要低于全国平均水平,也是城市、镇、乡村里最低的。其次镇该年龄段人口也要低于全国平均水平,在三个区域中居中,排在第二位。乡村人口中 0—19 岁年龄段的人口则高于全国平均水平,在三个区域当中也居于第一位。20—49 岁年龄段的人口则与 0—19 岁年龄段人口恰恰相反,城市占比排在第一位,且高于全国平均水平。50 岁以上的年龄人口占比镇要低于城市和乡村,乡村又略高于城市。"六普"期间,大致与"五普"时期趋势保持一致。

另一方面,从纵向来看,城市 0—19 岁年龄段人口占比,"六普"期间的数据显示要低于"五普"期间的。其中 0—9 岁占比下降了 1.65 个百分点,10—19 岁占比下降了 4.61 个百分点。镇和乡村在 0—19 岁年龄段人口比例也有不同程度的下降。全国平均水平在该年龄段也有大幅度地下降。20—29 岁年龄段占比,城市和全国平均水平都略有上升,而镇和乡村则有小幅度地下降。30—39 岁年龄段城市、镇、乡村和全国都保持了一致的下降趋势。40 岁以上人口占比则呈现出城市、镇、乡村和全国都保持了上升的趋势。可以看出我国整体人口老龄化上升非常明显,而后续劳动力补充却不足。

四、城乡性别结构变化

城乡性别结构同样受到人口城市化过程中，人口不断流动和计划生育一孩政策对生育性别选择的影响。几次人口普查数据和抽查数据显示出生人口性别比保持相当的速度上升。1982年出生性别比为107.2，1989年达到了111.3，比1982年增长了4.1个百分点；2000年又比1989年增加了5.6个百分点，达到了116.9；2010年在2000年的基础上又上升了4.31个百分点，达到了121.21。而具体城乡性别结构如下表5-6所示：

从整体来看，"六普"期间和"五普"期间相比，无论是全国性别比，还是城市、镇和乡村的性别比都有所下降，其中降幅最大的是乡村的2.04和全国的1.4。

从具体各年龄段的性别比来看，"五普"期间，三个区域性别比最高的是乡村，镇其次，城市最后。各年龄段性别比大体呈先下降后上升的趋势。

表5-6　　全国、城市、镇和乡村总体及0—49岁各年龄段的人口性别比

年龄段	全国		城市		镇		乡村	
	六普	五普	六普	五普	六普	五普	六普	五普
0—4岁	119.13	120.17	115.65	114.40	120.85	119.63	119.87	121.94
5—9岁	118.66	115.42	116.77	112.60	120.54	116.55	118.73	115.90
10—14岁	116.24	108.81	115.51	108.24	117.92	110.83	115.92	108.60
15—19岁	108.17	105.43	104.76	97.17	108.17	104.74	110.47	109.59
20—24岁	100.95	102.79	103.42	104.81	101.93	94.69	98.52	103.89
25—29岁	101.32	104.98	102.09	104.88	98.74	101.26	101.83	106.01
30—34岁	104.00	105.50	104.09	109.00	101.38	104.99	105.25	104.24
35—39岁	104.78	105.92	106.32	111.11	103.68	106.67	104.17	103.51
40—44岁	104.03	108.32	107.35	109.41	104.45	108.89	101.85	107.67
45—49岁	103.78	105.67	108.75	104.84	104.41	105.48	100.55	106.03
总计	104.9	106.3	104.65	105.12	105.32	105.51	104.87	106.91

第二节 人口城乡迁移

自从改革开放以来，随着劳动力的自由迁移和流动，我国有超过1亿的农村富余劳动力选择进城打工，并且数量每年都在增加。

一、迁移规模

近年来，我国人口迁移已经发生了很大转变，但仍旧以东部沿海地区为主。根据表5-7"五普"、"六普"数据显示：2000年，南部沿海地区、东部沿海地区、北部沿海地区占到了全国流动人口总数的61.25%，其中南部沿海地区占到28.70%，东部沿海地区占到20.58%；2010年，南部沿海地区、东部沿海地区、北部沿海地区三大沿海地区占比有所下降，约占54%，长江中游地区、大西南地区、黄河中游地区都有明显地上升，但上升幅度仍然有限。2012年，全国城镇化率达到52.57%，而全国除了北京、天津、上海、广东、浙江、江苏这几个沿海发达省市城镇化率达到了60%以上外，中部只有辽宁（65.65%），其余未达到50%的有13个省，中部六省中只有湖北省（53.5%）超过了全国平均水平，其余五省都还在全国平均水平之下。

表5-7　　　　八大地区吸收的流动人口占全国流动人口比重(%)

地区	2010年（六普）	2000年（五普）
东北地区	6.20	6.95
北部沿海地区	13.22	11.97
大西北地区	4.13	3.14
黄河中游地区	11.14	7.98
大西南地区	13.53	10.98
长江中游地区	11.01	9.71
东部沿海地区	19.86	20.58
南部沿海地区	20.91	28.70
总计	100.00	100.00

资料来源：段成荣，吕利丹，邹湘江. 当前我国流动人口面临的主要问题和对策——基于2010年第六次全国人口普查数据的分析，人口研究，2013(2)：17-24.

对比表5-7可以得出我国人口迁移还存在很大的不平衡性。王桂新(2000)运用人口迁移选择指数系统得出人口迁移流向不断向东部地区集聚的同时迁移吸引中心也正在发生着量的不断扩大——"多极化"和质的持续提高——"强势化"。这种趋势在短期内可能不会改变，甚至还会加剧，这都要取决于地区经济发展状况、社会环境的变化、交通条件的完善和国家政策的倾向。微观上来说张耀军、岑俏(2014)表示第三产业的发展和较高的职工工资是影响人口流动的重要因素，社会公共资源对省内人口流入影响较大，而就业率和城市化水平对省外人口流动影响巨大。

大体来看(见图5-2)，全国划分人口密度的对比线"瑷珲(黑河)—腾冲"线也划分了主要的人口流动区域。其中，四川、重庆、河南、安徽、湖南为主要的人口输出地，都位于中西部地区；而北京、天津、山东、江苏、上海、浙江、福建、广东和海南是人口的主要流入地，都位于东部沿海地区。

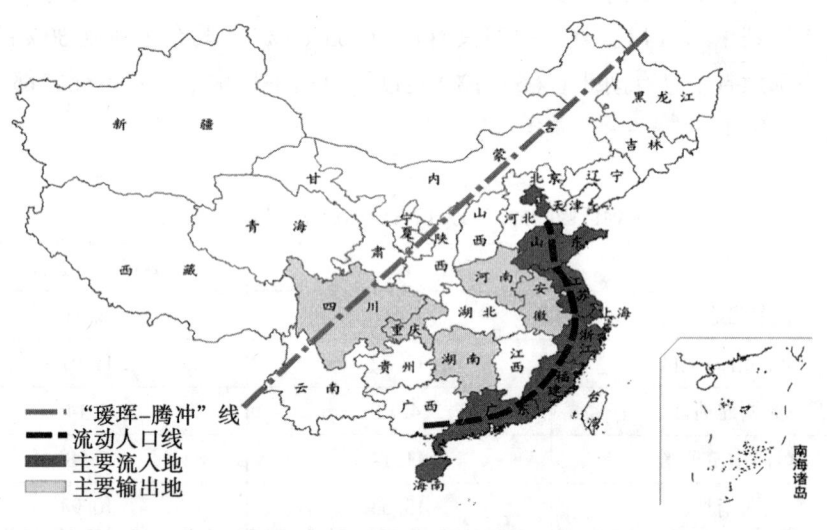

图5-2 全国流动人口区域分布图

具体来看，见图5-2所示，北京到海南是东部地区，山西到黑龙江属于中部地区，内蒙古到新疆是西部地区。从图5-3、图5-4中可以形象地看出"六普"人口流动数量远远超出"五普"，但关键是从海南到新疆"五普"、"六普"期间除了辽宁和内蒙古两省发生略微变化外，其余各省保持相对稳定，流入人口超过百万的都比较少。反观东部沿海地区，如表5-8所示，北京、上海、江苏、浙江和广东在"六普"

期间流入人口都超过了 700 万人，"五普"期间也都超过了 200 万人，而且以上 5 个地区流入人口数"六普"比"五普"分别增长了 458.13 万、584.21 万、484.24 万、813.21 万、643.3 万人。"五普"和"六普"期间中部、东北部和西部地区流动人口总和分别为 1030.41 万、1773.99 万人，而广东省"五普"和"六普"流入人口分别为 1506.48 万、2149.78 万人。对比发现，流动人口一边倒地流向了沿海发达地区，特别是东南方向，并且这种趋势只会增强。

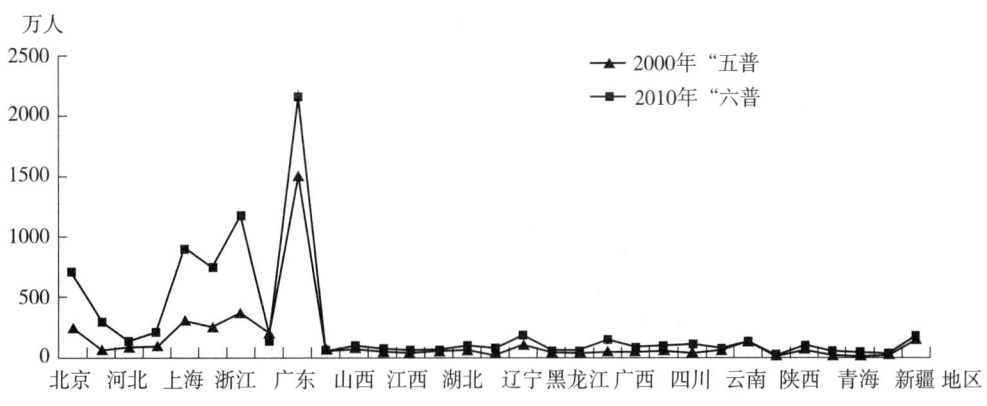

图 5-3　31 省"五普"、"六普"期间流入人口数量的比较分析图

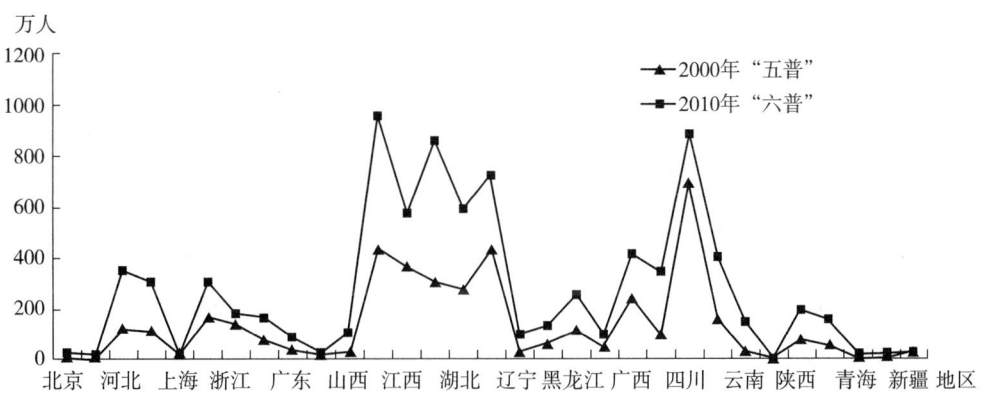

图 5-4　31 省"五普"、"六普"期间流出人口数量的比较分析图

资料来源：钱程，我国省际人口流动与地区经济发展的均衡性研究[D]. 北京：首都经济贸易大学硕士学位论文，2014.

表 5-8 "五普"、"六普"期间我国省际人口流动规模及分布比较

地区	五普			六普		
	流入人口（万人）	流出人口（万人）	净流入率（%）	流入人口（万人）	流出人口（万人）	净流入率（%）
东部	3211.45	719.90	/	6813.64	1512.82	/
北京	246.32	9.17	18.77	704.45	27.44	34.86
天津	73.50	8.25	6.81	299.15	27.31	13.54
河北	93.05	121.90	-0.44	140.47	349.83	-2.29
山东	103.32	110.46	-0.08	211.56	309.57	-0.83
上海	313.49	14.27	20.33	897.70	25.03	43.89
江苏	253.69	171.56	1.14	737.93	305.89	5.12
浙江	368.89	148.25	4.97	1182.10	185.39	20.22
福建	214.53	81.06	4.04	131.36	166.73	6.15
广东	1506.48	43.04	20.22	2149.78	88.06	21.05
海南	38.18	11.94	3.50	58.85	27.58	3.14
中部	258.54	1849.33	/	457.98	3823.82	/
山西	66.74	30.51	1.15	93.17	108.33	-0.41
安徽	23.01	432.58	-6.69	71.75	962.26	-14.02
江西	25.31	368.03	-8.25	59.99	578.74	-11.48
河南	47.62	307.00	-2.80	59.21	862.62	-7.81
湖北	60.97	280.52	-3.73	101.36	588.98	-8.10
湖南	34.88	430.69	-6.12	72.50	722.89	-9.95
东北部	174.04	214.47	/	274.94	494.05	/
辽宁	104.52	36.19	1.65	178.65	101.40	1.78
吉林	30.86	60.87	-1.14	45.65	137.29	-3.02
黑龙江	38.66	117.40	-2.10	50.64	255.36	-5.04
西部	597.83	1458.16	/	1041.07	2756.94	/
内蒙古	54.79	50.46	0.19	144.42	106.76	0.89
广西	42.82	244.18	-4.35	84.18	418.46	-6.82
重庆	40.32	100.58	-2.81	94.52	350.69	-8.52

续表

地区	五普			六普		
	流入人口（万人）	流出人口（万人）	净流入率（%）	流入人口（万人）	流出人口（万人）	净流入率（%）
四川	53.62	693.78	-6.85	112.86	890.51	-8.79
贵州	40.85	159.65	-3.29	76.33	404.86	-8.10
云南	116.44	34.35	1.99	123.65	148.24	-0.73
西藏	10.87	1.98	3.55	16.54	5.52	3.56
陕西	42.60	80.45	-1.06	97.44	196.06	-2.34
甘肃	22.79	58.59	-1.43	43.28	159.33	-3.81
青海	12.43	9.50	0.59	31.84	24.21	0.92
宁夏	19.19	9.02	1.91	36.85	22.58	2.39
新疆	141.11	15.63	7.19	179.16	29.73	6.55

注：表中所用基础数据均来自《中国2010人口普查分县资料》和《中国2000人口普查分县资料》，净流入率=净流入人口/省或地区总人口

人口迁出地则集中在中西部地区，"五普"期间人口流出超过400万的省份有安徽、湖南和四川。到了"六普"期间超过400万的省份猛增到了8个，分别为中部地区的安徽、江西、河南、湖北和湖南，西部地区的广西、四川和贵州，其中安徽流出人口达到了962.26万，四川达到了890.51万人，两省流出人口之和比东部迁出人口的总和还多300多万。因此，按"六普"计算，东部地区总迁入人口为5000.67万人。人口这样大范围地流动说明东部地区对人口的"拉力"在加大，也能说明中西部地区的"推力"在不断加大。这种"拉力"、"推力"可能是就业机会、工资的高低，但是随着人口的不断流动、经济发展、生活水平的提高，对于这种"拉力"和"推力"的影响会掺杂其他的因素(社会服务、居住环境等)，而不仅仅决定于就业、工资。因此得出这种人口流动的趋势是不可持续的。

二、城乡人口迁移特点

(一) 农村迁往城市

由于农村产业结构和城镇产业结构和社会经济条件的不同，导致了城乡收入的实际差异。而城乡之间的这种差异也使我国形成了特有的城乡迁移过程。这种城乡

从1990年到2013年，在此期间，农村向城镇净迁入人口规模较大，但整体呈先波动上升后波动下降的趋势（见表5-9）。从1990—2013年期间，城镇自然增长人数非常稳定，保持在300—360万人左右。净迁入人口整体呈现三个阶段：第一个阶段是1990—1995年，在1990—1991年，净迁入人口从346.90万增加到706.35万，随后一直保持稳定在700万以下，没有大幅度地上升。第二个阶段是1996—2003年，1995年到1996年间净迁入人口从689.62万人猛增到1819.77万人，之后一直到2003年净迁入人口一直保持在1800~1870万人之间。第三个阶段是2004—2013年，这个阶段整体呈现波动变化的趋势，净迁入人口没有稳定的趋势。从新增人口和净迁入人口的平均值来看，以上三个阶段呈先增加再下降的趋势。另一方面，从三个阶段的贡献率上看，迁移人口对城镇人口增加的贡献率一直占据着主导地位，从第二个阶段增加到80%以上，就一直保持着这个水平。因此，也可以看出是净迁入人口拉动着我国城镇化的发展。如果考虑到城镇人口的自然增长率要低于全国平均自然增长率的现实情况，实际比例还应有所提升。

表5-9　　　　　农村向城镇净迁入人口与城镇人口总量的关系

年份	城镇人口（万人）		增长率（‰）	自然增长		净迁入	
	总人口	新增人口		人口数（万人）	贡献率（‰）	人口数（万人）	贡献率（‰）
1990	30195	655	10.43	308.10	47.04	346.90	52.96
1991	31203	1008	9.99	301.65	29.93	706.35	70.07
1992	32175	972	9.70	302.67	31.14	669.33	68.86
1993	33173	998	9.38	301.80	30.24	696.20	69.76
1994	34169	996	9.60	318.46	31.97	677.54	68.03
1995	35174	1005	9.23	315.38	31.38	689.62	68.62
平均值	/	773	/	/	/	630.99	/
1996	37403	2130	8.82	310.23	14.57	1819.77	85.43
1997	39449	2145	8.94	333.50	15.55	1811.50	84.45
1998	41608	2159	8.36	329.79	15.28	1829.21	84.72
1999	43748	2140	7.67	319.13	14.91	1820.87	85.09
2000	45906	2158	7.58	331.61	15.37	1826.39	84.63

续表

年份	城镇人口(万人)		增长率(‰)	自然增长		净迁入	
	总人口	新增人口		人口数(万人)	贡献率(‰)	人口数(万人)	贡献率(‰)
2001	48064	2158	6.95	319.05	14.78	1838.95	85.22
2002	50212	2148	6.45	310.01	14.43	1837.99	85.57
2003	52376	2164	6.01	301.77	13.95	1862.23	86.05
平均值	/	2150.25	/	/	/	1830.86	/
2004	54283	1907	5.87	307.45	16.12	1599.55	83.88
2005	56212	1929	5.89	319.73	16.57	1609.27	83.43
2006	58288	2076	5.28	296.80	19.87	1197.20	80.13
2007	60633	2345	5.17	313.47	13.37	2031.53	86.63
2008	62403	1770	5.08	317.01	17.91	1452.99	82.09
2009	64512	2109	4.87	314.17	14.90	1794.83	85.10
2010	66978	2466	4.79	320.82	13.01	2145.18	86.99
2011	69079	2101	4.79	330.89	15.75	1770.11	84.25
2012	71182	2103	4.95	352.35	16.75	1750.65	83.25
2013	73111	1929	4.92	359.71	18.65	1569.29	81.35
平均值	/	2073.5	/	/	/	1692.06	/

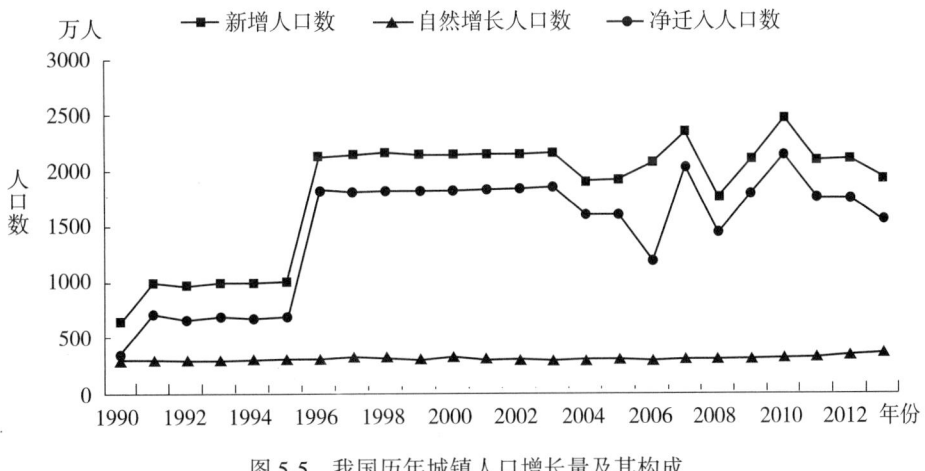

图 5-5 我国历年城镇人口增长量及其构成

第五章 城乡人口发展现状及趋势

（二）迁移性别—年龄—户籍特征

劳动力的大量外流，导致了"空心村"、"老人村"；妇女幼儿孤寡老人留守在农村，年轻力壮的出去工作，大大影响了农业产量，粮食丰收，甚至有些产量不高的地方，直接废弃了很多可以利用的土地，土地抛荒严重；受教育程度高的出去务工，农村的剩余劳动力素质低下，不可能有创新，不能及时接受外来先进技术，导致农业生产技术利用受阻；农业迟迟不能实现产业化，产业结构调整实现不了（钱文荣，郑黎义，2011）。

表 5-10 从性别、年龄和户籍三方面分析了落后地区迁入到三大城市群地区的人口状况。

表 5-10 2010 年流动人口到三大城市群的性别、年龄和户籍状况的比例(%)

类别	京津冀地区	长三角地区	珠三角地区
男性	52.64	53.95	54.44
女性	47.36	46.05	45.56
0—15 岁	9.28	9.61	8.23
16—25 岁	27.04	28.38	31.84
26—35 岁	25.69	25.82	29.06
36—45 岁	17.95	20.98	20.60
46—55 岁	10.98	8.92	6.93
56—65 岁	5.84	4.5	1.96
65 岁以上	3.22	1.79	1.18
农业户口	54.14	74.64	83.09
非农业户口	45.86	25.36	16.91

资料来源：钱程. 我国省际人口流动与地区经济发展的均衡性研究[D]. 北京：首都经济贸易大学硕士学位论文，2014.

1. 从性别来看，落后地区流入到三大城市群的劳动力以男性为主。

其中京津冀地区占到 52.64%，长三角地区占到 53.95%，珠三角地区占到

54.44%。从性别可以看出，男性劳动力外出打工的要大于女性，农业生产、留守老人和小孩则交给了女人，而农业生产又以体力活为主，收入也偏低，这大大影响了劳动的积极性，也阻碍了产业结构的调整。

2. 从年龄来看，落后地区迁入到三大城市群的人以青壮年为主。

其中京津冀地区 16—25 岁的人占到 27.04%，26—35 岁的占到了 25.69%，36—45 岁的占到 17.95%，三个年龄段的流动人口占到总流动人口的 70.68%。长三角地区 16—25 岁的年轻流动人口占到 28.38%，26—35 岁的流动人口占到 25.82%，36—45 岁的占到 20.98%，三个年龄段总共占到 75.18%。珠三角地区占比更高，三个年龄段总占比达到 81.5%，其中 16—25 岁，26—35 岁，36—45 岁三个年龄段分别占到 31.84%、29.06% 和 20.60%。三个地区以上三个年龄段的流动人口的总占比呈递增状态，但青壮年都占到了总流动人口的 2/3 以上。16—25 岁正是高中和大学时期，但是已经外出打工，浪费了大好的受教育时机（吕利丹，2014）。据相关调查显示，我国农村人口受教育水平与城市差距较大，其中小学文化程度为 41.78%，初中文化程度为 47.59%，高中及以上文化程度总计仅占 10.63%，这也必将影响到青年农民工的就业以及养老。反观，0—15 岁流动的婴儿、幼儿和儿童在 10% 以下，说明父母外出到大城市务工，孩子还待在农村接受教育，很少的农民工能让孩子和他们一起去大城市接受教育。这不仅仅影响孩子接受学校的教育，还影响孩子在家庭中的成长，他们不能正常和父母一起生活，影响他们性格的形成（熊猛，叶一舵，2011）。65 岁以上流动人口三个地区分别为 3.22%、1.79% 和 1.18%，很明显都位于 5% 以下，这说明空巢老人非常多，农村养老体制又非常不健全，这给农村老人养老问题造成了非常大的困难。一方面，由于农村青壮年劳动力大量流出或转入非农产业部门，使得农村人口老龄化的实际程度要高于全国人口老龄化的平均水平。另一方面，全国老龄化都在加速，养老需求逐渐增大。农村深受计划生育的影响，农村的独生子女户，特别是独女户和双女户在逐步增加，"四、二、一"的家庭结构正在形成，这种情况使得养老变得更加困难，特别是一些"老人村"。

3. 从流动人口的户籍看，以农业户口为主。具有农业户口的流动人口到三大城市群的占比分别为 54.14%、74.64% 和 83.09%。大量农业户口的农民迁入到城市，首先户口问题不能及时得到解决，导致不能得到公平的社会保障。其次，农民工在城市大多都以体力劳动为主，临时工为主，不能得到公司更好的待遇（比如五险一金），随着年龄的增加不得不回到农村，也没有养老保险和社会保险，这对于我国老龄化加重下的养老是一种极大的挑战。

流动人口不断地聚集到大城市、特大城市和超大城市，虽然带动了当地经济发展和城镇化率，但是也给当地带来了许多问题，其中"半城镇化"就是亟须解决的问题（见图5-6）。因为半城镇化把以往的"二元经济结构（农民—市民）"转向了"三元经济结构（农民—农民工—市民）"。这一部分人不停地转移在农业和工业服务业之间，已经对我国经济发展产生了巨大的影响。

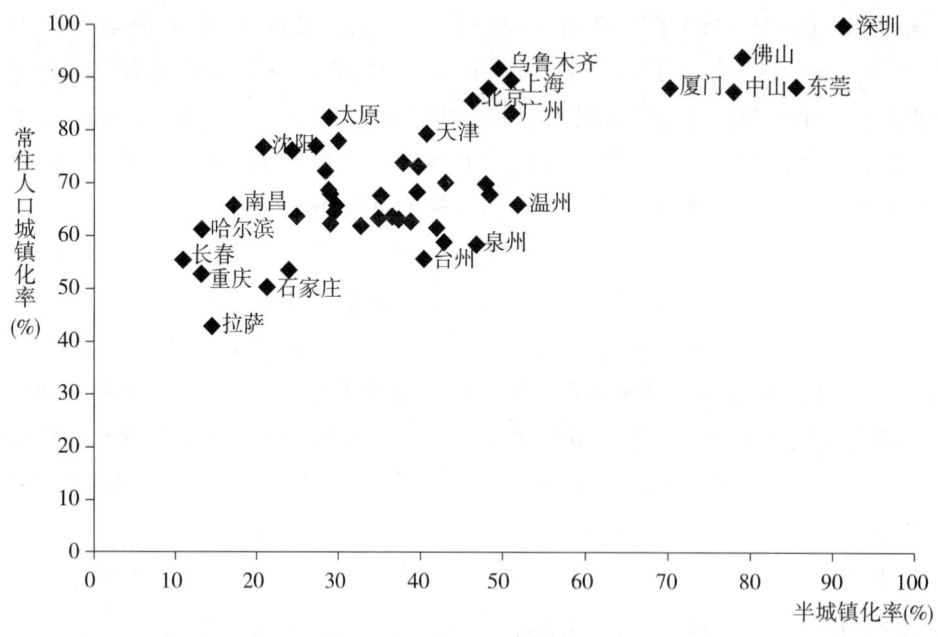

图5-6　2010年常住人口城镇化率与半城镇化率对比分析

图5-6用2010年31个省会以上城市和非省会地级以上城市城镇化率排在前20名的城市（共51个城市）。对比分析了常住人口城镇化率和半城镇化率，发现半城镇化率越高的城市，流动人口就越多。半城镇化率最高的5个城市中，有4个是广东省的，1个属于福建省。2010年广东省是我国人口流入最大的省，占到全国总流动人口的12%。第二位是浙江省，也占到了全国总流动人口的11%，图中出现的温州、宁波、金华和台州都处于半城镇化的前列，其中，台州常住人口城镇化率为55.54%，而半城镇化率则达到了40.45%。处于第三位的是北京，流动人口占到全国总流动人口的10%，常住人口城镇化率为85.96%，半城镇化率为46.41%，流动人口是城镇化人口的一半以上。其余还有江苏流动人口占到全国总流动人口的6%，上海流动人口占到全国总流动人口的5%。

三、人口迁移和流动对城乡发展不均衡的影响

(一) 大城市人口过多,带来了严重的"城市病"

1. 大城市人口过多已经给社会发展带来了很大的阻碍,特别是东部发达城市。

首先,基础设施建设不够完善。目前大城市的人口持续增加,车辆也在不断地增加,交通将变得非常拥堵。交通拥堵已经成为了城市硬件条件的短板。住房问题是又一个成为流动人口进入大城市必然要考虑的问题。随着人口不断地流入城市,住房变得非常紧张,土地城镇化不断扩张,地方政府缺少建设城镇的资金,因此被迫接受过快的土地城镇化,以出卖土地换取城市建设资金,房地产开发商为了谋取利益把这部分成本转嫁到购房者身上。这给农民工进入城市购买房产带来了很大的困难。典型的还有南美洲的巴西出现的贫民窟,我国最近几年也出现了棚户区和城中村。2014年李克强总理在《政府工作报告》的"3个一亿人"中,也提到"棚户区改造和城中村改造惠及1亿人"。其次,环境污染也在不断加剧。空气污染和水污染非常严重。本来水资源缺乏的地区加上城市人口增加和水污染严重,吃水用水变得非常困难。而城市空气质量也在每况愈下,PM2.5已经成为每日必报的环境指标。有些地区还会把污染严重的企业搬到生态更加脆弱的农村地区,使得农业生产受到影响,而不是依靠技术或投入资金从根本上改变环境污染。然后城市中的贫富差距也随着城市的逐步扩大变得越来越明显。这种贫富差距是由很多原因造成的,除了工资收入外,社会保障、福利保险也是非常重要的一部分。财产性收入则是扩大贫富差距的重要原因。"让一部分人,一部分地区先富起来",富起来后就购买房产等固定资产使手中的钱不断增值,而没有富起来的人就需要通过工作来取得工资收入,然后去租先富起来的那一批人买的闲置房子,把工资转变成房租移交到富起来的那部分人手中。这也恰恰是通过城镇化这个过程来实现的。最后发展到城市化过程中的资源浪费严重。比如钢铁行业,随着东部地区的不断发展,需要把产业转移到中西部地区,这时候就会在中西部地区投资建厂,但是东部地区的工厂并不会关闭,往往技术没有转移到中西部地区,东部工厂还比中西部工厂产量高,这样就导致了重复建设,造成了资源的浪费。

2. 城市数量在增多,但迁移人口趋向于集聚化。

我国城市(包括县级、地级及以上)数量增长从改革开放以来呈先上升后下降的趋势,显示为城市个数>县级>地级,城市个数和县级分别都在1996年和1997年达到峰值,之后开始保持稳中略有下降,县级市下降得比较快,那可能是因为地级市一直保持着不断上升的态势,从1978年的98个不断地上升到了2011年的284

个,大有可能追上或超过县级市的数量。

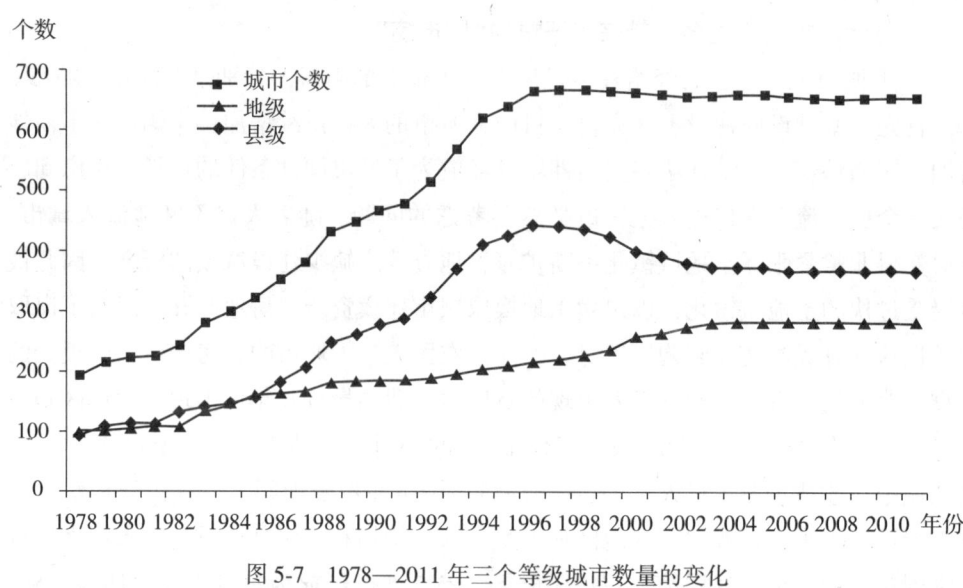

图 5-7 1978—2011 年三个等级城市数量的变化

城市数量不断地增加不仅是为了缓解从农村到城市集聚造成的人口增加,而且很大程度上是为了缓解人口集聚带来的城市问题。但是从迁移人口的整体趋势上来看,呈现出了向大城市集聚的态势,特别是迁往京津冀、长三角和珠三角地区。从图 5-8 中也可以看出来,从改革开放以来,迁往三个地区的迁移人口数量占全国总量的变化,呈现出迅速增加到稳中有降的趋势。对比三个城市群迁移人数在全国迁移人数中的占比,得出我国人口城镇化"极"化现象在不断加强,特别是在 2000—2005 年期间,三大城市群迁移人口占到了全国总迁移人口的 72.12%;2005—2010年,占比有所下降但仍有 69.3%。这对我国城市布局、城市建设、城市规划、城市公共服务的完善都有很大的挑战,特别是来自于资源和环境对人口承载力方面。

3. 农民工市民化严重滞后,制约着新型城镇化进程

农民工受城乡二元结构的阻碍不能顺利跨过户籍门槛成为实际意义上的市民,亿万农民工离开家乡,与亲人分居两地,有的甚至长期奔波于城乡之间,给中国经济发展做出贡献的同时,本身付出了沉重的代价。农民工工作时间长、居住和工作环境差、工资低、待遇不等、节假日不能正常休息,这些当中很大一部分是由身份造成的。根据相关数据,详细说明城—城流动人口、乡—城流动人口和城市户籍人口在社会保障(表 5-11)和住房(表 5-13)方面的差距。

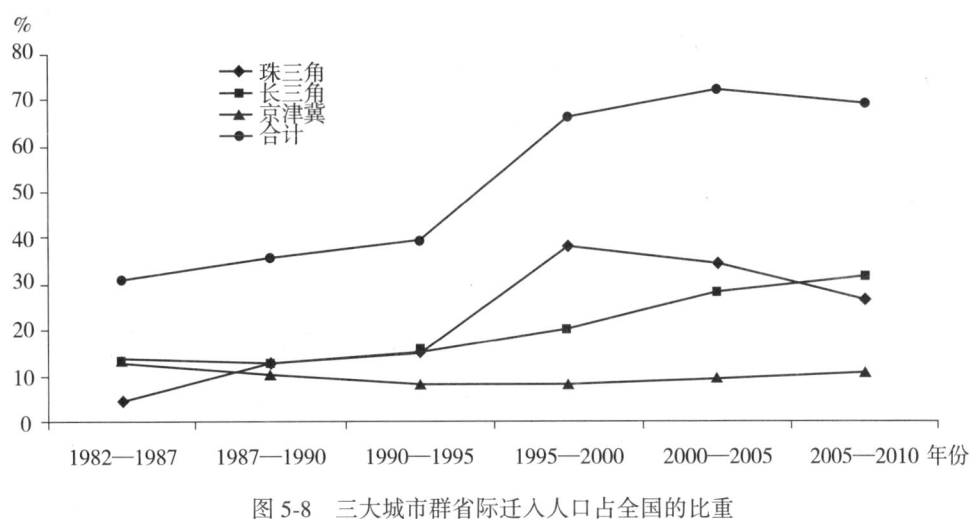

图 5-8 三大城市群省际迁入人口占全国的比重

(1) 社会保障方面

社会保障包括社会保险、社会救助、社会福利和社会安置三层次,其中核心为社会保险。农民工进入城市工作主要需要解决的也是社会保险问题。据我国劳动法所知,社会保险项目分为养老保险、失业保险、医疗保险、工伤保险和生育保险。农民工很多都是家庭里的主要劳动力,一旦外出打工发生什么意外情况,比如受伤、生病、失业、甚至伤亡等,对于这个家庭是无法弥补的损失,很多家庭就可能失去了唯一的劳动力,未来生活会变得更加拮据。

因此根据相关调查数据显示,有26.8%的农民工表示最迫切地想要参加医疗保险;20.4%的农民工表示最迫切地想要参加的是养老保险;18%的农民工表示最迫切地想要参加工伤保险;16.8%的农民工最迫切想要参加的是失业保险;只有14.8%的农民工没有参加保险的意愿。

表 5-11　　城市三类居民的社会保险入保率(%)

类别	养老保险	医疗保险	工伤保险	失业保险	生育保险	公积金
城—城流动人口	43.19	49.13	34.64	29.76	12.74	15.01
乡—城流动人口	21.00	27.86	22.57	11.06	5.17	2.87
城市户籍人口	80.74	90.70	42.63	45.10	32.22	34.79

资料来源:2010 国家流动人口动态监测数据

王晓丽.中国人口城镇化质量研究——基于市民化角度[D].天津:南开大学博士论文,2013.

但是如表5-11显示,乡—城流动人口与城—城流动人口相比参加社会保险的差距明显;乡—城流动人口与城市户籍人口入保情况相比差距更加明显。据表中数据显示三类居民都以医疗保险入保率最高,分别占到49.13%、27.86%和90.70%;城—城流动人口和城市户籍人口都以养老保险为第二高的入保率,分别为43.19%和80.74%,而乡—城流动人口则是工伤保险,为22.57%,养老保险只有21%,这么低的养老保险参保率怎么能保证未来的养老。乡—城流动人口只是过分地关注当下的利益,害怕工作中的意外伤亡,优先选择工伤保险。然而城—城流动人口和城市户籍人口的工伤保险参保率也不低,分别占到34.64%和42.63%。其余两项保险失业保险和生育保险对于乡—城流动人口占比就微不足道了,因为流动人口一般不会有稳定的工作,会不停地变动工作,实在找不到工作就回农村了。生育就更不可能了,乡—城流动人口一般都会在生完孩子后才出来打工。

参加社会保险是农民工进入城市最基本的保障,特别是养老方面,我国养老财政支持一直倾向于城镇方面,如表5-12显示,农村老人主要靠劳动收入和家庭其他成员供养,分别占比为50.7%和39.9%。镇上的老人的养老已经有所变化,主要以家庭其他成员供养、劳动收入和离退休金、养老金,分别占到39.4%、30.4%和23.6%。城市老人养老则不再是传统的养儿(女)防老,主要以离退休金、养老金为主,占到了69.2%。因此从表5-12中也能得知身份的转变对于劳动者的重要性,农民工市民化还是一项长期而艰巨的任务。

表5-12   乡镇城60岁以上老人主要收入来源占的比例(%)

单位	劳动收入	离退休金、养老金	最低生活保障	家庭其他成员供养	其他
乡村	50.7	4.5	2.9	39.9	2.0
镇	30.4	23.6	3.7	39.4	2.9
城市	7.3	69.2	2.1	19.0	2.4

资料来源:《中国人口和就业统计年鉴2010》,整理计算。

(2)住房类型和位置方面

乡—城流动人口与城—城流动人口、城市户籍人口在住房类型和位置上的差距是又一个迫切需要解决的民生问题。改善农民工居住环境的政策能够使住房供给对经济增长的推动力具有可持续性(郑思奇,廖俊平等,2011),但是身份的限制给农民工在城市买房子造成了阻碍。农民工城市买房主要的来源除了劳动所得的工资收入外,还有公积金,而从表5-11可以看出乡—城流动人口只有可怜的2.87%享受到了这份待遇；城—城流动人口有 15.01%；城市户籍人口有 34.79%。公积金也是住房类型和位置差别的原因。如表 5-13 显示，乡—城流动人口虽然有 73.43% 的人住在楼房，但还有 23.36% 的人住在平房，而住在市区的只有 30.51%，城郊结合部的有 41.12%，住在农村的还有 28.37%；城—城流动人口住在楼房的占 86.21%，平房的只有 10.65%，其中住在市区的有 43.72%，城郊结合部的有 43.98%，农村的只占到了 12.30%；城市户籍人口住楼房的占到 87.36%，平房的只有 12.06%，住在市区的有 62.58%，城郊结合部的有 23.85%，农村的有 13.57%。从数据也可以看出农民工居住环境和位置相比城镇居民的差距非常明显。这些都与农民工不能正常转变为市民，去享受应该享受的公共福利有相当大的关系。"病有所医、住有所居、老有所养"是农民工心中真正的"中国梦"，要实现必须从完善基本制度出发，从根本上解决分配不公的问题。

表 5-13　　　　　　　　　　　城市三类居民的住房类型(%)

类型		城—城流动人口 比例	乡—城流动人口 比例	城市户籍人口 比例
建筑类型	楼房	86.21	73.43	87.36
	平房	10.65	23.36	12.06
	临时建筑	0.44	1.52	0.24
	地下室	2.71	1.61	0.29
住房位置	市区	43.72	30.51	62.58
	城郊结合部	43.98	41.12	23.85
	农村	12.30	28.37	13.57

资料来源：2010 国家流动人口动态监测数据

王晓丽. 中国人口城镇化质量研究——基于市民化角度[D]. 天津：南开大学博士论文，2013.

四、人口城乡迁移的原因分析

(一) 政策方面

1. 农业与城镇化

改革开放以来中国城市化经历了很多挫折和变化，但是大体上都有一条主线贯穿始终。国家把重点放在了农业上，因为农业是基础，而且当时也非常明白农村人口占总人口的比例大约为82%（1978年城镇化为17.9%），这么大的人口数量，最糟糕的是很多地方还没有解决温饱问题，不解决温饱可能导致很多社会问题。因此国家出台了一系列农业政策：一是十一届三中全会首先抓住农业这一环，着重克服过去指导上长期存在的"左"倾错误，恢复和扩大农村社队的自主权，恢复自留地、家庭副业、集体副业和集市贸易，逐步实行各种形式联产计酬的生产责任制，同时提高了粮食和其他部分农产品的收购价格，随后又解决了多种经营的方针问题。二是随后在党的十一届四中全会上一致通过了《中共中央关于加快农业发展若干问题的决定》，第一次用中央文件的形式提出了农村城镇化的思想。文件还提出："有计划的发展小城镇建设和加强城市对农村的支援。这是加快实现农业现代化，实现四个现代化，逐步缩小城乡差别、工农差别的必由之路。""我们一定要十分注意加强小城镇的建设，逐步用现代工业交通业、现代商业服务业、现代教育科学文化事业把它们武装起来，作为改变全国农村面貌的前进基地。""还可以运用现有大城市的力量，在它们周围的农村中，逐步建设一些卫星城，加强对农村的支援。"此后不久农业获得丰收，农副产品显著增长，城乡市场十分活跃，出现了多年来少见的购销两旺景象。这为将来进一步城市化打好了基础。三是十二大上指出农业是我国国民经济的基础，只要农业上去了，其他事情就比较好办了。1982年到1986年中央一号文件都是关于农业，特别是1982年，中国共产党历史上第一个关于农村工作的一号文件正式出台，明确指出包产到户、包干到户都是社会主义集体经济的生产责任制。此后，中国政府不断稳固和完善家庭联产承包责任制，鼓励农民发展多种经营，使广大农村地区迅速摘掉贫困落后的帽子，逐步走上富裕的道路，中国因此创造了令世人瞩目的用世界上7%的土地养活世界上22%人口的奇迹。这使得农业的重要性深入人心，也使得农业实现了五年的连续增产增收（1980—1984年）。1985年，国家感觉全国形势一片大好，于是制定了大力发展小城镇的政策，提出了允许农民自带口粮进城落户，这与当时的乡镇企业相结合共同促进了城镇化的进一步加快。这一次大约十年的紧抓农业生产，农业得到了大大的改善。十三大报告指出农业的稳定增长和农村产业结构的改善，是整个国民经济长期稳定发展的基础。一系列农业政策的出台以及对农业的资助，使得粮食产量有了相当可观的收成，这对这一时期以及接下来的经济发展、城镇化建设起到了稳定后方、物质积累的作用。

2. 户籍制度与城镇化

我国二元制的户籍制度是计划经济体制的产物，严重阻碍了城市化的进程。而国家已经意识到这个问题，政策也在一步步改变，使它更加有利于经济发展、城市化的进程。但是这几年这种二元制度改革力度可能还是不够，它非常不利于农村土地的规模经营以及劳动生产率的提高，不仅严重阻碍了农村劳动力的转移，而且还导致了隐性城镇化。隐性城镇化指中国乡村劳动力在非农转化过程中由于城乡迁移政策的限制，未能实现地域转移的一种人口状态。这类人口在职业上和生活方式上已具有相当程度的城镇特征，只是其居住地域仍为乡村。下面进一步阐述我国户籍制度政策的变化。

新中国的户籍管理始于1951年。1951年7月，为了"保障人民之安全及居住、迁徙自由"。而后来又颁布了很多法律完善户籍制度，直到1958年，我国开始对公民的自由迁徙进行限制，逐步建立起城乡隔离分治的户籍管理制度。这一限制一直持续到1975年宪法取消了有关迁徙自由的规定，此后就一直没有恢复。而20世纪80年代，那时对公民自由流动已经不再那么严格要求了，只是不同的户籍制度享受的社会保障、社会福利的水平不同。随后经济发展速度加快和人口流动进一步加大，基于公平和效率的考虑，户籍制度面临着不断改革的期望。在这样的背景下户籍制度就随着城镇化进一步发展而改变了。

1984年《中共中央关于一九八四年农村工作的通知》决定，选若干集镇进行试点，允许务工、经商、办服务业的农民自理口粮到集镇落户。同年十月国务院发出《关于农民进入集镇落户问题的通知》，这标志着我国户籍制度由指标控制向准入条件控制改变。1985年实行流动人口《暂住证》、《寄住证》和旅客住宿登记相结合的管理办法。1989年国务院发出《关于严格控制"农转非"过快增长的通知》。第二年国务院办公厅又转发国家计委等部门《关于"农转非"政策管理工作分工意见报告的通知》，各地被严格要求控制"农转非"。1992年我国全面取消粮食计划供应制，公安部还发出《关于实行当地有效城镇居民户口制度的通知》，从这时起户口准入制度开始扩大到小城镇。又在随后的一些年当中实行了各种试点方案，进一步推动着户籍制度，使它适应城镇化不断加快的脚步。直到2001年国务院批转公安部《关于推进小城镇户籍管理制度改革意见》，标志着中国户籍管理制度改革向前迈出了实质性的一步。

从以上政策中可以看出国家在一步步调整着宏观政策，使它能够适应经济的发展。20世纪70年代由于恢复经济，所以改革力度可能比较慢，但到了80年代特别是肯定了市场经济后，90年代改革力度不断增大，使这一时间段国家经济增长显著，城市化也不断加快。到了2000年我国城镇化水平已经达到36.22%，比1979年的18.96%足足增加了17.26%。这比欧美发达国家在工业化同时期时已经快了很多。所以进一步进行户籍制度改革非常必要,在有效抓好"度"的情况下推动我国走具中国特色的城镇化道路。

3. 乡镇企业、建制镇与城镇化

我国的城镇化道路需要摸着石头过河,因为没有先例,我国的国情决定我们必须走出一条具中国特色的城镇化道路。首先,我国城镇化与工业化同步进行,工业化的积累不足严重阻碍城镇化。而且就业人数多、人口流动量大使得城市不能接受,还导致了许多城市问题,社会保障也不能及时跟上。为此,我国实行了乡镇企业的政策,帮助解决就业问题,让大多数洗脚出田的农民工就近解决工作问题。这也就是所说的"离土不离乡、进厂不进城"。其次,我国的乡镇级行政区划分也快跟不上现代高速发展的脚步了,因为我们还是按新中国成立初期来划分,新中国成立初期是以"步行"为主要交通工具,而到今天为止我国的汽车销量已经超过美国,呈现出一片欣欣向荣的景象。最后,从行政区规模上来看也加大了我国的城镇化难度。我国设市的标准比较严格,联合国建议将人口规模达到两万人的聚居地区作为城市,但各国设市的标准差异还是非常的大。比如:日本为3万人,瑞士为1万人,美国仅为2500人,丹麦和瑞典为200人。反观我国1986年前为10万人;1986—1993年为6万人;1993年新标准为8万人,中等城市为20—50万人。因此我国将小城镇(建制镇)纳入城市范畴是可以的,也是合理的。

在20世纪80年代初随着户籍制度的松动,大量的农村剩余劳动力涌向大城市,这使得基础设施还不是足够完善的大城市接受不了,造成了许多的城市问题,比如脏、乱、差就可以用来形容当时的城市社会生活。因此,在80年代国家为了解决这部分农村劳动力,大力倡导乡镇企业,农村劳动力就近找工作。乡镇企业的异军突起,极大地改变了农村的面貌。农村城镇化也得到很大的发展,中小城市不论是在数量上还是在人口规模上都以比大城市快得多的速度发展,建制镇也有较大的发展,建制镇从1978年的2173个发展到1998年的19000个,20年增加了7.7倍。小城市(<20万人)从1978年的92个增加到1998年的382个,20年增加了3倍。中等城市(20—50万人)从1978年的212个增加到了1998年的792个,20年增加了2.7倍。而到了2011年全部地级及以上城市达到了288个,城镇化达到了51.3%。十八届三中全会全面放开了建制镇和小城镇落户限制,城镇化建设将会迎来更大的一个春天。

4. 土地制度与城镇化

土地是农民的命根子。土地是约束农民进城工作落户的最大障碍。因为农民怕进城工作后面临着转户口,而更严重的是失去土地,在现阶段国家对农民的补贴是可观的，土地又是农民唯一的固定财产，那是他们唯一的退路，城市只是打工赚钱的地方，等到岁数大了以后他们还是可以回家安享晚年。但是假如强制性地进行城镇化的话，可能加速刘易斯转折点的到来。

1978年农地制度改革是以联产计酬等多种责任制形态为始点，到1983年确定了土地的集体所有、农户家庭经营的基本形态。1993年确定了将土地承包期限明确延长至15年不变；1994年强调土地承包期实行30年不变，强化和稳定了农户家庭对土地经营拥有权利的完整性。最近在2013年十八届三中全会上中央再次强调"坚持家庭经营在农业中的基础性地位，推进家庭经营、集体经营、合作经营、企业经营等共同开发的农业经营方式创新。坚持农村土地集体所有权，依法维护农民土地承包经营权，发展壮大集体经济。稳定农村土地承包关系并保持长久不变，在坚持和完善最严格的耕地保护制度前提下，赋予农民对承包地占有、使用、收益、流转及承包经营权抵押、担保权能，允许农民以承包经营权入股发展农业产业化经营。鼓励承包经营权在公开市场上向专业大户、家庭农场、农民合作社、农业企业流转，发展多种形式规模经营。"这一决定可能将大大改变农民的局面，他们可以把土地入股承包出去，而自己到城里打工赚钱，进一步加速城镇化进程。

土地政策是农民最关心的，也是我们国家能够得以长久发展的物质基础。无论抗日战争还是解放战争时期，中共都是通过土地政策来激发农民的积极性。而在实现我国繁荣富强的关键时期，中央也应该大力抓好农业农村农民的工作，这样将对经济发展、城镇化建设产生巨大的推动作用。

(二) 经济方面

劳动力转移规模的不断扩大，不可避免地对农村地区的经济发展、居民的消费需求以及生活方式等方面产生重大影响，尤其是能大量增加农村家庭收入。劳动力流动从两方面增加农村家庭收入，一是直接增加外出务工人员的收入，二是农村留守居民本身的人均收入也有所增加。

中国大多数农村地区，劳动力流动所带来的收入已成为家庭收入的重要来源和提高农户家庭总收入的重要支撑。农村劳动力通过外出务工，获得比在家务农更多的收入，通过把收入寄回给家中的留守人口从而增加消费。根据普查数据，从1990年到2000年，在全部农村家庭纯收入中工资的份额从20%增加到了31%，在河北、河南和广西，迁移收入在农村纯收入中的贡献份额超过了10%，安徽达到了16%，四川为17%，湖南为20%，江西为25%。2011年农村居民人均工资性收入为2963.4元，占农村居民家庭人均年收入的42.5%，比1992年的184.4元上升了15.1倍。首先，农业人口进城后，农村人口向城市转移后的"新市民"的经济来源渠道更多，可以从事第二、三产业。一般来说，第二、三产业领域的收入相对于第一产业要高些，因此，居民收入将有所增加。

我国农村居民的人均纯收入主要由工资性收入、家庭经营收入、财产性收入和转移性收入四部分构成。而工资性收入指的是农村居民从事非农产业生产劳动所获得的报酬。财产性收入和转移性收入在农村居民总收入中所占比重不高，因此下面主要分析工资性收入和家庭经营收入。具体见表5-14。

表5-14　　　　　　　　农村居民各项收入及增长率

年份	人均纯收入（元）	工资性收入（元）	家庭经营收入（元）	人均纯收入增长率(%)	工资性收入增长率(%)	家庭经营收入增长率(%)
1978	133.6	88.3	35.8	/	/	/
1979	160.2	100.7	44.0	19.91	14.04	22.91
1980	191.3	106.4	62.6	19.41	5.66	42.27
1981	223.4	113.8	84.5	16.78	6.95	34.98
1982	270.1	142.9	102.8	20.90	25.57	21.66
1983	309.8	57.5	227.7	14.70	-59.76	121.50
1984	355.3	66.5	261.7	14.69	15.65	14.93
1985	397.6	72.2	296.0	11.91	8.57	13.11
1986	423.8	81.6	313.3	6.59	13.02	5.84
1987	462.6	95.5	345.5	9.16	17.03	10.28
1988	544.9	117.8	403.2	17.79	23.35	16.70
1989	601.5	136.5	434.6	10.39	15.87	7.79
1990	686.3	138.8	518.6	14.10	1.68	19.33
1991	708.6	151.9	523.6	3.25	9.44	0.96
1992	784.0	184.4	561.6	10.64	21.40	7.26
1993	921.6	194.5	678.5	17.55	5.48	20.82
1994	1221.0	263.0	881.9	32.49	35.22	29.98
1995	1577.7	353.7	1125.8	29.21	34.49	27.66

续表

年份	人均纯收入（元）	工资性收入（元）	家庭经营收入(元)	人均纯收入增长率(%)	工资性收入增长率(%)	家庭经营收入增长率(%)
1996	1926.1	450.8	1362.5	22.08	27.45	21.03
1997	2090.1	514.6	1472.7	8.51	14.15	8.09
1998	2162.0	573.6	1466.0	3.44	11.47	-0.45
1999	2210.3	630.3	1448.4	2.23	9.88	-1.20
2000	2253.4	702.3	1427.3	1.95	11.42	-1.46
2001	2366.4	771.9	1459.6	5.01	9.91	2.26
2002	2475.6	840.2	1486.5	4.61	8.85	1.84
2003	2622.2	918.4	1541.3	5.92	9.31	3.69
2004	2936.4	998.5	1745.8	11.98	8.72	13.27
2005	3254.9	1174.5	1844.5	10.85	17.63	5.65
2006	3587.0	1374.8	1931.0	10.20	17.05	4.69
2007	4140.4	1596.2	2193.7	15.43	16.10	13.60
2008	4760.6	1853.7	2435.6	14.98	16.13	11.03
2009	5153.2	2061.3	2526.8	8.25	11.20	3.74
2010	5919.0	2431.1	2832.8	14.86	17.94	12.11
2011	6977.3	2963.4	3222.0	17.88	21.90	13.74
2012	7916.6	3447.5	3533.4	13.46	16.34	9.66

农村居民的工资性收入主要是通过劳动力转移来获得的。因此，通过分析历年居民的家庭收入与工资性收入之间的关系，便可以发现劳动力转移对农村居民的家庭收入产生的影响。如图5-9所示，人均纯收入和家庭经营收入变动趋势比较一致，说明家庭经营收入是人均纯收入的主要来源，而工资性收入变化趋势相对这两条曲线较为陡峭，说明增长趋势明显，随着时间的推移，工资性收入会超过家庭经营收入，到那时候工资性收入将成为人均纯收入的主要组成部分。而在农村工资性收入主要是靠劳动力转移获得，基本上都是农村剩余劳动力在外打工获得的劳动收入。他们会把这部分收入寄到家里，间接地也会提高农村的消费能力。因此，农村

第五章 城乡人口发展现状及趋势

大量剩余劳动力不断地流往城市。

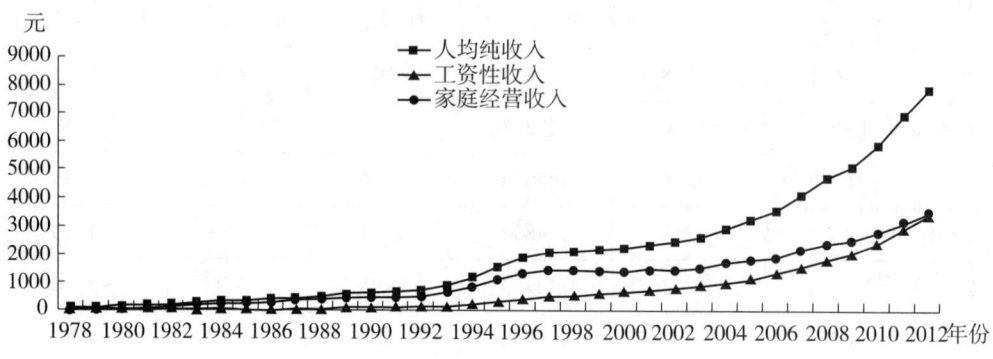

图 5-9 农村居民家庭各项收入变动情况

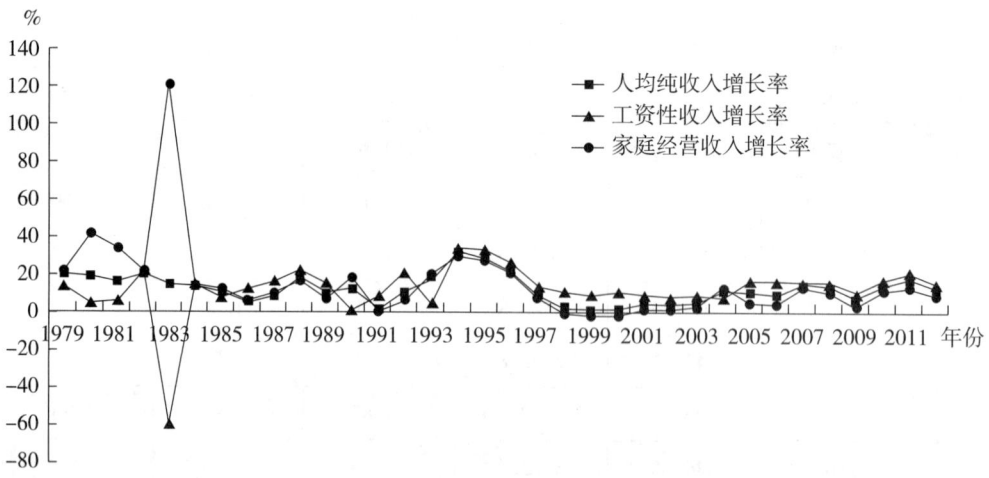

图 5-10 农村居民家庭各项收入的增长情况

第三节 本章小结

城乡人口发展是人口均衡发展的重要内容。城乡人口发展不仅包括城乡人口的数量变化、家庭变化、经济结构变化，还有分配结构等变化。

改革开放以来，我国的城乡人口数量发生了巨大变化，2011年城市人口超过了农村人口，中国正式从农业社会转变为工业社会。由于计划生育政策的实施，人

第三节 本章小结

口流动和迁移，以及老龄化等因素，使得我国城乡家庭人口结构发生了巨大变化。家庭类型开始多元化，有核心家庭、直系家庭、单人户等类型。城乡家庭的结构也在出现异化，一代户城镇增加较快且相对稳定，农村增加幅度挺大但增速放缓；二代户农村下降速度大于城镇；三代及以上户城镇呈现先升后降，农村呈现先降后升的趋势。城乡人口的年龄结构也在发生变化，总体上说，60岁以上的城乡人口都在不断增加，20—59岁之间的城乡人口在不断减少。城乡性别结构也在不断发生变化，从整体来看，"六普"期间和"五普"期间相比，无论全国性别比，还是城市、镇和乡村的性别比都有所下降。

城乡人口发生变化，一个很重要的现象就是农村人口大量往城市迁移和流动，迁移规模在不断地扩大，人口迁出地则集中在中西部地区，按"六普"计算，东部地区总迁入人口为5000.67万人。从性别来看，落后地区流入到三大城市群的劳动力以男性为主；从年龄来看，落后地区迁入到三大城市群的人以青壮年为主；从流动人口的户籍来看，以农业户口为主。人口迁移和流动对城乡发展不均衡的影响，劳动力的大量外流，导致了"空心村"、"老人村"；大城市人口过多，带来了严重的"城市病"；农民工市民化严重滞后，制约着新型城镇化进程。城乡人口非均衡的发展是由多种因素引起的，改革开放以来，各种政策改革，使得城乡之间的经济开始拉大，在推力和拉力的共同作用下，农村人口不断地流向大城市。

第六章 基于公共服务视角的人口城乡均衡

第一节 公共服务均等化的内涵与评价指标

一、公共服务的内涵

公共服务首先由国外学者提出,并且在发展的过程中被西方政府比较系统地实践。由于中国在新中国成立初期实行计划经济,对公共服务的概念比较陌生,因此我国学者对公共服务的研究还处于较低的水平,但也取得了一定的成果。现今国内主要有三种比较成熟的观点,第一种观点倾向于国外早期的说法认为公共服务即是公共产品,该种公共产品表现出使用的非竞争性和收益的非竞争性特性[①]。第二种观点从经济学的角度出发认为公共服务也是一种公共产品,不过这种公共产品表现出的是服务的形态。第三种观点,也是当今比较流行的说法,即认为公共服务不但包括公共产品,而且还涵盖其他方面的内容,如政府调控经济、生产消费监督、生态环境保护和治理社会等方面的职能。

2007年,党的十七大提出,要以完善基本公共财政体系为前提,不断推进城乡基本公共服务均等化,同时要在城乡基层政府中设立相应的职责岗位,实现服务到人,从制度上首先实现均等化。2015年,《国家基本公共服务体系"十三五"规划》明确指出,基本公共服务范围,一般包括保障基本民生需求的教育、就业、社会保障、医疗卫生、计划生育、住房保障、文化体育等领域的公共服务,广义上还包括与人民生活环境紧密关联的交通、通信、公用设施、环境保护等领域的公共服务,以及保障安全需要的公共安全、消费安全和国防安全等领域的公共服务。享有基本公共服务属于公民的权利,提供基本公共服务是政府的职责。

---

① 王德菊. 福利经济学对构建社会主义和谐社会的启示[J]. 经济导刊, 2009(7): 105-106.

二、基本公共服务均等化内涵

基本公共服务均等化要求任何一个地区的公民无论生活在城市还是农村,不论富有还是贫穷,一律应该按着平等、公正的要求,都有权利享受政府提供的最低标准的基本公共服务。鉴于我国经济发展的非均衡性,地区之间存在差距的现实,均等化不能简单地平均化①。而应考虑地方政府供给能力,在财力与物力可承受的范围内全体居民应该享有与经济水平大致相当的公共服务,把差异控制在社会可以接受的范围内。

对于基本公共服务均等化的内涵,我们可以从两个方面加以理解:一方面是权利均等,即每个公民都有权享受政府提供的基本公共服务。尽管地区之间的客观发展导致个人所拥有的财富差异的存在,但享受基本服务的权利不能被剥夺。另一方面是效果均等,也就是每个公民能享受到的均等化的基本公共服务,即全体公民享受到政府提供的公共服务相对公平、公正,这不仅体现在公共服务的数量上,也表现在公共服务的质量上,需要指出这里的数量上、质量上的均等具有一定的相对性,而不是表面的绝对平等。

三、指标选取的范围

对基本公共服务均等化进行评价,需要落实到具体的指标选择上。因此必须明确指标选取的范围。关于基本公共服务所包含的内容,国内学者对此已经有比较成熟的研究:首先基本公共服务应是能满足人民基本的生存发展权利,其次是与民生问题紧密相关的并为广大人民群众迫切需要的公共服务。因此评价指标体系的构建要以内容为导向,充分体现当前人民群众最关注、最迫切的基本公共服务需求②。2012年国务院印发了《国家基本公共服务体系"十二五"规划》和构建了包含基础教育、基本医疗卫生、就业与社会保障、公共文化、环境保护、基础设施等六个方面的指标体系。本书将根据研究的内容,特意选择城乡之间的基础教育,基本医疗卫生、社会保障等方面来做分析。

---

① 周衍. 西部地区城乡居民财产性收入差距分析[J]. 重庆工商大学学报,2013,30(1):46-50.

② 杨渊浩. 以制度与人的互动推进我国基本公共服务体系建设[J]. 湖南师范大学社会科学学报,2012(6):53-56.

第二节 城乡人口基础教育均衡性分析

一、基础教育公共服务均衡性的内涵

教育作为基本公共服务,必须和基本公共服务均等化的要求保持一致的格调。基本公共服务均等化有助于实现地区之间、城乡之间、区域之间和群体之间的均衡发展,是效率与公平的统一,而不是基本公共服务的平均化,因为从经济学的角度分析,公共服务的平均化是社会福利的平均化,是主流群体创造的福利转变为弱势群体的所得,以无偿增加弱势群体的福利。这就致使主流群体失去了创造新福利的激励,也使弱势群体丧失了创造新福利的积极性,这样就减少了社会整体收入。如果社会的整体收入减少,那么弱势群体的境况会更差,这样就形成社会资源再分配的不公平和无效率。

教育均等化是公共服务均等化的重要内容之一,是指一国公民不区分区域、民族、种族、性别、经济状况、家庭出身、社会地位、宗教信仰等,其获得的教育机会、教育过程和教育结果是均等的,教育均等化是一个连贯的循环过程。教育均等化可以理解为在一定的行政区划内,如在几个省域范围内、一个省域范围内、一个市域范围内、一个县域范围内,在教育经费、办学条件、教师资源等方面的投入上,充分体现公民享有的教育的数量和质量的大体一致,实现一定区域范围内、城乡之间的不同阶层、不同群体接受教育的机会和结果的大致均等化。

二、城乡基础教育发展制度的发展历程

十一届三中全会后,教育事业得到了全面的发展,无论是农村教育,还是城市教育,都得到了稳步发展。从改革开放后,到1994年分税制之前,这一时期城乡教育差距在迅速地拉大。

国家对基础教育的财政投入,明显体现着城市优秀的政策取向。一是逐渐下放权限的教育事业经费管理体制,使条件差的农村教育经费难以保证。1980年,国务院发布了《关于实行"划分收支,分级包干"的财政管理体制的通知》,要求各省、市、自治区的教育事业所需的教育经费由省、市、自治区人民政府安排,教育事业费从此由中央、省级预算下划到各县预算,各县预算内安排由各县自定。这意味着,地方政府,尤其是地方的基层政府是实施义务教育的主体,承担着实施义务教育以上的经费。这就产生了各地的经济贫富不均导致各地教育投入的差异。二是城

市学校的经费投入明显优于农村。

1994年中央实行"分税制"改革，地方政府尤其是县乡政府财政收入日渐困难，但义务教育投资的责任并未减轻。1994—1998年农村义务教育投资的基本格局大体上是以国家和地方财政拨款为主，以农村教育费附加、农村教育集资和杂费为辅的多渠道投资体制。

2001年，国务院召开全国基础教育工作会议，决定调整改革农村义务教育管理体制。《国务院关于基础教育改革与发展的决定》明确提出要"完善农村义务教育管理体制，推进农村义务教育持续健康发展"，2002年5月，国务院办公厅又专门发布了"关于完善农村义务教育管理体制的通知"，进一步强调了县级政府对农村义务教育负有主要责任，并较具体地规定和划分了中央和地方各级政府的投资责任，这些政策对缩小城乡教育差距都起到了积极的作用。但城乡二元结构这个根本问题并未解决，我国城乡教育差距仍然较大。特别是2006年以来国家加大了对义务基础教育的投入，建立起了国家义务教育经费保障机制，农村义务基础教育的机会得到保障。城乡义务基础教育经费保障机制中对农村义务基础教育经费保障明确规定：一是全部免除农村义务基础教育阶段学生的学杂费，对家庭经济困难的学生免费提供教科书并补助寄宿生生活费；二是提高农村义务基础教育阶段中小学公用经费的保障水平；三是建立农村义务基础教育阶段中小学校舍的维修及改造长效机制；四是巩固和完善农村中小学教师的工资保障机制。

对城市义务基础教育的经费保障也明确规定：一是从2008年秋季学期起全面免除城市义务基础教育阶段学生的学杂费；二是对符合当地政府规定接收条件的进城务工人员的随迁子女，要按照相对就近入学的原则统筹安排在公办学校就读，并免除学杂费，不收借读费。在接受政府委托、承担义务基础教育任务的民办学校就读的学生，按照当地公办学校免除学杂费的标准，享受补助；三是对享受城市居民最低生活保障政策家庭的义务基础教育阶段的学生继续免费提供教科书，并对家庭经济困难的寄宿学生补助生活费。

新的义务基础教育经费保障机制在2006年开始实施。在农村，2006年免除了西部地区全部农村义务基础教育阶段学生的学杂费，对农村家庭贫困的学生实行"两免一补"，2007年这一政策已经扩展到东部，全国的农村义务基础教育都已免除学杂费；在城市，从2008年秋季学期起全面免除城市义务基础教育阶段学生的学杂费。由此，从公平受基础教育的角度出发，全国范围内实行学龄儿童的"全免费义务基础教育"制度，城乡居民的基础教育似乎没有差距，然而在笔者看来，基础教育的平等不仅仅是以"能够入学"为标准，实际上城乡基础教育在基础教育经费保障、基础教育设施完善、师资力量等软硬件设施上都还存在较大差距,他们之间的总体差距依然很大。

三、城乡基础教育均衡性分析

(一)城乡基础教育经费投入的差距

基础教育公共服务的发展必须由财政支出来支持,即财政对基础教育经费的保障,然而从生均教育经费来看,城乡之间仍存在较大差距(见表6-1)。从城乡教育经费的投入来看,农村投入要低于城市,甚至全国平均水平。无论是小学还是初中,教育事业费还是公用经费,农村都要低于全国平均水平,直到2012年差距还在不断拉大,其中差距最大的是教育事业费中的普通初中,2012年农村与全国平均水平相差大约230.39元,但在2013年整体上差距都有所缩小,在绝对数额上相差仍然很大。

表6-1　　　　2000—2013年农村生均教育经费情况　　　　单位:元

年份	生均预算内教育事业费				生均预算内公用经费			
	普通小学		普通初中		普通小学		普通初中	
	全国	农村	全国	农村	全国	农村	全国	农村
2000	491.58	412.97	679.81	533.54	37.18	24.11	74.08	38.67
2001	645.28	550.96	817.02	656.18	45.18	28.12	83.40	44.95
2002	813.13	708.39	960.51	795.84	60.21	42.73	104.21	66.58
2003	931.54	810.07	1052.00	871.79	83.49	60.91	127.31	85.01
2004	1129.11	1013.8	1246.07	1073.68	116.51	95.13	164.55	125.52
2005	1327.24	1204.88	1498.25	1314.64	166.52	142.25	232.88	192.75
2006	1633.51	1505.51	1896.56	1717.22	270.94	248.53	378.42	346.04
2007	2207.04	2084.28	2679.42	2433.28	425.00	403.76	614.47	573.44
2008	2757.53	2617.59	3543.25	3303.16	616.28	581.88	936.38	892.09
2009	3357.92	3178.08	4331.62	4065.63	743.70	690.56	1161.98	1121.12
2010	4012.51	3802.91	5213.90	4896.38	929.89	862.08	1414.33	1348.43
2011	4966.04	4764.65	6541.86	6207.10	1366.41	1282.91	2044.93	1956.66

续表

年份	生均预算内教育事业费				生均预算内公用经费			
	普通小学		普通初中		普通小学		普通初中	
	全国	农村	全国	农村	全国	农村	全国	农村
2012	6128.99	6017.58	8137.00	7906.61	1829.14	1743.41	2691.76	2602.13
2013	6901.77	6854.96	9258.37	9195.77	2068.47	1973.53	2983.75	2968.37

数据来源：根据历年《中国教育统计年鉴》，《教育部、国家统计局、财政部关于全国教育经费执行情况统计公告》等统计整理。

城乡基础教育的投入属于公共服务，需要国家财政性经费的支持。从表6-2我们可以看出，无论是高中、初中还是小学阶段，城市的基础教育财政性投入年均增长率都明显高于农村。而且，农村与城市的差距也在不断地扩大，如，在小学阶段，2010年农村的基础教育财政性投入为30419740万元，城市是46425984万元，城市是农村的1.5261倍，到2014年，城市是农村的1.608倍。

表6-2　　2010—2014年城乡基础教育国家财政性教育经费投入情况　　单位：万元

年份	高中		初中		小学	
	城市高中	农村高中	城市初中	农村初中	城市小学	农村小学
2010	13218350	9310259	31523694	18421822	46425984	30419740
2011	17999617	11290852	39024011	22308622	57596542	37249144
2012	24510337	13692781	48308851	27015494	71454848	45611788
2013	33376078	16605678	59802799	32715463	88647603	55851893
2014	45448684	20138243	74031460	39618063	109977106	68390959
年均增长率	36.17%	21.27%	23.79%	21.10%	24.06%	22.45%

资料来源：根据国家统计局网站公布数据统计计算所得。

(二)城乡基础教育设施条件的差距

虽然最近几年全免费义务基础教育的实施和对农村基础教育的投入不断增大，但由于长期的体制固化因素，基础教育经费很大部分还是集中在城市基础教育的投入上，从最近的数据看，城乡基础教育设施条件还存在很大差距。从表6-5可以看出，目前的农村小学基础设施条件部分落后于城市地区的基础教育设施条件。从学校的教学用计算机，仪器设备等教学设施方面来看，农村小学的教学设施与城市小学的差距比较大。

表 6-3 2013 年城镇和农村普通高中办学设施条件对比表

地区	人均占地面积（m²）	人均图书册数（册/人）	人均教学用计算机数（台/人）	人均网络多媒体教室数（间/人）	人均教学仪器设备资产值（元/人）
全国	38.62	30.33	0.17	0.03	2.29
城区	37.64	34.09	0.22	0.04	2.75
镇区	37.98	26.74	0.12	0.03	1.85
乡村	61.66	33.61	0.16	0.04	2.83

表 6-4 2013 年城镇和农村普通初中办学设施条件对比表

地区	人均占地面积（m²）	人均图书册数（册/人）	人均教学用计算机数（台/人）	人均网络多媒体教室数（间/人）	人均教学仪器设备资产值（元/人）
全国	34.16	28.23	0.12	0.03	1.15
城区	22.45	25.61	0.14	0.03	1.29
镇区	34.85	27.05	0.11	0.03	1.07
乡村	52.87	36.02	0.13	0.05	1.14

表 6-5 2013 年城镇和农村普通小学办学设施条件对比表

地区	人均占地面积（m²）	人均图书册数（册/人）	人均教学用计算机数（台/人）	人均网络多媒体教室数（间/人）	人均教学仪器设备资产值（元/人）
全国	24.30	18.92	0.08	0.04	0.64
城区	12.73	19.81	0.11	0.03	0.76
镇区	19.35	17.82	0.07	0.03	0.58
乡村	39.45	19.30	0.06	0.05	0.61

表 6-3、表 6-4、表 6-5 数据来源：根据《2014 年中国统计年鉴》和《2014 年中国教育统计年鉴》等统计整理而得。

(三) 城乡基础教育师资配置情况

师资水平的状况如何也是衡量城乡教育水平均等化情况的重要指标。表 6-6 反映了 2013 年城乡基础教育阶段专任教师的具体数量，以及专任教师占总体教师人数的比重。

表 6-6　　　　　　　　　**2013 年城乡基础教育阶段专任教师人数**

地区	中学教育		小学教育	
	师资数	占中学教师总数比	师资数	占小学教师总数比
城市	4877810 人	84.06%	5031630 人	67.32%
农村	925000 人	15.94%	2443000 人	32.68%

资料来源：根据《中国统计年鉴》2014 年数据整理。注：表中所指中学教育涵盖高中和初中两个教育阶段。

根据表 6-6 可以看出，城乡间师资分配还存在极大差异。在小学教育方面，2013 年城市师资比例在 67.32%，农村教师比重为 32.68%，与此同时，中学教育方面，2013 年中学教育中城市教师占有绝对的比例优势，高达 84.06%，而农村教师人数仅占 15.94%。可以看出，无论是小学还是中学，城乡基础教育在师资配置上也存在着不均等的现状。

第三节　城乡人口基本医疗卫生发展均衡性分析

一、基本医疗卫生服务的内涵

对于基本医疗卫生服务的概念，国内外学界的争论一直都存在。《1993 年世界发展报告》提到"基本卫生服务"这一概念，认为基本卫生服务应该包括基本公共卫生服务和基本医疗服务两大部分，并指出公共卫生服务主要是解决社会群体的公共卫生问题，而基本公共卫生服务指那些符合成本效益原则并且实行之后会很有效果的公共卫生干预措施。2008 年，时任卫生部长陈竺指出，基本医疗卫生服务应包括公共卫生服务和基本医疗服务，从而明确了基本医疗卫生服务的范围和内容。因此，国外的基本卫生服务的内容和范围与国内的基本医疗卫生服务的内容和范围是基本一致的。2009 年，国务院在"新医改"方案中，明确指出"应当把基本医疗卫生服务作为一种公共产品向全体居民提供",以达到人人都能够"病有所医,老有所养"的目标。

表 6-7 我国基本医疗卫生服务范围

卫生领域	产品范围
公共卫生服务	疾病预防控制、卫生免疫、卫生监督、妇幼保健、卫生应急、卫生急救、采血服务、健康教育、食品安全、职业病防治、安全饮水、精神卫生等
基本医疗服务	基本药物治疗、采用规范技术进行的急慢性诊断、治疗、康复

二、城乡基本医疗卫生领域的改革历程

改革开放以来,我国城乡基本医疗领域经历了一系列改革与发展。截至目前,大致可分为以下几个阶段:

第一阶段(1978—1996年),改革开放初,农村集体经济模式逐步被农村承包责任制取代,农村合作医疗的推行走向了崩溃。计划经济体制下建立的城镇职工公费、劳保医疗制度也越来越不适应。十四届三中全会也提出了构建新型社会医疗保险制度,采取社会统筹与个人账户相结合的模式,并陆续开始在各个试点推广。虽然各试点职工医疗保险制度改革取得了一定成效,保障了城镇职工的基本医疗,但却存在居民参保率低、医保费征收上缴困难、医疗资源配置不均等问题。

第二阶段(1997—2002年),1998年国家开始对城镇职工医疗保险制度进行改革,此外,政府不断地建立和发展新型医保制度,如大额医费补助、公务员医疗补助、企业补充医保和商业医保等。尽管这些制度政策都是为了实现医疗资源的合理均等分配,但是相关的配套措施和经费投入没有得到较好的落实分配,导致了城乡医疗卫生服务质量和数量出现了较大的差异:大城市和大医院集中了较多的优质资源,而农村医疗资源却较为匮乏。

第三阶段(2003—2008年),为了解决城乡医疗卫生投入和服务差距,国家开始重视农村医疗保险的发展,在2003年开始对农村合作医疗进行改革,建立了新型农村合作医疗制度,与此同时,我国的医疗救助、医疗福利、商业医保及补充医保制度也得到了进一步的完善和发展。

第四阶段(2009年至今),2009年"新医改"方案的推出,标志着中国医疗改革开启了新纪元,这也是中国医改历史上一个大转折点。新医改提出:要建立健全医

疗卫生服务网络和管理体制,加快医疗保障和药品供应体系建设,最终保障人人都能均等地享受到医疗卫生服务。通过新医改的推行和实施,医保范围覆盖面有所上升,政府投入和卫生筹资水平也有相应提升。

三、城乡基本医疗卫生均衡性分析

(一)城乡基本医疗卫生财力投入现状

卫生费用主要反映的是一段时间内全国范围内投入医疗卫生领域资金的总和,包含了用于医护人员、医疗设备及其他方面的所有卫生支出,是衡量卫生总投入大小的指标。由于中国城乡二元结构和居民"二元户籍"体制,使得城乡卫生医疗服务体系一直处于分割状态。各级政府在卫生投入方面存在着严重偏差,不断将大量财政投入到城市卫生建设中,导致城乡医疗卫生服务差距不断拉大。

从表6-8可以看出,随着经济的快速发展,无论是农村还是城市的卫生总费用及人均费用等都在不断地增加。1990年农村卫生总费用仅为351.29亿元,2012年增加到6781.2亿元。1990年城市卫生总费用也仅为396.1亿元,2012年增加到21065.6亿元,但是城乡之间的费用还是有很大的差距。1990年,城市卫生总费用是农村的1.128倍,此时差距还不是很大,到了2012年,城市卫生总费用是农村的3.106倍,可以看出,从1990年到2012年城乡之间的差距在不断扩大。与此同时,城乡之间的人均卫生费用也在不断地增加,1990年,农村人均卫生费用为38.8元,城市为158.8元,城市是农村的4.093倍,而到了2012年,农村人均卫生费用是1055.9元,城市是2969元,城市是农村的2.812倍。可以看出城乡之间的人均卫生费用仍然存在着较大的不均衡。

表6-8　　　　　　　　　　历年城乡卫生费用

年份	城乡卫生费用			人均卫生费用		
	城市(亿元)	农村(亿元)	城市与农村之比	城市(元)	农村(元)	城市与农村之比
1990	396.1	351.29	1.128	158.8	38.8	4.093
1991	482.6	410.89	1.175	187.6	45.1	4.160
1992	597.3	499.56	1.196	222	54.7	4.059
1993	760.3	617.48	1.231	268.6	67.6	3.973
1994	991.5	769.74	1.288	332.6	86.3	3.854

续表

年份	城乡卫生费用			人均卫生费用		
	城市(亿元)	农村(亿元)	城市与农村之比	城市(元)	农村(元)	城市与农村之比
1995	1239.5	915.63	1.354	401.3	112.9	3.554
1996	1494.9	1214.52	1.231	467.4	150.7	3.102
1997	1771.4	1425.31	1.243	537.8	177.9	3.023
1998	1906.92	1771.8	1.076	625.9	194.6	3.216
1999	2193.12	1854.38	1.183	702	203.2	3.455
2000	2624.24	1962.39	1.337	813.7	214.7	3.790
2001	2792.95	2232.98	1.251	841.2	244.8	3.436
2002	3448.24	2341.79	1.472	987.1	259.3	3.807
2003	4150.32	2433.78	1.705	1108.9	274.7	4.037
2004	4939.21	2651.08	1.863	1261.9	301.6	4.184
2005	6305.57	2354.34	2.678	1126.4	315.8	3.567
2006	7174.73	2668.61	2.689	1248.3	361.9	3.449
2007	8968.7	2605.27	3.443	1516.3	358.1	4.234
2008	11251.9	3283.5	3.427	1861.8	455.2	4.090
2009	13535.61	4006.31	3.379	2176.6	562	3.873
2010	15508.6	4771.8	3.250	2315.5	666.3	3.475
2011	18571.9	5744.0	3.233	2697.5	879.4	3.067
2012	21065.6	6781.2	3.106	2969.0	1055.9	2.812

资料来源：根据1991—2013年《中国卫生统计年鉴》数据整理而得。

(二) 医疗卫生覆盖率现状

在我国，城乡居民医疗卫生覆盖率也在不断地发展和变化。如1998年基本医疗保险主要分为公费医疗、劳保医疗、医疗保险、合作医疗及其他医疗保险方式；

2003年新增了城镇基本医疗保险、大病医疗保险，保留了劳保医疗、合作医疗和公费医疗等几大医保方式；2008年的"新医改"，使我国的医疗保障体系发生了巨大变化，并取得了显著成绩。经过"新医改"，我国现有的基本医疗保险主要包含城镇居民基本医疗保险、城镇职工基本医疗保险、新型农村合作医疗保险等。

从表6-9的数据可以看出，1998年我国城乡居民医疗中，劳保医疗，城市是农村的45.80倍，半劳保医疗，城市是农村的29.00倍，公费医疗，城市是农村的13.33倍，这显示出城乡居民医疗保障差异性较大。从医疗保障的种类来看，无论是农村，还是城市，绝大部分是自费医疗，其中城市自费医疗比例为43.1%，农村自费医疗比例为86.3%。这反映出1998年我国城乡居民医疗保障覆盖率较低。

2003年政府新增了城镇基本医疗保险和大病医疗保险，这些项目的出台有利地改善了城乡居民的医疗保障水平，但是城乡之间的差距还是比较大，表6-10的数据可以看出城镇基本医疗保险是农村的20.27倍，城乡居民无医疗保险者仍占较大比例，其中城市无医疗保险者占43.8%，农村占78.9%。

2008年我国实施了"新医改"，在农村实施了新型农村合作医疗，这在一定程度上使我国的医疗保障水平得到了较大的提升，而且大大地提升了其覆盖率。相比1998年和2003年，从表6-11可以看出城乡无医疗保险者比例明显下降了，其中城市无医疗保险者比例为28.1%，农村仅为7.5%。

表6-9 1998年城乡医保覆盖率

	城市(%)	农村(%)	城市与农村之比
公费医疗	16.0	1.2	13.33
劳保医疗	22.9	0.5	45.80
半劳保医疗	5.8	0.2	29.00
医疗保险	3.3	1.4	2.36
统筹医疗	1.4	0.0	—
合作医疗	2.7	6.6	0.41
自费医疗	43.1	86.3	0.50
其他形式	3.7	2.8	1.32

表 6-10　　　　　　　　　　2003 年城乡医保覆盖率

	城市(%)	农村(%)	城市与农村之比
城镇基本医疗保险	30.4	1.5	20.27
大病医疗保险	1.8	0.1	18.00
公费医疗	4.0	0.2	20.00
劳保医疗	4.6	0.1	46.00
合作医疗	6.6	9.5	0.69
其他社会医疗保险	2.2	1.2	1.83
商业医疗保险	5.6	8.3	0.67
无医疗保险	43.8	78.9	0.56

表 6-11　　　　　　　　　　2008 年城乡医保覆盖率

	城市(%)	农村(%)	城市与农村之比
城镇职工基本医保	44.2	1.5	29.47
公费医疗	3.0	0.3	10.00
城镇居民基本医保	12.5	0.7	17.86
新型农村合作医疗	9.5	89.7	0.11
其他社会医疗保险	2.8	0.4	7.00
无社会医疗保险	28.1	7.5	3.75

表 6-9、表 6-10、表 6-11 资料来源：根据 2013 年《中国卫生统计年鉴》的数据整理而得。

(三)城乡居民人均保健支出对比分析

城乡人均保健支出也是衡量城乡医疗水平的重要内容，从表 6-12 可以看出，2003 年城市居民与农民人均保健支出占消费性支出的比重分别为 7.31 和 6.00，到 2012 年，城市居民人均保健支出占消费性支出的比重下降到 6.40，而农村人均保健支出占消费性支出的比重为 8.70，城市支出的比重降低与城市的多种需求支出有关系。虽然支出的比重变化不大，但是，城市居民与农民用于保健支出的绝对值却存在着较大的差异，2003 年城市居民与农民人均保健支出绝对值分别为 476 元和 115.7 元，城市是农村的 4.11 倍，而 2012 年城市居民与农民的人均保健支出绝对值分别增加至为 1063.7 元和 513.8 元，城市是农村的 2.07 倍，城市居民的人均保健支出明显高于农民。

表 6-12　　　　　　　　城乡居民保健支出比较

年份	城市居民		农民		城市人均保健支出/农村人均保健支出
	人均保健支出（元）	人均保健支出占消费性支出（%）	人均保健支出（元）	人均保健支出占消费性支出（%）	
2003	476	7.31	115.7	6.00	4.11
2004	528.2	7.35	130.6	5.98	4.04
2005	600.9	7.57	168.1	6.48	3.57
2006	620.5	7.13	191.5	6.77	3.24
2007	699.1	6.99	210.2	6.50	3.33
2008	786.2	7.00	246.0	6.72	3.20
2009	856.4	7.00	287.5	7.20	2.98
2010	871.8	6.50	326.0	7.40	2.67
2011	969.0	6.40	436.8	8.40	2.22
2012	1063.7	6.40	513.8	8.70	2.07

数据来源：2013 年《中国卫生统计年鉴》整理而得。

（四）卫生资源配置现状

城乡卫生资源配置可通过卫生机构数、卫生人员数和卫生设施（卫生床位数）来衡量，就目前来看，我国卫生机构数，每千人口卫生技术人员数与每千人口卫生床位数都存在不同程度的城乡差异。这些差异仅指数量上的差距，如果把卫生设施质量和卫生技术人员的技术水平考虑在内，则城乡医疗卫生差距将更大，非均等化程度也将更严重。

每千人口卫生技术人员数城乡差距较为明显。从表 6-13 数据可知，1980 年城市每千人口卫生技术人员数是农村卫生技术人员数的 4.44 倍；2000 年城市卫生技术人员数是农村卫生技术人员数的 2.15 倍；到 2012 年为止，城市卫生技术人员数是农村卫生技术人员数的 2.5 倍，差距在不断地波动，总体上说，城市和农村卫生技术人员数的差距在 2.15~4.44 之间变动。

表 6-13　　　　　　　　　城乡每千人口卫生技术人员数

年份	城市(人)	农村(人)	农村与城市之比
1980	8.03	1.81	4.44
1985	7.92	2.09	3.79
1990	6.59	2.15	3.07
1995	5.36	2.32	2.31
1998	5.30	2.35	2.26
1999	5.24	2.38	2.20
2000	5.17	2.41	2.15
2001	5.15	2.38	2.16
2002	/	/	/
2003	4.84	2.19	2.21
2004	4.93	2.16	2.28
2005	4.99	2.15	2.32
2006	5.14	2.17	2.37
2007	5.35	2.14	2.50
2008	5.58	2.21	2.52
2009	7.15	2.94	2.43
2010	7.62	3.04	2.51
2011	6.68	2.66	2.51
2012	8.54	3.41	2.50

资料来源：根据 1981—2013 年《中国卫生统计年鉴》整理而得。

每千人口医疗机构床位数属于卫生设施，这是反映城乡卫生资源配置的重要指标。从总体上来看，城市每千人卫生资源配置在不断地上升，由 1980 年的 4.7，增加到 2012 年的 6.88，农村每千人卫生资源配置也在不断地上升，由 1980 年的 1.48，增加到 2012 年的 3.11。但从城乡之间的配置比来看，城乡之间每千人口医疗机构床位数的差距较大。

表6-14　　　　　　　　　城乡每千人口医疗机构院床位数

年份	城市(个)	农村(个)	城市与农村之比
1980	4.70	1.48	3.18
1985	4.54	1.53	2.97
1990	4.18	1.55	2.70
1995	3.50	1.59	2.20
2000	3.49	1.50	2.33
2001	3.51	1.48	2.37
2002	3.40	1.41	2.41
2003	3.42	1.41	2.43
2004	1.64	0.75	2.19
2005	4.03	1.74	2.32
2006	4.23	1.81	2.34
2007	4.47	1.89	2.37
2008	5.17	2.20	2.35
2009	5.54	2.41	2.30
2010	5.94	2.60	2.28
2011	6.24	2.80	2.23
2012	6.88	3.11	2.21

资料来源：根据1981—2013年《中国卫生统计年鉴》整理而得。

(五)城乡医疗卫生服务质量分析

城乡医疗卫生服务质量主要体现在居民健康水平(婴儿死亡率、孕产妇死亡率)和医疗服务效果水平方面(城乡出院病人治愈率)。由表6-15可以看出，城市婴儿死亡率由1991年的17.3‰下降到2012年的5.2‰，农村婴儿死亡率由1991年的58‰下降到2012年的12.4‰，农村婴儿死亡率与城市婴儿死亡率之比由1991年的3.35下降到2012年的2.38。农村孕产妇死亡率与城市孕产妇死亡率之比由1991年的2.16下降到2012年的1.15，这表明孕产妇死亡率的城乡差距是逐年降低的。虽然总体上农村和城市婴儿死亡率在下降，医疗服务质量都在不断地上升，但是农村与城市在医疗卫生服务质量均等化方面差距还是很大。

表 6-15　　　　　　　　　　　城乡居民健康水平

年份	婴儿死亡率(‰)		孕产妇死亡率(1/10万)		婴儿死亡率农村与城市之比	孕产妇死亡率农村与城市之比
	城市	农村	城市	农村		
1991	17.3	58.0	46.3	100	3.35	2.16
1992	18.4	53.2	42.7	97.9	2.89	2.29
1993	15.9	50.0	38.5	85.1	3.14	2.21
1994	15.5	45.6	44.1	77.5	2.94	1.76
1995	14.2	41.6	39.2	76.0	2.93	1.94
1996	14.8	40.9	29.2	86.4	2.76	2.96
1997	13.1	37.7	38.3	80.4	2.88	2.10
1998	13.5	37.7	28.6	74.1	2.79	2.59
1999	11.9	38.2	26.2	79.7	3.21	3.04
2000	11.8	37.0	29.3	69.6	3.14	2.38
2001	13.6	33.8	33.1	61.9	2.49	1.87
2002	12.2	33.1	22.3	58.2	2.71	2.61
2003	11.3	28.7	27.6	65.4	2.54	2.37
2004	10.1	24.5	26.1	63.0	2.43	2.41
2005	9.1	21.6	25.0	53.8	2.37	2.15
2006	8.0	19.7	24.8	45.5	2.46	1.83
2007	7.7	18.6	25.2	41.2	2.42	1.63
2008	6.5	18.4	29.2	36.1	2.83	1.24
2009	6.2	17.0	26.6	34.0	2.74	1.28
2010	5.8	16.1	29.7	30.1	2.78	1.01
2011	5.8	14.7	25.2	26.5	2.53	1.05
2012	5.2	12.4	22.2	25.6	2.38	1.15

资料来源：根据 1992—2013 年《中国卫生统计年鉴》整理而得。

第四节　城乡社会保障公共服务均衡性分析

一、社会保障公共服务的内涵

社会保障作为一个专门术语，最早出现在美国 1935 年颁布的《社会保障法》里面。在此之后,社会保障一词逐渐被有关国际组织和一些国家所接受,并成为政府和社会保障居民基本生存的制度。但是由于各国之间的政治、经济、文化等方面的差异,到目前为止,国际上对社会保障概念的界定仍没有达成统一的意见。

德国被认为是现代社会保障制度的发源地,它把社会保障看作社会公正和社会安全,是为那些丧失劳动能力、年老、残疾等这类人及其家人提供的基本生活保障。美国社会保障总署关于社会保障的定义:"根据政府法规而建立的项目,给个人谋生能力中断或丧失以保险,还为因为结婚生育或死亡而需要某些特殊开支时提供保障,为抚养子女而发给的家属津贴也包括在这个定义之中①。"

社会保障一词在我国首次提出是在1986年六届人大四次会议上通过的《中华人民共和国国民经济和社会发展第七个五年计划》中,并把社会保障作为一个总概念,具体包括社会保险、医疗卫生事业、优抚安全工作、社会救助等项目。其定义为:"国家和社会通过立法,采取强制手段对国民收入进行分配和再分配,形成社会消费基金,对基本生活发生困难的社会成员,给予物质上的帮助,以保证社会安定的一系列有组织的措施、制度和事业的总称②。"同时,根据宪法的规定,目前我国的社会保障体系包括社会保险、社会福利、社会优抚、社会救济四个部分。

二、城乡社会保障制度的发展历程

(一) 社会养老保险发展

社会养老保险发展主要对农村社会养老保险发展和城镇企业养老发展历程进行梳理:

1. 农村社会养老保险发展

改革开放以后,农村社会养老保险在家庭承包责任的推动下,传统的养老模式受到了影响和变革,从1986年我国才开始对农村社会养老保险发展进行探索。大致经历了两个阶段:

第一,农村社会养老保险的探索(1986—2002年)

为全面促进经济社会的发展,我国"七五计划"明确提出了我国要建立社会保障制度的雏形。1986年民政部召开全国农村基层社会保障工作座谈会,初步确定了我国农村社会保障工作的重点,并决定在我国农村地区因地制宜开展农村社会保障工作。整个20世纪80年代,政府在建立农村社会养老保险制度方面做了大量的

---

① 美国社会保障署. 全球社会保障制度[M]. 北京:华夏出版社, 1996.
② 齐海鹏. 社会保障教程[M]. 大连:东北财经大学出版社, 2006.

探索性工作，但都局限于部分地区，直到进入 90 年代以后，才开始了全国范围内的试点。

1991 年 1 月，国务院决定由民政部负责开展建立农村社会养老试点。1992 年 1 月印发了《县级农村社会养老保险基本方案(试行)》。1992 年 12 月民政部在江苏省张家港市召开全国农村社会养老保险工作会议，标志着农村社会养老保险方案即将从地区试点转向全国推广。1995 年 10 月，国务院办公厅转发了民政部《关于进一步做好农村社会养老保险工作的意见》，《意见》再次强调了建立农村社会养老保险制度对于解决农民生存问题、落实计划生育政策、深化农村改革、促进农村经济发展的深远意义；明确了采取"因地制宜，分类指导，突出重点，稳步推进"的工作方针。

1998 年 8 月，民政部、劳动和社会保障部联合发布了《关于机构改革期间切实做好农村社会养老保险工作的紧急通知》，要求各相关部门明确责任，协同配合。1999 年 7 月国务院下发了《国务院批转整顿保险业工作小组的通知》，《通知》转发了国务院同意的整顿保险业工作小组《保险业整顿与改革方案》，对民政系统原来开展的"农村社会养老保险"要进行清理整顿并停止接受新业务。但由于在整顿过程中主管部门在诸多问题上存在分歧、政策多变，导致了部分地区出现大规模退保，参保人数下滑，农村养老保险工作一度处于停滞状态。

第二，农村社会养老保险的创新阶段(2002 年至今)

2002 年党的十六大报告中明确提出："要多渠道筹集和积累社会保障基金；各地要根据实际情况合理确定社会保障的标准和水平；发展城乡社会救济和社会福利事业；有条件的地方，探索建立农村养老、医疗保险和最低生活保障制度。"在这一重大决策的基础上，2003 年以后全国多个地区开始进行新型农村社会养老保险模式的试点探索。北京、上海、江苏等省市从实际出发、因地制宜，试点成效显著。

2007 年 8 月劳动和社会保障部下发了《劳动和社会保障部、民政部、审计署关于做好农村社会养老保险和被征地农民社会保障工作有关问题的通知》(以下简称《通知》)，要求各省、自治区、直辖市劳动保障厅(局)民政厅(局)要积极配合中央工作，全面审计农村社会养老保险基金，清理农保工作，理顺管理体制，妥善处理被处置金融机构中的农保基金债权。同时还要求各省、市、自治区选择城镇化进程较快、有经济实力的地方，按照保基本、广覆盖、能转移、可持续的原则，积极推进新型农保试点工作。不难看出《通知》的发布，是为新型农保在全国范围推广作好铺垫。

2009年9月，国务院发布了《国务院关于开展新型农村社会养老保险试点的指导意见》，确立了新农保试点"保基本、广覆盖、有弹性、可持续"的基本原则；明晰了试点推广的进程目标。新农保试点至今，得到了广大农民的拥护和支持，参保人数不断上升，取得了良好的经济社会效益。

2. 城镇企业养老保险发展历程

改革开放以后，我国的城镇企业职工养老保险发展的方式也在不断地进行改革和探索，大致经历了三个阶段：

第一阶段（1978年至1991年6月）是城镇企业养老社会统筹阶段。改革开放以后，传统的城镇企业养老模式越来越不适应经济发展的需要，为了呼应1984年的国有企业改革，国家开始在城镇企业方面实行社会统筹，即指社会保险基金在大范围内由社会保险经办机构依法统一征收、统一管理、在属地范围内统一调剂使用。社会统筹在县市一级行政区域内实行，此外有编制的职工依然由国有企业缴纳养老金，但无编制的合同制职工除了企业为其缴纳工资总额15%的养老金外，还需要自己负担不超过工资总额3%的养老金，这也是我国城镇企业职工养老保险开始出现个人缴费的开端。

第二阶段（1991年6月至2000年）是养老保险的改革阶段。以1991年6月《国务院关于企业职工养老保险制度改革的决定》（以下简称《决定》）为标志，国务院首次以《决定》的形式规定企业养老保险资金筹集主体，即国家、企业和个人共同承担，并将统筹级次由县级过渡为省级，将私营企业、外资企业全面覆盖其中。此后几年，国务院就企业与个人的养老保险费征收比例作出了详细规定并不断修正完善。

第三阶段（2000年至今）为改革完善阶段。经过各方面的改革，我国城镇企业养老保险制度得到了基本完善，但是也存在一些问题，为了扩大参保群体，做实个人账户，规范发放办法。国务院于2001年又启动了新一轮改革试点，2006年初在全国范围内广泛铺开，实行统账结合，个人缴费8%，使覆盖面进一步扩大、统筹级次进一步上提、参与率进一步提高，企业养老保险趋于成熟。

（二）农村最低生活保障制度

改革开放以后，在20世纪80年代，我国对农村居民的生活保障由于财力有限而较少关注，从1992年才开始探索农村最低生活保障制度的建设，总体上大致经历了三个阶段：

1. 试点阶段（1992—1995年）

我国农村最低生活保障制度是从1992年在山西省的左云县开始试点的，取得经验后又在阳泉市扩大试点。1994年,上海市也在部分区县开展农村低保制度的试点。1994年,第十次全国民政会议提出,到20世纪末要"在农村初步建立起与经济发展水平相适应的,层次不同、标准有别的社会保障制度"。山西、山东、浙江、河北、湖南、河南、广东等省被列入了开展农村社会保障建设试点的首批名单。1995年12月,广西壮族自治区武鸣县颁布了《武鸣县农村最低生活保障线救济暂行办法》,规定从1996年1月1日起正式实施。这是我国出台的第一个县级农村最低生活保障制度的文件。

2. 推广阶段(1996—2006年)

1996年初,民政部明确提出了改革农村社会救助制度,积极探索农村居民最低生活保障的任务。并且,民政部在山东烟台和河北平泉等地试点农村社会保障体系建设。在试点过程中,民政部深入调查并总结各地的试点经验,以此为基础出台了《民政部关于加强农村社会保障体系建设的意见》和《农村社会保障体系建设指导方案》这两个指导性文件。两个文件强调凡开展农村社会保障体系建设的地方,都应该把建立农村低保制度作为重点,即使标准低些,也要把制度建立起来。这就为全国农村社会保障体系建设提出了发展目标和努力方向,使农村社会保障工作在制度化和规范化的轨道上迈进了重要一步。到1997年底,全国已经有997个市县建立了农村低保制度。

3. 普及阶段(2006—)

十六大以来,农村低保制度建设步伐明显加快。十六大提出:"有条件的地方,探索建立农村养老、医疗和最低生活保障制度。"此后,在2006年12月召开的中央农村工作会议上,政府首次明确提出要"在全国范围建立农村最低生活保障制度"。2007年7月11日,国务院下发了《关于在全国建立农村最低生活保障制度的通知》,目标是通过在全国范围建立农村最低生活保障制度,将符合条件的农村贫困人口全部纳入保障范围,稳定、持久、有效地解决全国农村贫困人口的温饱问题。这标志着我国覆盖城乡居民的最低生活保障制度正式建立。

三、城乡社会保障均衡性分析

社会保障制度是保障城乡低收入居民实现正常生产生活的公共服务提供机制,具体包括养老保险、失业保险、社会救助和社会优抚。改革开放以来,随着我国经济的高速发展,社会保障所涵盖的范围逐步扩大,但是城乡间的社会保障提供却仍存在差异。

第四节 城乡社会保障公共服务均衡性分析

(一) 城乡社会保障财政支出总体情况

反映城市和农村之间的社会保障是否均衡化、均等化，可以从社会保障资金在城乡之间的投入状况来体现，主要可以从财政对社会保险基金的补助、行政事业单位离退休、就业补助、城市居民最低生活保障、自然灾害生活救助，农村最低生活保障来反映城乡差距。

根据表6-16可以看出，近年来，国家高度重视社会保障的发展，城乡居民的社会保障财政支出逐年增加，2010年，社会保障总支出为9130.62亿元，到2013年，达到14490.54亿元。社会保障总支出占财政支出的比重由2010年的10.16增加到2013年的10.33。社会保障总支出中针对农村的最低生活保障财政支出增长最快，达到44.8%，增长幅度最慢的是行政事业单位离退休财政支出，仅为12.5%。

表6-16　　　　2010—2013年全国财政社会保障支出情况

	项目	2010年	2011年	2012年	2013年
支出金额（亿元）	财政总支出	89874.16	109247.79	125712.25	140212.10
	社会保障总支出	9130.62	11109.40	12541.79	14490.54
	其中：1. 财政对社会保险基金的补助	2309.80	3152.19	3833.07	4776.01
	2. 行政事业单位离退休	2353.55	2737.75	2821.89	3174.63
	3. 就业补助	624.94	670.39	734.26	837.06
	4. 城市居民最低生活保障	539.53	675.06	666.10	783.33
	5. 自然灾害生活救助	333.72	231.65	266.70	330.17
	6. 农村最低生活保障	446.59	665.48	694.00	1004.91
占财政支出比重(%)	社会保障总支出	10.16	10.17	9.98	10.33
	其中：1. 财政对社会保险基金的补助	2.57	2.89	3.05	3.41
	2. 行政事业单位离退休	2.62	2.51	2.24	2.26
	3. 就业补助	0.70	0.61	0.58	0.60
	4. 城市居民最低生活保障	0.60	0.62	0.53	0.56
	5. 自然灾害生活救助	0.37	0.21	0.21	0.24
	6. 农村最低生活保障	0.50	0.61	0.55	0.72

资料来源：根据《中国财政统计年鉴》，2013年数据整理。

(二)城乡社会保险规模状况

社会保险包括失业保险、城镇职工基本医疗保险、工伤保险及生育保险四个方面。表6-17总结了近五年我国城乡总体在社会保险方面的财政资金流向以及参保状况,重点突出在参保人数以及金额发放中。

表6-17具体描述了2010—2014年城乡社会保险参保以及发放情况,从表中可以看出,参加失业保险的人数在逐年增加,由2010年的12399.8万人增加到2014年的15224.7万人,失业保险年末参保人数五年间增长22.78%;参加城镇职工基本医疗保险,由2010年的14987.7万人增加到2014年的19861.3万人,增长了32.52%,参加工伤保险的人数由2010年的13787.2万人增加到2014年的19010.1万人,增长了37.89%。总体上说近五年的社会保险参保人数在稳步增长,但是相较于城市完善的社会保险体系,农村居民在这一部分所能享受到的福利远远不够。

表6-17 2010—2014年城乡社会保险情况 单位:万人、亿元

年份	失业保险			城镇职工基本医疗保险		工伤保险		生育保险
	年末参保人数	全年发放失业保险人数	全年发放失业保险额	年末参保职工人数	年末参保退休人数	年末参保人数	年末享受工伤待遇的人数	年末参加生育保险的人数
2010	12399.8	516.7	139.5	14987.7	5007.9	13787.2	117.8	9254.1
2011	12715.5	483.9	145.8	16410.5	5526.9	14895.5	129.6	10875.7
2012	13375.6	431.6	140.4	17791.2	5943.5	16160.7	147.5	12335.9
2013	14317.1	394.4	159.9	18948.5	6278.6	17695.9	163.0	13892.0
2014	15224.7	390.1	181.3	19861.3	6624.2	19010.1	190.5	15428.7

资料来源:根据《中国财政年鉴》,2014年数据整理。

(三)城乡社会救助规模状况

社会救助是社会保障的核心内容,城市与乡村最低生活保障参保人数以及农村供养的五保人数、救济人数是全面反映城乡社会救助规模的有效数据。表6-18选择了2010—2014年期间相关领域的具体数据,以更好地说明城乡社会救助发展状况。

表6-18反映了2010—2014年城乡最低社会保障人数状况,城市居民最低生活

保障人数由2010年的2345.6万人下降到2014年的2064.2万人，而农村居民最低生活保障人数由2010年的4760.0万人增加到2014年的5388.0万人，这反映了农村和城市差异较大，相较于城市，农村居民最低生活保障人数逐年攀升。农村集中供养人数一直得不到有效的提升，2014年农村分散供养人数为353.8万人，而集中供养人数仅有183.5万人，是分散供养人数的51.87%，这在一定程度上影响了城乡社会救助的均等化效果。

表6-18　　　　　　　　2010—2014年城乡社会救助情况　　　　　　　单位：万人

年份	城市居民最低生活保障人数	农村居民最低生活保障人数	农村集中供养五保人数	农村分散供养五保人数	传统救济人数
2010	2345.6	4760.0	171.8	381.6	62.2
2011	2310.5	5214.0	177.4	378.9	59.5
2012	2276.8	5305.7	184.5	366.5	68.7
2013	2143.5	5344.5	185.3	360.3	79.6
2014	2064.2	5388.0	183.5	353.8	73.0

资料来源：根据《中国统计年鉴》，2014年数据整理。

(四) 最低生活保障的实施

最低生活保障是城乡社会救助的重要内容，最低生活保障的实施有利于保障城乡贫困人口最基本的生活所需。从表6-19可以看出，从2001年到2014年，城市最低保障制度无论从城市保障人数，还是城市保障资金来说，都有较大的增加。城市最低保障人数由2001年的1170.7万，增加到2014年的1877万，城市保障资金由2001年的44.9亿元，增加到2014年的721.7亿元，与此同时，城市低保平均补差水平也由2001年的383.5元/人，增加到2014年的3844.9元/人。农村保障人数由2001年的304.6万人，增加到2014年的5207.2万人，农村保障资金由9.1亿元，增加到870.3亿元。但是从城乡低保平均补差水平来看，农村和城市还是有很大的差距。

表6-19　　　　　　　　2001—2014年城乡最低保障的有关概况

年份	城市保障人数(万人)	城市保障资金(亿元)	城市低保平均补差水平(元/人·年)	农村保障人数(万人)	农村保障资金(亿元)	农村低保平均补差水平(元/人·年)
2001	1170.7	44.9	383.5	304.6	9.1	298.8

续表

年份	城市保障人数(万人)	城市保障资金(亿元)	城市低保平均补差水平(元/人·年)	农村保障人数(万人)	农村保障资金(亿元)	农村低保平均补差水平(元/人·年)
2002	2064.7	112.6	545.4	407.8	13.6	333.5
2003	2246.8	153	681	367.1	16.9	460.4
2004	2205	172.9	784.1	488	17.36	355.7
2005	2234.2	190.7	853.6	825	25.3	306.7
2006	2240.1	222.1	991.5	1593.1	41.6	261.1
2007	2272.1	274.8	1210.1	3566.3	104.1	291.8
2008	2334.8	385.2	1649.8	4305.5	222.3	516.3
2009	2345.6	482.1	2055.3	4760	363	762.6
2010	2310.5	524.7	2270.9	5214	445	853.4
2011	2276.8	659.9	2898.3	5305.7	667.7	1258.46
2012	2143.5	674.3	3145.7	5344.5	718	1343.44
2013	2064.2	756.7	3665.8	5388	866.9	1608.95
2014	1877	721.7	3844.9	5207.2	870.3	1671.34

资料来源：根据《中国统计年鉴》，2015年数据整理。

第五节 本章小结

享有基本公共服务属于公民的权利，提供基本公共服务是政府的职责。基本公共服务包括基础教育、基本医疗卫生、就业与社会保障、公共文化、环境保护、基础设施六个方面，基本公共服务均等化的内涵不仅包括权利均等，而且也包括效果均等。

教育均等化是公共服务均等化的重要内容。改革开放以来，国家出台了大量的政策支持城乡教育的发展，无论是农村教育，还是城市教育，都得到了稳步发展。但是由于城乡经济发展水平的差异，城乡之间的各项政策的差异，导致了城乡之间的教育存在非均等。从前面的分析可以看出城乡之间教育的非均等化主要体现在：一是城乡基础教育经费投入差距仍然较大，从城乡教育经费上看，农村投入要低于城市甚至全国平均水平。二是城乡基础教育设施条件存在较大差距，目前的农村小

第五节 本章小结

学基础设施条件还远远落后于城市地区的基础教育设施条件。三是城乡基础教育师资配置情况,农村小学和中学教师的师资水平和数量等方面,都远远落后于城市。

基本医疗卫生服务是衡量城乡公共服务均等化的重要内容。改革开放以来,国家出台了大量的政策来支持医疗卫生发展,城乡医疗卫生发展取得了巨大成就,但是由于各方面的因素,城乡医疗卫生发展差异还是很大,从前面的分析可以看出,一是城乡基本医疗卫生财力投入差距大,2012年,城市卫生总费用是农村的3.106倍,城乡之间的人均费用城市是农村的2.812倍。二是医疗卫生覆盖率差异较大,从城乡之间的基本医疗保险、大病医疗保险、劳保医疗、合作医疗等方面来看,农村与城市之间的差距较大。三是城乡居民人均保健支出差异较大,2012年城市居民与农民的人均保健支出绝对值分别增加至1063.7元和513.8元,城市是农村的2.07倍。四是城乡之间卫生资源配置差异较大,2012年为止,城市卫生技术人员是农村卫生技术人员的2.5倍。五是城乡医疗卫生服务质量差异较大,2012年农村婴儿死亡率与城市相比是2.38。

社会保障是衡量城乡公共服务均等化的重要内容。目前我国的社会保障体系包括社会保险、社会福利、社会优抚、社会救济四个部分。改革开放以来,国家对社会保障进行了各方面的改革和创新,取得了巨大的成就,但是由于多方面的因素,城乡之间的社会保障体系仍然存在差异性,存在着非均等化,从前面的分析可以看出,一是城乡社会保障的财政支出差异较大,二是城乡社会保险规模状况差异较大,三是城乡最低生活保障存在着较大差异。

第七章 区域人口长期均衡发展水平现状及趋势

第一节 人口长期均衡发展水平定量测度研究现状

人口长期均衡发展课题组(2010)指出需要建立人口资源环境协调程度定量测度的指标体系并定期监测,形成动态监测预警的作用。本书认为人口均衡发展水平定量测度是对人口自均衡和人口资源环境协调程度的综合测度,需要定期监测,并分析其发展规律。茆长宝等(2011)在评价人口内部均衡发展水平时,用人口内部各影响因素的协调水平来反映人口内部均衡状态,构建人口内部均衡可持续发展度指标反映人口内部均衡发展状态。张俊良等(2013)借鉴了这一方法,从"协调性"和"可持续性"两方面来进行人口长期均衡发展水平的测度。王颖等(2012)和龚文海(2014)通过构建指标体系从而得到一个综合得分来评价和监测人口长期均衡发展状况。向华丽(2013)通过人口内部均衡的单个指标来判断人口内部均衡的状态;通过产业结构与就业结构的协调性、人口重心与经济重心的一致性等判断人口与经济的协调性;通过人口发展功能规划区与实际人口地理分布进行对比判断人口与资源环境的协调性,但并未从整体和综合的角度给出一个定量的值来判断人口均衡发展状况。由此可见,学界基本一致认同通过构建指标体系进行人口均衡整体状态的动态监测与评价。

人口均衡度随着时间又会怎样变化呢?王颖等(2011)应用2000—2007年各省市的指标数据综合评价了我国各地区人口均衡发展现状,最终是用8年人口均衡度的平均值来进行分析和评价,未进行时间序列的演变分析。王颖等(2012)分析了15个国家2002—2006年5年人口均衡发展的均衡度的发展情况,其中描述了中国、印度、美国、日本和澳大利亚5个国家的2002—2006年的历史均衡发展程度的变化情况,结果表明发展中国家的均衡发展程度变化起伏大,而发达国家的均衡发展程度较为平稳。茆长宝等(2011)测度了2000—2007年西部人口发展、人口内部均衡度和人口内部均衡持续发展度,且指出这些综合指标值随时间均呈现增长态势;张俊良(2013)分析了1982—2010年四川省人口长期均衡发展状况,因理论与方法与茆长宝等一致,因此结论也具有一致性。

继国家人口计生委党组提出促进人口长期均衡发展的思路后,关于"如何定量测度人口长期均衡发展水平"的讨论在学术界引起了积极的反响,学者们努力建立一套评估指标体系和模型来描述、评价和监测人口均衡发展,不少学者也从不同角度就我国人口长期均衡发展水平进行了定量测度。

王颖等(2011)在借鉴已有理论的基础上构建了人口长期均衡发展的指标体系和评价模型,该指标体系设定为三级,第一级分为人口内部均衡和人口外部均衡两个方面,第二级包括人口数量、人口质量、人口结构、人口与经济、人口与社会、人口与资源、人口与环境七个部分,第三级指标则为将第二级指标转为具体可量化的20个指标,采用Z-score法对2000—2007年各省市的数据进行标准化处理,并利用层次分析法确定指标的权重。实证研究结果表明,北京、上海和浙江分列前三,人口均衡发展协调程度最高,从人口自身均衡来看,人口质量和人口结构是制约人口自身均衡的主要因素,从人口与外部系统的均衡来看,人口与社会对人口与外部系统均衡制约最大,人口与经济对其的制约次之。继之前提出的模型,王颖等(2012)就人口长期均衡发展的整体水平进行了15个国家间的国际比较,并对人口、经济、社会、资源、环境五个子系统的发展状况进行了比较分析,结果显示,中国无论在子系统的发展水平上,还是在整体发展水平上,以及在整体的均衡程度上,在15个国家中的排名都比较落后,同时发展中国家的均衡发展程度变化起伏大,而发达国家的均衡发展程度则较为平稳,并就此探讨了区域发展的规律性以及背后的深层次原因。

随着对人口长期均衡发展理论的进一步认识和发展,马红旗、陈仲常(2012)依据我国的人口发展战略的指导思想构建了更为全面的人口发展综合评价指标体系。其中一级指标体系包括人口自身发展、人口与经济社会、人口与资源环境3项,二级指标体系包括人口数量、人口素质、人口结构、人口分布、人口与经济、人口与社会、人口与资源、人口与环境8项,三级指标体系则包括22项,四级指标体系是可度量的具体指标包括42项。在综合评价方面,改变了以往仅选择一种综合评价方法进行综合评价的做法,首先选择了主成分分析法、因子分析法、熵权法和专家评分法对我国人口发展进行综合评价,最后利用模糊Borda组合法对这四种方法进行了组合评价。结果表明:东部地区省份的人口发展综合评价值要高于中西部地区,在各维度上的得分也显示一致的趋势。

龚文海(2014)依据人口长期均衡发展的内涵和中原经济区的实际,构建了中原经济区人口长期均衡发展的评价指标体系和评价模型，该指标体系分为 4 个层次，即人口总体状况、人口内部系统和人口外部系统两个分系统、人口内部系统和外部系统中的人口数量等 8 个子系统以及各子系统下的具体的可度量指标，通过将指标体系层层分解、环环相扣，最后提炼出 18 个可测量的指标，并在价值判断的基础上设定了指标阈值，通过模糊隶属度函数对其进行无量纲化处理，并采用层次分析法对指标体系各子系统和指标赋权。实证结果显示，中原经济区的人口长期均衡发展综合评价指数值略低于全国平均水平，差距幅度很小，但是区域内地市的发展水平不均衡。就人口自身内部系统、人口与外部系统发展而言，也存在发展不均衡的状况，人口素质、人口分布、人口与社会、人口与资源等方面的问题成为制约区域人口均衡发展的主要因素。

茆长宝、陈勇（2012）则从量与质两个方面对人口内部均衡发展进行了着重分析，并从人口内部发展的三个维度即人口数量、人口素质、人口结构构建了具体的指标体系，采用层次分析法赋予各指标权重，与之前学者对人口长期发展水平进行单一测度有所不同的是，此文还提出了人口多因素协调模型和人口内部均衡可持续发展度的构建，从人口发展、人口内部均衡度、人口内部均衡发展梯度、人口内部可持续发展度四个视角构建人口内部均衡发展评价模型，并对西部地区内部人口均衡发展状况进行了实证分析，结果表明西部人口内部影响因素发展并不均衡，人口数量发展水平高于人口质量发展水平、人口质量发展水平高于人口结构发展水平，而且人口内部整体发展水平、内部均衡度、内部均衡可持续发展度均较低，并在各省之间呈现较大的差距，发展极为不平衡。

在把握新形势下人口发展的均衡性本质的基础上，周炎炎、王学义（2014）提出将人口发展系统在第一级层次上首先区分为人口内部发展和人口与外部协调发展两个维度，在第二级层次上，人口内部发展维度包含人口数量、人口素质、人口结构三个要素层次，而人口与外部协调发展维度则包括人口与经济社会协调发展、人口与资源环境协调发展两个要素层次，并最终选取 13 个可测量的指标作为第三级层次来评价中国 2001—2011 年人口发展状况。在用极值法和层次分析法并结合主成分分析法对数据进行处理后，分别计算了人口发展指数、协调系数和人口发展协调度指数，并对发展协调度指数划分了评估标准，实证结果表明在 2001 年至今的特定时间维度内，中国人口发展的协调水平发展递进明显，但距高级协调的理想状态还有所差距，并且在人口发展过程中各要素相互间的协调发展状况和趋势有所差异；同时人口内外部发展不均衡，表现为人口内部发展速度较快，而受人口与外部要素协调发展较慢的影响，导致中国人口发展综合水平提高较慢；此外，人口内部各要素发展也并不均衡,体现在人口数量发展增速较快,人口素质发展也保持较好势头,但人口结构发展较为迟缓,这些问题还需要政府和相关部门进一步加大力度引导和调节。

针对以往学者缺乏对人口长期均衡发展程度和阶段做纵向比较、没有体现各个子系统之间的内在联系以及均衡目标值主观性太强等这些在评价人口长期均衡发展水平中存在的不足,张俊良、郭显超(2013)根据人口的本质和人口均衡发展的内涵,把实证评价指标体系设定为三级,第一级包括人口内部均衡和人口外部均衡两个系统,第二级指标分别对两个系统进行细化,也包括人口数量等8个子系统,第三级指标是对第二级指标的具体体现,并利用层次聚类分析最终选取了27个指标,采取极值法对数据进行无量纲化处理,用熵值法赋予各指标值权重。同时提出了人口长期均衡发展水平的测度模型、人口长期均衡发展系统协调度的测度模型和人口长期均衡发展系统持续度的测度模型,并且进一步划分了各测度模型发展阶段的标准以评价人口长期均衡发展水平,并对四川1982年以来的人口长期均衡发展状况进行验证,对于各个测度模型均从内部、外部和总体三方面来计算分析,结果表明尽管四川在人口长期均衡发展中取得了巨大的成绩,但是人口内部均衡的任务较为艰巨,虽然外部条件在不断改善,但距离人口长期均衡发展的实现仍有较大的差距。

此外,董燕、黄健元(2014)对地区人口发展监测指标体系研究进行了尝试,以人口发展水平为一级指标,人口数量、人口质量、人口结构、人口环境为二级指标,以及人口密度等13个既相互联系又有代表性的具体指标为三级指标,编制了一套反映江苏省人口发展水平的人口发展指数指标体系,采用等权重法和聚类分析法对江苏省人口发展水平进行了综合评价。结果表明江苏省内各市人口发展水平极为不平衡,同时各区域面临着不同方面的问题,制定政策要结合实际,因地制宜。梁岩(2015)通过构建人口均衡发展指标体系,以人口、经济社会、资源和环境为一级指标,分设13个二级指标和21个三级指标,采取极值法和等权重法处理数据并对北京市各区县人口内外部系统的均衡发展现状进行了量化测度。结果显示北京市的四大主体功能区域,分别面临着不同的发展问题,提出针对各个区域的不同情况,应当制定差异化的发展策略。

毋庸置疑,随着时代的进步和发展观的演进,人口长期均衡发展的理论也在与时俱进不断补充和扩大,对于人口长期均衡发展水平的测度也随之不断延伸,具体表现为评估指标体系的扩充和完善,评估方法和评估模型的多样化,评估视角的多维化和评估区域的具体化。目前我国人口发展正处于转"型"时期,构建人口长期均衡发展指标体系和评价模型意义在这一阶段亦显得尤为重要，因此，如何构建一套能够与客观实际相符合的指标评估体系需要理论工作者在深入探讨人口长期均衡发展理论内涵的基础上，总结前人的经验，做进一步的努力、研究和探索，以使人口长期均衡发展研究在水平考量以及为政府提供决策参考方面具有实质性的意义。

第二节 人口长期均衡发展水平定量测度

人口长期均衡发展要做到两个统筹，一是要统筹人口系统短期与长期、数量与质量、结构与分布等多方面的内部关系，二是要统筹人口与经济社会、资源环境等外部关系。具体来讲，包括人口数量增长的短期和长期均衡、人口数量与结构变化的均衡、人口增长和经济发展的均衡、人口变动与社会发展的均衡、人口与资源环境的均衡5个维度的均衡，本文在这5个维度的基础上构建人口长期均衡发展的指标体系和评价模型。

一、人口长期均衡发展指标体系

根据人口均衡发展的内涵，将指标体系设定为三级，一级指标包括人口内部均衡和人口外部均衡两个系统，二级指标分别对两个系统进行细化，包括人口数量、人口结构、人口与经济、人口与社会、人口与资源环境5个维度，三级指标是对二级指标的具体体现，它的选取是在指标本身的含义、参考已有文献、指标数值的可获得性和指标的可操作性四者之间进行权衡较量的结果，最终选取了20个三级指标(见表7-1)。

二、数据的标准化与权重赋值

本文采用熵值法对指标值赋予权重，熵值法是一种根据各指标所含信息有序程度来确定权重的一种方法，考虑到人口发展程度在不同地区存在差异，采用熵值法正好可以体现这种客观的差异，消除了人为因素的干扰，使评价结果更为科学合理。利用熵值法求得的指标权重代表了该指标在指标体系中变化的相对速率，而指标的相对水平则由样本标准化后的接近度表述，最终评价值由两者相乘得到，体现出指标发展水平和相对速度的结合。

(1)数据标准化处理

对数据进行标准化时，首先采用对数法处理存在数量级差异的指标，包括人均粮食、人均淡水资源和森林覆盖率，然后采用均值化法，两种方法的结合可以平缓

表 7-1 人口均衡发展评价指标体系

指标体系	一级指标	二级指标	三级指标	单位	备注
	人口内部均衡	人口数量	总和生育率		适度指标
			平均预期寿命	岁	正指标
		人口结构	15 岁以上未婚人口性别比	%	适度指标
			人口抚养比	%	逆指标
			出生人口性别比	%	适度指标
			老龄化系数	%	逆指标
			人均受教育年限	年	正指标
			城镇人口比重	%	正指标
	人口外部均衡	人口与经济	人均 GDP	元/人	正指标
			第三产业从业人员比重	%	正指标
			居民人均消费水平	元/人	正指标
			城镇登记失业率	%	逆指标
		人口与社会	城乡收入比		适度指标
			教育财政投入占 GDP 的比重	%	正指标
			每十万人中大专以上学历的人数	人	正指标
			每千人口卫生技术人员数	人	正指标
		人口与资源环境	人均粮食产量	千克/人	正指标
			人均淡水资源量	m³/人	正指标
			人均公园绿地①面积	m²/人	正指标
			森林覆盖率	%	正指标

数据的急剧变化，避免因某一指标数值过大而使标准化后的数据显得头重尾轻。对于正指标，$x_{ij} = \dfrac{X_{ij}}{\overline{X_j}}$，其中 x_{ij} 为标准化处理后的第 i 个样本的第 j 个指标值，X_{ij} 为其原始指标值，$\overline{X_j}$ 为第 j 个指标的全国值；对于逆指标，按上述方法标准化处理后取

---

① 公园绿地包括综合公园、社区公园、专类公园、带状公园和街旁绿地。

倒数；对于适度指标，$y_{ij} = \dfrac{1}{1+|X_{ij}-a|}$，$a$ 代表该指标的均衡值，再采用正指标的标准化方法处理，均衡值的确定如表 7-2。

表 7-2　　　　　　　　　　　适度指标的均衡值及确定依据

指标名称	均衡值	确定依据
总和生育率	2.1	人口更替水平
出生人口性别比、未婚人口性别比	105	取联合国通用惯例 103 与 107 的均值
城乡收入比	2.25	根据我国人口统计数据和前人研究确定

（2）计算 x_{ij} 的权重 w_{ij}

①计算第 i 个样本第 j 个指标值的比重：

$$P_{ij} = x_{ij} \Big/ \sum_{i=1}^{m} x_{ij} \tag{1}$$

②计算指标信息熵

$$e_j = -\frac{1}{\ln m} \sum_{i=1}^{m} P_{ij} \times \ln P_{ij} \tag{2}$$

③信息冗余度

$$d_j = 1 - e_j \tag{3}$$

④指标权重计算

$$w_j = d_j \Big/ \sum_{i=1}^{n} d_i \tag{4}$$

以上公式中，m 为样本个数，n 为评价指标数。

（3）建立人口长期均衡发展的评价模型

评价人口长期均衡发展，首先要测度它的均衡发展水平，即人口长期均衡发展评价指标的综合得分，其中人口内部均衡发展度 $I_d = \sum_{J=1}^{N} W_J A_J$，$A_J$ 为内部均衡发展二级指标，$A_J = \sum_{j=1}^{n} w_j a_j$，$a_j$ 为内部均衡发展三级指标，人口外部均衡发展度 E_d 的计算方法与此类似，则系统均衡发展度 $W_d = i_d I_d + e_d E_d$。评价人口均衡发展，不仅仅要关注系统的发展水平，还要注重系统发展的协调度和系统发展的可持续度，其中人口均衡发展内部协调度 $I_c = \dfrac{A_1 * A_2}{\left(\dfrac{A_1 + A_2}{2}\right)^2}$，$A_1$、$A_2$ 分别为人口内部均衡发展中的人口数量与人口结构水平，外部协调度 $E_c = \dfrac{A_3 * A_4 * A_5}{\left(\dfrac{A_3 + A_4 + A_5}{3}\right)^3}$，$A_3$、$A_4$、$A_5$ 为人口发展外部均衡中人口与经济、人口与社会、人口与资源环境水平，系统协调度 $W_c = \dfrac{I_c * E_c}{\left(\dfrac{I_c + E_C}{2}\right)^2}$，人口均衡发展可持续度则为均衡发展度和协调度的平方根，即内部可持续度 $I_s = \sqrt{I_d I_c}$，外部可持续度 $E_s = \sqrt{E_d E_c}$，系统整体可持续度 $W_s = \sqrt{W_d W_c}$。

三、人口长期均衡发展水平分区测度

（1）数据来源

本文评价指标数值根据第六次人口普查或1%抽样调查获得，主要参考了《中国统计年鉴》、《中国教育统计年鉴》和《中国人口和就业统计年鉴》。

（2）指标描述

根据表7-3可以发现，在人口长期均衡发展的5个维度中，人口数量、人口结构、人口与经济、人口与社会中的正指标最大值主要分布在北京和上海东部地区，最小值则主要分布在西藏、贵州等西部地区，逆指标值则呈现相反的分布趋势。值得注意的是，尽管北京教育财政的投入占GDP的比重并非最高，但其人均受教育年限、每十万人中大专以上学历的人数均列在首位，从一定程度上说明了北京对于人才的聚集和吸引力度。人口与资源环境中，黑龙江粮食产量和森林覆盖率较高，西藏则在淡水资源上拥有得天独厚的优势，北京在人均拥有公园绿地面积上得分最高。

表7-3　　　　　　　　　　各指标区域分布情况

正指标	最大值分布区域	最小值分布区域
平均预期寿命	上海	西藏
人均受教育年限	北京	西藏
城镇人口比重	上海	西藏
人均GDP	上海	贵州
第三产业从业人员比重	北京	广西
居民人均消费水平	上海	西藏

续表

正指标	最大值分布区域	最小值分布区域
教育财政投入占 GDP 的比重	西藏	山东
每十万人中大专以上学历的人数	北京	贵州
每千人口卫生技术人员数	北京	贵州
人均粮食产量	黑龙江	上海
人均淡水资源量	西藏	天津
人均公园绿地面积	北京	西藏
森林覆盖率	黑龙江	新疆
逆指标	最大值分布区域	最小值分布区域
人口抚养比	贵州	北京
老龄化系数	重庆	西藏
城镇登记失业率	上海、宁夏	北京

(3)2010 年人口长期均衡发展水平分区测度

在人口长期均衡发展的 5 个维度上，根据计算结果，各省在人口数量方面得分最低，其中高于全国得分水平的省份有河北、安徽、江西、河南、湖北、湖南、广西、海南、贵州、云南、甘肃、青海、宁夏、新疆等中西部地区，主要是因为这些省份的总和生育率相对较高，而东部地区的总和生育率明显低于人口更替水平。人口结构方面，安徽、江西、湖北、湖南、广西、海南、贵州、甘肃这些省份的得分低于全国，究其原因，这些地区的性别比如出生性别比和未婚性别比的失衡幅度过大，新疆正是由于出生性别比接近均衡值而在人口结构上得分最高。人口与经济方面，沿海地区具有明显优势，其中上海得分最高，其次是北京、天津，表现为人均 GDP 高、居民平均消费水平高、第三产业从业人员多，西藏在此项上得分最低。人口与社会方面，北京得分远领先于其他省份，不仅是由于北京资源的丰富，更体现了北京深厚的人文底蕴和对民生的关注，中部地区如河南、湖北、湖南、江西得分较低，表现为每十万人中所拥有的大专以上学历的人数少、每千人口拥有卫生技术人员少。人口与资源环境方面，在所选取的指标中，仍然是北京得分最高，原因是北京人均公共绿地面积高于其他省份，而粮食、淡水资源则由于其可运输性，通过数据的处理，其差异并非特别明显，西部地区如西藏、贵州、新疆等省份因其人均公共绿地面积较少而在此项上得分较低(见表 7-4)。

第二节 人口长期均衡发展水平定量测度

表 7-4　　　　　　　　　各省人口长期均衡发展分维度情况

地区	人口数量	人口结构	人口与经济	人口与社会	人口与资源环境
全国	0.0113	0.2560	0.2572	0.3003	0.1752
北京	0.0092	0.3838	0.6444	0.7246	0.4052
天津	0.0100	0.3327	0.4927	0.4329	0.1853
河北	0.0121	0.2838	0.2301	0.2731	0.1603
山西	0.0109	0.3042	0.2308	0.3310	0.1381
内蒙古	0.0107	0.3666	0.3283	0.3173	0.2078
辽宁	0.0093	0.3145	0.3387	0.3488	0.2392
吉林	0.0094	0.2964	0.2578	0.3410	0.2081
黑龙江	0.0093	0.3018	0.2361	0.3390	0.2086
上海	0.0093	0.3598	0.6547	0.5353	0.2946
江苏	0.0106	0.2739	0.3851	0.3089	0.2011
浙江	0.0105	0.2670	0.4229	0.3372	0.1983
安徽	0.0133	0.2294	0.2093	0.2711	0.1397
福建	0.0110	0.2566	0.3221	0.2763	0.1744
江西	0.0126	0.2316	0.2133	0.2782	0.1542
山东	0.0113	0.2648	0.3158	0.2735	0.2131
河南	0.0120	0.2568	0.2170	0.2549	0.1225
湖北	0.0123	0.2448	0.2439	0.2871	0.1658
湖南	0.0128	0.2278	0.2260	0.2691	0.1232
广东	0.0107	0.2645	0.4036	0.2798	0.2667
广西	0.0163	0.2236	0.1984	0.2724	0.1301
海南	0.0135	0.2262	0.2252	0.3594	0.1726
重庆	0.0112	0.2766	0.2503	0.2888	0.2369
四川	0.0108	0.2745	0.2088	0.2876	0.1333
贵州	0.0158	0.2100	0.1654	0.3244	0.1001
云南	0.0126	0.2591	0.1700	0.3225	0.1175
西藏	0.0106	0.3517	0.1602	0.5163	0.0915
陕西	0.0106	0.2735	0.2293	0.3218	0.1406
甘肃	0.0119	0.2420	0.1782	0.3544	0.1084
青海	0.0124	0.2898	0.2123	0.4110	0.1103
宁夏	0.0124	0.2957	0.2342	0.3548	0.2524
新疆	0.0137	0.9850	0.2215	0.4243	0.1332

在前文计算的人口长期均衡发展5个维度的基础之上,我们根据评价模型继续计算了人口长期均衡水平的发展度、协调度和可持续度。据表7-5可以发现各省内部发展度要低于外部发展度,即人口与经济、社会、资源环境的综合得分高于人口数量和结构,内部发展度得分在前三位的省份是新疆、北京、内蒙古,末三位的省份是贵州、广西、海南,有8个省的内部发展度得分低于全国水平,外部发展度排名前三的省份是北京、上海和天津,排名在末三位的省份是河南、广西和贵州,外部发展度得分低于全国水平的省份有13个,从总体发展度来看,其得分情况与外部发展度趋势几乎相同。与发展度一样,各省内部协调度也低于外部协调度,分省来看协调度,其变化则与发展度相反,内部协调度在广西、贵州等发展度得分较低的省份得分较高,而新疆、北京、上海则得分较低,并且小于全国水平,重庆、山东、辽宁在外部发展度得分上排在前三位,西藏、青海、甘肃在此项得分上排在末三位,从总体协调度来看,分省得分变化与内部协调度相似,意味着目前实现的内外部协调还处于低水平,高水平的协调还有待进一步发展。可持续度上,内部可持续度仍低于外部可持续度,中西部地区的内部可持续度得分高于东部地区,广西、贵州、新疆排在前三位,黑龙江、辽宁、北京排在末三位,均低于全国水平,外部可持续度则在东部地区得分较高,前三位的省份是北京、上海和天津,末三位的省份是西藏、贵州和甘肃,总体可持续度方面,北京、西藏和上海得分较前,新疆、黑龙江和吉林则得分较末,表明内外子系统之间还需深入地加强发展与协调。

表7-5 人口长期均衡水平发展情况

地区	发展度			协调度			可持续度		
	内部	外部	总体	内部	外部	总体	内部	外部	总体
全国	0.0657	0.1870	0.1546	0.1618	0.9288	0.5055	0.1031	0.4168	0.2795
北京	0.0984	0.4543	0.3592	0.0917	0.9147	0.3313	0.0950	0.6447	0.3450
天津	0.0853	0.2892	0.2347	0.1133	0.7784	0.4438	0.0983	0.4745	0.3227
河北	0.0728	0.1693	0.1435	0.1565	0.9311	0.4928	0.1068	0.3970	0.2659
山西	0.0780	0.1829	0.1549	0.1332	0.8308	0.4763	0.1019	0.3899	0.2716
内蒙古	0.0940	0.2161	0.1835	0.1103	0.9404	0.3759	0.1018	0.4508	0.2626
辽宁	0.0806	0.2338	0.1928	0.1117	0.9588	0.3738	0.0949	0.4734	0.2685
吉林	0.0760	0.2052	0.1706	0.1190	0.9402	0.3988	0.0951	0.4392	0.2609
黑龙江	0.0774	0.1991	0.1665	0.1165	0.9366	0.3935	0.0949	0.4318	0.2560

续表

地区	发展度			协调度			可持续度		
	内部	外部	总体	内部	外部	总体	内部	外部	总体
上海	0.0922	0.3808	0.3036	0.0986	0.8519	0.3720	0.0954	0.5695	0.3361
江苏	0.0703	0.2270	0.1851	0.1438	0.9006	0.4750	0.1005	0.4522	0.2965
浙江	0.0685	0.2448	0.1977	0.1455	0.8673	0.4921	0.0998	0.4608	0.3119
安徽	0.0589	0.1597	0.1328	0.2069	0.8975	0.6090	0.1104	0.3786	0.2843
福建	0.0658	0.1964	0.1615	0.1574	0.9080	0.5035	0.1018	0.4223	0.2851
江西	0.0594	0.1654	0.1371	0.1958	0.9178	0.5797	0.1079	0.3896	0.2819
山东	0.0679	0.2007	0.1652	0.1564	0.9620	0.4811	0.1031	0.4394	0.2819
河南	0.0659	0.1538	0.1303	0.1707	0.8710	0.5480	0.1060	0.3660	0.2672
湖北	0.0628	0.1780	0.1472	0.1818	0.9265	0.5485	0.1069	0.4061	0.2841
湖南	0.0585	0.1605	0.1332	0.2018	0.8560	0.6175	0.1086	0.3707	0.2868
广东	0.0678	0.2346	0.1900	0.1492	0.9482	0.4698	0.1006	0.4716	0.2988
广西	0.0574	0.1556	0.1294	0.2531	0.8751	0.6961	0.1206	0.3690	0.3001
海南	0.0581	0.1961	0.1592	0.2130	0.8689	0.6324	0.1112	0.4128	0.3173
重庆	0.0710	0.1926	0.1601	0.1495	0.9895	0.4560	0.1030	0.4366	0.2702
四川	0.0704	0.1634	0.1386	0.1452	0.8656	0.4921	0.1011	0.3761	0.2611
贵州	0.0540	0.1575	0.1298	0.2601	0.7063	0.7868	0.1185	0.3335	0.3196
云南	0.0665	0.1612	0.1358	0.1774	0.7663	0.6106	0.1086	0.3514	0.2880
西藏	0.0902	0.2123	0.1796	0.1132	0.4510	0.6416	0.1010	0.3094	0.3395
陕西	0.0701	0.1802	0.1508	0.1438	0.8464	0.4967	0.1004	0.3906	0.2737
甘肃	0.0621	0.1713	0.1421	0.1782	0.7016	0.6461	0.1052	0.3466	0.3030
青海	0.0743	0.1974	0.1645	0.1578	0.6583	0.6238	0.1083	0.3605	0.3203
宁夏	0.0759	0.2110	0.1749	0.1544	0.9507	0.4807	0.1082	0.4479	0.2899
新疆	0.2524	0.2077	0.2197	0.0540	0.7150	0.2610	0.1167	0.3854	0.2395

第三节 我国人口长期均衡发展时空发展差异

为了进一步反映人口均衡在纵向维度上的变动趋势，我们选取了2000年、2005年和2010年3个年份的数据进行评价。

一、人口均衡发展在5个维度上的时空差异

表7-6显示了人口长期均衡发展在5个维度上的分布情况。在人口数量得分上，全国水平呈现一直下降的趋势，主要是由于生育率的下降，并且远小于人口更替水平，北京、上海、江苏、浙江、内蒙古等东部省份在此项上得分较低，贵州、云南、宁夏等西部省份得分较高，正是由于这些省份的生育率更接近人口更替水平。人口结构得分在全国水平上呈现起伏变动的趋势，2000—2005年因老龄化的上升而使得分有所下降，2005—2010年则因城镇化的提高而使整体得分有所上升，新疆因其出生性别比接近均衡值而在人口结构上各年份得分高于其他省份，其次仍是北京、天津、上海、安徽、江西等中部省份则得分较低。人口与经济和人口与社会在全国水平上的得分趋势变动相同，均为先上升后下降，主要是与2008年的金融危机影响有关，上海在人口与经济上的得分始终排在首位，北京则因其突出的人才优势在人口与社会得分上排在首位，贵州、云南、西藏在人口与经济上的得分一直排在末三位，安徽、河南中部省份在人口与社会上的得分较低。人口与资源环境在全国水平上的得分首先有略微的下降，之后大幅度上升，不少省份在此项上的得分一直处于上升趋势，表明尽管经济的发展带来人口与资源环境之间的矛盾，但随着人们环保意识的提高和科技的发展也在不断地改善，2000年，海南、湖北和广东在该项上得分较高，但在2005年便被北京超越，并在2010年仍保持领先地位，新疆、青海、甘肃得分一直较低。

据表7-6的计算结果，我们可以发现各省份在五个维度上的得分在时空上的变化并不呈现统一的趋势，各维度遵循其自身的发展规律，并且各省份的得分排名在时间上的差异并不明显，即某一维度的得分值随时间变化虽然有所变化，但排名变化并不明显。

本文主要针对一级指标分类结果在空间上的差异进行GIS制图分析。一级指标指人口均衡发展度、人口均衡协调度和人口均衡可持续度，最终获得2010年人口均衡3个综合值的全国空间分布图。根据ArcGIS标准差分类方法，纯色区域为处于平均值以下的区域，而填充区域为处于平均值以上的区域。根据图7-1所示，总体发展度、总体协调度和总体可持续度均表现出一定的空间集聚性。从总体协调度的计算方法来看，只有当一个地区的人口数量、人口结构、人口与经济、人口与社会和人口与资源环境5个维度得分相差不大，即5个维度得分相当，该地区总体协调度得分才会高。从总体可持续度的计算方法来看，只有当一个地区的总体发展度和总体协调度高，且两者的数值相当，则该地区的总体可持续度得分高。总体发展

表 7-6　人口长期均衡发展五个维度的时空分布情况

地区	人口数量			人口结构			人口与经济			人口与社会			人口与资源环境		
	2000年	2005年	2010年	2000年	2005年	2010年	2000年	2005年	2010年	2000年	2005年	2010年	2000年	2005年	2010年
全国	0.0168	0.0163	0.0113	0.2846	0.1961	0.2560	0.2617	0.3098	0.2572	0.2890	0.3460	0.3003	0.1479	0.1318	0.1752
北京	0.0132	0.0121	0.0092	0.5170	0.2993	0.3838	0.6120	0.8757	0.6444	1.0144	0.8976	0.7246	0.1751	0.1765	0.4052
天津	0.0144	0.0128	0.0100	0.4946	0.2629	0.3327	0.4842	0.6554	0.4927	0.5769	0.6308	0.4329	0.1238	0.1363	0.1853
河北	0.0174	0.0188	0.0121	0.3555	0.2156	0.2838	0.2306	0.2821	0.2301	0.2589	0.3317	0.2731	0.1458	0.1116	0.1603
山西	0.0189	0.0176	0.0109	0.2837	0.2081	0.3042	0.1841	0.2593	0.2308	0.3230	0.3101	0.3310	0.1233	0.1058	0.1381
内蒙古	0.0157	0.0149	0.0107	0.3413	0.2038	0.3666	0.2153	0.3123	0.3283	0.3287	0.3441	0.3173	0.1348	0.1230	0.2078
辽宁	0.0150	0.0137	0.0093	0.3605	0.2364	0.3145	0.3502	0.3912	0.3387	0.4366	0.4612	0.3488	0.1756	0.1536	0.2392
吉林	0.0141	0.0137	0.0094	0.4288	0.2381	0.2964	0.2536	0.2937	0.2578	0.3964	0.3823	0.3410	0.1789	0.1447	0.2081
黑龙江	0.0144	0.0138	0.0093	0.3598	0.2583	0.3018	0.2731	0.2968	0.2361	0.3724	0.3747	0.3390	0.1848	0.1444	0.2086
上海	0.0133	0.0122	0.0093	0.4033	0.2694	0.3598	0.7999	0.9856	0.6547	0.6646	0.9516	0.5353	0.0912	0.1266	0.2946
江苏	0.0149	0.0150	0.0106	0.3081	0.2109	0.2739	0.3382	0.4571	0.3851	0.2970	0.4813	0.3089	0.1098	0.1386	0.2011
浙江	0.0154	0.0156	0.0105	0.3043	0.2094	0.2670	0.3799	0.5372	0.4229	0.2787	0.5310	0.3372	0.1663	0.1417	0.1983
安徽	0.0178	0.0216	0.0133	0.2355	0.1742	0.2294	0.1844	0.2110	0.2093	0.2169	0.2769	0.2711	0.1549	0.1127	0.1397
福建	0.0153	0.0152	0.0110	0.3128	0.2025	0.2566	0.3352	0.3802	0.3221	0.2617	0.4055	0.2763	0.1737	0.1273	0.1744
江西	0.0208	0.0201	0.0126	0.2344	0.1752	0.2316	0.1852	0.2198	0.2133	0.2488	0.3085	0.2782	0.1765	0.1286	0.1542
山东	0.0163	0.0182	0.0113	0.3670	0.2255	0.2648	0.2817	0.3750	0.3158	0.2755	0.3740	0.2735	0.1402	0.1447	0.2131

第七章 区域人口长期均衡发展水平现状及趋势

续表

地区	人口数量			人口结构			人口与经济			人口与社会			人口与资源环境		
	2000年	2005年	2010年	2000年	2005年	2010年	2000年	2005年	2010年	2000年	2005年	2010年	2000年	2005年	2010年
河南	0.0189	0.0159	0.0120	0.2862	0.2132	0.2568	0.1775	0.2384	0.2170	0.2472	0.2882	0.2549	0.1338	0.1187	0.1225
湖北	0.0155	0.0166	0.0123	0.2831	0.1819	0.2448	0.2284	0.2725	0.2439	0.3163	0.3546	0.2871	0.1918	0.1429	0.1658
湖南	0.0172	0.0174	0.0128	0.2344	0.1751	0.2278	0.2004	0.2544	0.2260	0.2511	0.3223	0.2691	0.1561	0.1171	0.1232
广东	0.0147	0.0139	0.0107	0.3406	0.2257	0.2645	0.3649	0.5126	0.4036	0.2755	0.4880	0.2798	0.1854	0.1720	0.2667
广西	0.0201	0.0217	0.0163	0.2330	0.1613	0.2236	0.1738	0.2153	0.1984	0.2278	0.2685	0.2724	0.1634	0.1228	0.1301
海南	0.0201	0.0192	0.0135	0.2608	0.1796	0.2262	0.2268	0.2460	0.2252	0.2912	0.3357	0.3594	0.2068	0.1396	0.1726
重庆	0.0172	0.0152	0.0112	0.2287	0.1997	0.2766	0.2165	0.2750	0.2503	0.2409	0.3030	0.2888	0.1277	0.1119	0.2369
四川	0.0169	0.0178	0.0108	0.2303	0.1754	0.2745	0.1902	0.2246	0.2088	0.2290	0.2984	0.2876	0.1423	0.1280	0.1333
贵州	0.0284	0.0244	0.0158	0.2774	0.1487	0.2100	0.1271	0.1599	0.1654	0.2128	0.2247	0.3244	0.1505	0.1068	0.1001
云南	0.0241	0.0206	0.0126	0.2611	0.1711	0.2591	0.1704	0.1932	0.1700	0.2243	0.2226	0.3225	0.1660	0.1210	0.1175
西藏	0.0248	0.0203	0.0106	0.6642	0.2398	0.3517	0.1660	0.1978	0.1602	0.2397	0.1948	0.5163	0.1479	0.0714	0.0915
陕西	0.0161	0.0151	0.0106	0.2539	0.1787	0.2735	0.1740	0.2294	0.2293	0.3242	0.2658	0.3218	0.1449	0.1103	0.1406
甘肃	0.0177	0.0174	0.0119	0.2566	0.1912	0.2420	0.1521	0.1877	0.1782	0.2629	0.2425	0.3544	0.0950	0.1099	0.1084
青海	0.0200	0.0168	0.0124	0.3185	0.1898	0.2898	0.1778	0.2302	0.2123	0.2997	0.2916	0.4110	0.0430	0.0840	0.1103
宁夏	0.0221	0.0208	0.0124	0.3642	0.2718	0.2957	0.1963	0.2428	0.2342	0.3289	0.3170	0.3548	0.0739	0.1162	0.2524
新疆	0.0198	0.0187	0.0137	0.6272	0.3481	0.9850	0.2491	0.2626	0.2215	0.3925	0.3216	0.4243	0.0736	0.1004	0.1332

第三节 我国人口长期均衡发展时空发展差异

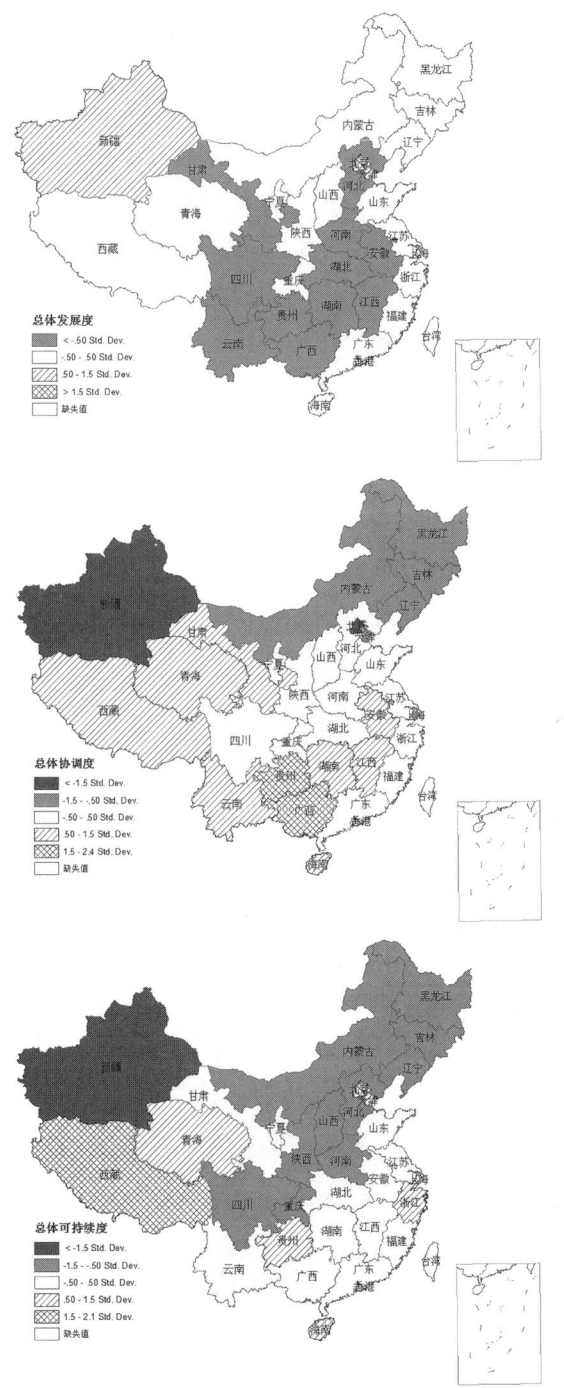

图 7-1 2010 年总体发展度、总体协调度和总体可持续度

度与总体协调度对比分析知,各地区在5个维度的得分不均衡。特别是新疆,其人口与结构得分远高于其他地区,也远高于其自身的其他4个维度得分,使得其总体发展度得分高于全国平均水平,但其在总体协调度和总体可持续度方面都为最差。北京、天津和上海,在人口与经济、人口与社会两个维度占有较强优势,因此其总体发展度高,但这三个地区人口数量维度极低,使得它们的总体协调度低于全国平均水平;但由于其总体发展度较高,使得它们的总体协调度仍高于全国平均水平。所有地区在人口数量这个维度上得分均非常低,由此,基于总体协调度来看,贵州、广西在五个维度方面得分均较低。

二、人口长期均衡发展度时空差异

全国水平得分在内部发展度上呈现先下降后上升的趋势,外部发展度变动趋势则与此相反,总体发展度与外部发展度变动趋势相同,先上升后下降,主要是由于人口与经济、人口与社会得分的下降,无论内部发展度、外部发展度,还是总体发展度,东部地区相对于中西部地区具有明显优势(见表7-7)。

表7-7 **人口长期均衡发展度时空分布情况**

地区	内部发展度			外部发展度			总体发展度		
	2000	2005	2010	2000	2005	2010	2000	2005	2010
全国	0.0813	0.0387	0.0657	0.1739	0.2331	0.1870	0.1460	0.1918	0.1546
北京	0.1474	0.0589	0.0984	0.4792	0.6051	0.4543	0.3792	0.4891	0.3592
天津	0.1410	0.0518	0.0853	0.3118	0.4393	0.2892	0.2603	0.3570	0.2347
河北	0.1015	0.0426	0.0728	0.1567	0.2169	0.1693	0.1401	0.1799	0.1435
山西	0.0811	0.0411	0.0780	0.1597	0.2016	0.1829	0.1360	0.1675	0.1549
内蒙古	0.0974	0.0402	0.0940	0.1713	0.2320	0.2161	0.1490	0.1913	0.1835
辽宁	0.1029	0.0466	0.0806	0.2438	0.3010	0.2338	0.2013	0.2470	0.1928
吉林	0.1223	0.0469	0.0760	0.2074	0.2423	0.2052	0.1817	0.2008	0.1706
黑龙江	0.1026	0.0509	0.0774	0.2064	0.2406	0.1991	0.1751	0.2003	0.1665
上海	0.1150	0.0530	0.0922	0.4149	0.6513	0.3808	0.3245	0.5242	0.3036
江苏	0.0879	0.0416	0.0703	0.1906	0.3264	0.2270	0.1596	0.2659	0.1851
浙江	0.0869	0.0413	0.0685	0.2045	0.3689	0.2448	0.1691	0.2993	0.1977
安徽	0.0673	0.0345	0.0589	0.1339	0.1760	0.1597	0.1138	0.1460	0.1328

续表

地区	内部发展度			外部发展度			总体发展度		
	2000	2005	2010	2000	2005	2010	2000	2005	2010
福建	0.0893	0.0400	0.0658	0.1890	0.2749	0.1964	0.1590	0.2250	0.1615
江西	0.0671	0.0347	0.0594	0.1465	0.1918	0.1654	0.1225	0.1584	0.1371
山东	0.1047	0.0445	0.0679	0.1741	0.2647	0.2007	0.1532	0.2179	0.1652
河南	0.0818	0.0421	0.0659	0.1377	0.1892	0.1538	0.1208	0.1580	0.1303
湖北	0.0808	0.0359	0.0628	0.1795	0.2260	0.1780	0.1498	0.1856	0.1472
湖南	0.0670	0.0346	0.0585	0.1481	0.2058	0.1605	0.1237	0.1694	0.1332
广东	0.0972	0.0445	0.0678	0.2025	0.3503	0.2346	0.1708	0.2854	0.1900
广西	0.0667	0.0320	0.0574	0.1355	0.1758	0.1556	0.1147	0.1453	0.1294
海南	0.0746	0.0355	0.0581	0.1741	0.2108	0.1961	0.1441	0.1735	0.1592
重庆	0.0654	0.0394	0.0710	0.1451	0.2048	0.1926	0.1211	0.1697	0.1601
四川	0.0658	0.0347	0.0704	0.1370	0.1897	0.1634	0.1155	0.1568	0.1386
贵州	0.0794	0.0295	0.0540	0.1170	0.1414	0.1575	0.1057	0.1176	0.1298
云南	0.0747	0.0339	0.0665	0.1340	0.1528	0.1612	0.1161	0.1276	0.1358
西藏	0.1895	0.0473	0.0902	0.1346	0.1381	0.2123	0.1511	0.1188	0.1796
陕西	0.0725	0.0353	0.0701	0.1607	0.1776	0.1802	0.1341	0.1474	0.1508
甘肃	0.0733	0.0378	0.0621	0.1298	0.1565	0.1713	0.1128	0.1313	0.1421
青海	0.0910	0.0375	0.0743	0.1395	0.1833	0.1974	0.1249	0.1523	0.1645
宁夏	0.1040	0.0536	0.0759	0.1573	0.2002	0.2110	0.1413	0.1691	0.1749
新疆	0.1788	0.0686	0.2524	0.1895	0.2058	0.2077	0.1863	0.1767	0.2197

从图7-2可知，大部分区域均表现为2005年总体发展度最高，2010年居中，2000年最低。这也非常吻合前文的理论分析，人口均衡发展水平是动态变化的，它不是一个随时间递增的值，也不是递减的值，而是一个上下浮动的弹性值。2005年"北上广"值均显著高于其他地区，这得益于这三个地区人口与经济、人口与社会这两个维度的得分远高于其他地区。从五个维度在三个年度的全国平均水平来看，除了人口结构、人口与资源环境这两个维度表现为2010年高于2005年的水平外，其他三个维度均表现为2005年的水平高于2010年。由此，也能在一定程度上反映我国发展重心已由一味追求经济发展转型为追求可持续发展上来。

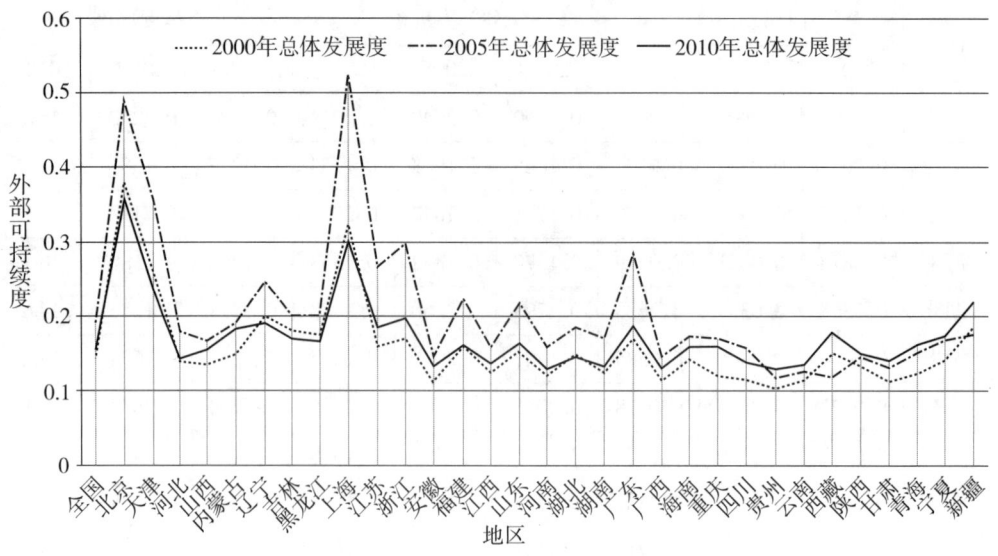

图 7-2　2000 年、2005 年、2010 年人口均衡发展水平

三、人口长期均衡发展协调度时空差异

内部协调度在全国水平上的得分呈现先上升后下降的趋势，且始终小于外部协调度，外部协调度变动趋势仍与它相反，先下降后上升，表明人们开始对自身与周围的社会环境的关系给予更多的关注，但总体协调度先上升后下降，且低于 2000 年的水平。内部系统发展的失衡表明人口内部的问题不应予以忽视。各年份协调度得分较高的省份如广西、贵州、云南等，以上城市的发展度得分不高（见表 7-8）。

表 7-8　　　　　　　　人口长期均衡发展协调度时空分布情况

地区	内部协调度			外部协调度			总体协调度		
	2000 年	2005 年	2010 年	2000 年	2005 年	2010 年	2000 年	2005 年	2010 年
全国	0.2105	0.2831	0.1618	0.8858	0.7808	0.9288	0.6207	0.7811	0.5055
北京	0.0973	0.1493	0.0917	0.5020	0.5053	0.9147	0.5438	0.7043	0.3313
天津	0.1098	0.1768	0.1133	0.5613	0.5287	0.7784	0.5475	0.7512	0.4438
河北	0.1783	0.2957	0.1565	0.9165	0.7388	0.9311	0.5453	0.8165	0.4928
山西	0.2346	0.2879	0.1332	0.7901	0.7464	0.8308	0.7060	0.8035	0.4763

第三节 我国人口长期均衡发展时空发展差异

续表

地区	内部协调度			外部协调度			总体协调度		
	2000年	2005年	2010年	2000年	2005年	2010年	2000年	2005年	2010年
内蒙古	0.1687	0.2540	0.1103	0.8234	0.7539	0.9404	0.5644	0.7541	0.3759
辽宁	0.1535	0.2074	0.1117	0.8132	0.7350	0.9588	0.5342	0.6866	0.3738
吉林	0.1235	0.2061	0.1190	0.8526	0.7936	0.9402	0.4420	0.6546	0.3988
黑龙江	0.1476	0.1931	0.1165	0.8866	0.7983	0.9366	0.4894	0.6272	0.3935
上海	0.1236	0.1652	0.0986	0.3476	0.3647	0.8519	0.7740	0.8582	0.3720
江苏	0.1765	0.2480	0.1438	0.7203	0.6591	0.9006	0.6323	0.7947	0.4750
浙江	0.1838	0.2586	0.1455	0.8468	0.6161	0.8673	0.5861	0.8329	0.4921
安徽	0.2613	0.3925	0.2069	0.9722	0.8205	0.8975	0.6679	0.8755	0.6090
福建	0.1783	0.2601	0.1574	0.8991	0.6962	0.9080	0.5524	0.7921	0.5035
江西	0.2999	0.3694	0.1958	0.9651	0.8305	0.9178	0.7235	0.8523	0.5797
山东	0.1632	0.2760	0.1564	0.8660	0.7675	0.9620	0.5337	0.7782	0.4811
河南	0.2328	0.2588	0.1707	0.9099	0.8193	0.8710	0.6488	0.7296	0.5480
湖北	0.1973	0.3070	0.1818	0.9365	0.8166	0.9265	0.5750	0.7943	0.5485
湖南	0.2551	0.3290	0.2018	0.9456	0.7760	0.8560	0.6694	0.8363	0.6175
广东	0.1591	0.2187	0.1492	0.8935	0.7205	0.9482	0.5131	0.7145	0.4698
广西	0.2923	0.4188	0.2531	0.9685	0.8588	0.8751	0.7124	0.8814	0.6961
海南	0.2658	0.3493	0.2130	0.9685	0.8295	0.8689	0.6759	0.8340	0.6324
重庆	0.2597	0.2632	0.1495	0.8978	0.7666	0.9895	0.6960	0.7610	0.4560
四川	0.2546	0.3349	0.1452	0.9454	0.8396	0.8656	0.6687	0.8154	0.4921
贵州	0.3367	0.4848	0.2601	0.9319	0.8731	0.7063	0.7799	0.9182	0.7868
云南	0.3092	0.3840	0.1774	0.9718	0.9082	0.7663	0.7325	0.8354	0.6106
西藏	0.1389	0.2882	0.1132	0.9366	0.7438	0.4510	0.4498	0.8051	0.6416
陕西	0.2238	0.2866	0.1438	0.8299	0.8179	0.8464	0.6691	0.7686	0.4967
甘肃	0.2410	0.3056	0.1782	0.7730	0.8573	0.7016	0.7247	0.7749	0.6461
青海	0.2227	0.2984	0.1578	0.4384	0.6846	0.6583	0.8935	0.8457	0.6238
宁夏	0.2161	0.2643	0.1544	0.5993	0.7816	0.9507	0.7791	0.7553	0.4807
新疆	0.1187	0.1934	0.0540	0.5311	0.7136	0.7150	0.5972	0.6711	0.2610

从图7-3可知，总体协调度随着时间也是起伏变化的，最高的是2005年，最低的是2010年。2005年到2010年变化的主要原因在于人口数量的得分远低于其他维度的得分且随时间递减，而其他维度基本随时间递增，使得各个维度的得分随时间差异越来越大，从而总体协调度得分呈递减变化。各地区三年变化趋势基本一致，但上海则表现突出而不一致，2000年和2005年其总体协调度均高于全国平均水平，2010年则变为低于全国平均水平，从其五个维度与全国平均水平三个年度的比例来看，其人口数量维度均低于全国平均水平，人口结构、人口与经济、人口与社会这三个维度均高于全国平均水平，且后两个维度远高于全国平均水平；2000年其人口与资源环境维度低于全国平均水平，2005年略低于全国平均水平，2010年则大大超过了全国平均水平。因此上海市近年来对于区域的可持续发展力度是非常明显的。

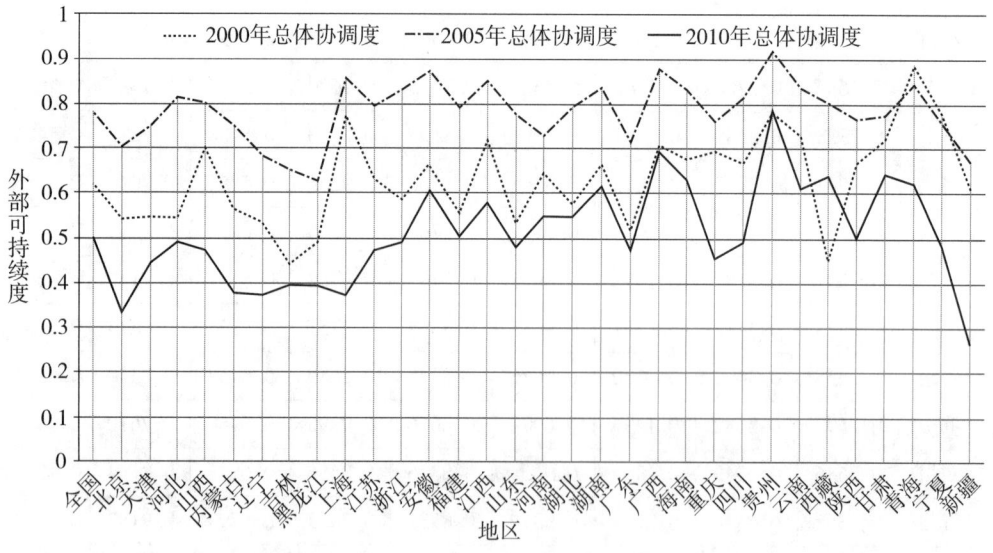

图7-3 2000年、2005年、2010年总体协调度

四、人口长期均衡发展可持续度时空差异

内部可持续度在全国水平上得分呈现一直下降的趋势，外部与总体可持续度的得分表现为先上升后下降，就总体可持续度而言，北京、上海得分较高，西部地区人口长期可持续发展情况不容乐观（见表7-9）。从图7-4可知，总体可持续度随时间变化的趋势与总体协调度具有一致性，即总体可持续度随着时间也是起伏变化

的，最高的是 2005 年，最低的是 2010 年。与总体发展度一致的是，2005 年"北上广"总体可持续度均显著高于其他地区。其中西藏 2010 年总体可持续度均高于 2000 年和 2005 年，从其 5 个维度与全国平均水平的比较来看，这一结果可能得益于 2010 年其人口与社会维度远高于全国平均水平。

表 7-9　　　　　　　　人口长期均衡发展可持续度时空分布情况

地区	内部可持续度			外部可持续度			总体可持续度		
	2000 年	2005 年	2010 年	2000 年	2005 年	2010 年	2000 年	2005 年	2010 年
全国	0.1308	0.1047	0.1031	0.3925	0.4266	0.4168	0.3010	0.3871	0.2795
北京	0.1197	0.0938	0.0950	0.4905	0.5530	0.6447	0.4541	0.5869	0.3450
天津	0.1245	0.0957	0.0983	0.4183	0.4819	0.4745	0.3775	0.5178	0.3227
河北	0.1345	0.1122	0.1068	0.3790	0.4003	0.3970	0.2764	0.3832	0.2659
山西	0.1379	0.1088	0.1019	0.3553	0.3879	0.3899	0.3099	0.3668	0.2716
内蒙古	0.1282	0.1011	0.1018	0.3756	0.4182	0.4508	0.2900	0.3798	0.2626
辽宁	0.1256	0.0983	0.0949	0.4453	0.4704	0.4734	0.3279	0.4118	0.2685
吉林	0.1229	0.0983	0.0951	0.4205	0.4385	0.4392	0.2834	0.3626	0.2609
黑龙江	0.1231	0.0991	0.0949	0.4278	0.4383	0.4318	0.2928	0.3545	0.2560
上海	0.1192	0.0936	0.0954	0.3798	0.4874	0.5695	0.5011	0.6707	0.3361
江苏	0.1246	0.1016	0.1005	0.3705	0.4638	0.4522	0.3177	0.4597	0.2965
浙江	0.1264	0.1034	0.0998	0.4162	0.4767	0.4608	0.3148	0.4993	0.3119
安徽	0.1327	0.1164	0.1104	0.3607	0.3800	0.3786	0.2757	0.3575	0.2843
福建	0.1262	0.1019	0.1018	0.4123	0.4375	0.4223	0.2963	0.4222	0.2851
江西	0.1418	0.1132	0.1079	0.3760	0.3991	0.3896	0.2978	0.3675	0.2819
山东	0.1307	0.1109	0.1031	0.3883	0.4507	0.4394	0.2859	0.4118	0.2819
河南	0.1380	0.1043	0.1060	0.3539	0.3937	0.3660	0.2800	0.3395	0.2672
湖北	0.1263	0.1051	0.1069	0.4101	0.4295	0.4061	0.2935	0.3840	0.2841
湖南	0.1308	0.1067	0.1086	0.3742	0.3996	0.3707	0.2877	0.3764	0.2868
广东	0.1243	0.0986	0.1006	0.4254	0.5024	0.4716	0.2960	0.4516	0.2988
广西	0.1396	0.1157	0.1206	0.3622	0.3885	0.3690	0.2859	0.3578	0.3001
海南	0.1408	0.1114	0.1112	0.4106	0.4181	0.4128	0.3121	0.3804	0.3173

续表

地区	内部可持续度			外部可持续度			总体可持续度		
	2000年	2005年	2010年	2000年	2005年	2010年	2000年	2005年	2010年
重庆	0.1303	0.1018	0.1030	0.3610	0.3962	0.4366	0.2903	0.3593	0.2702
四川	0.1295	0.1078	0.1011	0.3599	0.3990	0.3761	0.2779	0.3575	0.2611
贵州	0.1635	0.1197	0.1185	0.3302	0.3513	0.3335	0.2871	0.3286	0.3196
云南	0.1520	0.1141	0.1086	0.3608	0.3726	0.3514	0.2916	0.3264	0.2880
西藏	0.1622	0.1168	0.1010	0.3550	0.3205	0.3094	0.2607	0.3093	0.3395
陕西	0.1274	0.1006	0.1004	0.3651	0.3811	0.3906	0.2995	0.3365	0.2737
甘肃	0.1329	0.1074	0.1052	0.3168	0.3663	0.3466	0.2859	0.3190	0.3030
青海	0.1424	0.1058	0.1083	0.2473	0.3542	0.3605	0.3341	0.3589	0.3203
宁夏	0.1499	0.1191	0.1082	0.3071	0.3956	0.4479	0.3318	0.3574	0.2899
新疆	0.1457	0.1152	0.1167	0.3172	0.3833	0.3854	0.3335	0.3444	0.2395

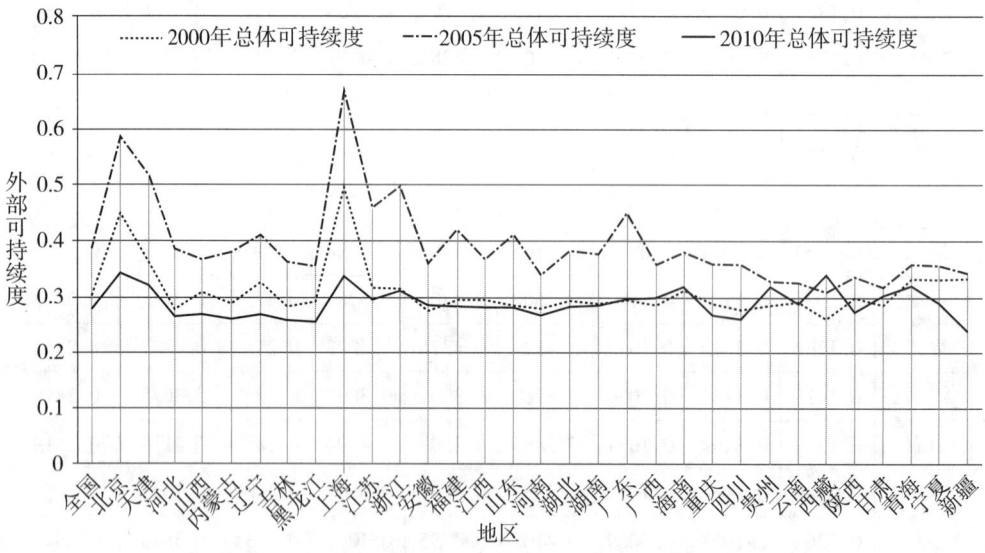

图 7-4 2000年、2005年、2010年总体可持续度

人口长期均衡是内外子系统互相作用的结果，就目前而言，两子系统内部还有很多问题如区域差异、发展水平等需要进一步改善，另外，根据计算结果，人口外部均衡发展情况的得分要好于人口内部均衡，人口内部问题需要引起政策制定者的

注意，如何利用计划生育政策促进人口内部均衡、人口长期均衡发展值得我们深入思考。

第四节 本 章 小 结

依据人口均衡发展的内涵与要求，在前人研究的基础上，构建了人口数量、人口结构、人口与经济、人口与社会和人口与资源环境 5 个维度的人口长期均衡发展水平指标评估体系，并从理论层面分析了人口均衡发展水平在时空分布上的规律性。以 2000 年、2005 年和 2010 年全国和全国 31 个省域和地区为研究对象，基于 GIS 地图展示和综合指标的计算等方法进行了实证研究。结果发现，三级指标中单个指标在一定时间内大部分省域的变化趋势具有一致性，只有个别省域变化具有起伏性；二级指标中人口数量、人口结构、人口与经济和人口与社会均表现为沿海省域具有人口均衡发展潜力，并在 2010 年达到最高水平；一级指标中人口均衡发展度在沿海省域具有较高水平，人口均衡发展协调度和人口均衡发展可持续度的规律性不强，大部分省域协调度和可持续度处于低水平。

第八章 人口长期均衡视角下的计划生育利益导向政策建议

第一节 人口自均衡与计划生育利益导向政策

一、人口自均衡的主要问题

(一) 中国人口基数大惯性大

人口惯性指一个长期连续增长的人口,即使总和生育率水平低于更替水平,人口仍要继续增长一段时期;或者一个长期连续减少的人口,尽管总和生育率水平高于更替水平,但是人口仍将继续减少一段时期。20世纪80年代初期我国人口还处于高速增长时期,查瑞传(1982)就分析了人口惯性带来的副作用,第一是加速人口老化过程,第二是随之而来的人口负增长的惯性。查瑞传在文章中指出,针对第二个副作用,需要提前四十余年就开始把生育率提高到更替水平。王光召,安和平(2014)基于人口预测模型预测人口惯性增长的峰值年份为2024年,这与本书前面所做的总人口预测峰值所在年份2025年左右的结论较为一致。

王丰,郭志刚,茅倬彦(2008)计算了中国1950至2006年期间人口的内在自然增长率,得到的结论是早在1990年人口内在自然增长率已经由正变负。茅倬彦(2011)基于Preston法分析得到1982—2000年中国各省人口惯性对人口增长的影响正在急剧减弱,各个省份正在从强烈正增长惯性类别向负增长惯性类别聚集。宋健,范文婷(2013)基于2000年和2010年人口数据分析指出中国人口仍处于惯性增长阶段,自然增长率为正值且总人口规模不断增加,然而在此表象下,人口再生产模式已呈现萎缩型,从各地区人口内在自然增长率和人口净再生产率指标的计算指出我国人口蕴含巨大的负增长势能。

(二) 人口高龄化、超老龄化将长期存在

较多文献进行了中长期老龄人口预测。杜鹏(1994)基于第四次人口普查数据对我国未来60年的人口变动进行了多方案的预测分析,其中生育水平设置了高、中、低三种方案,死亡水平设置了高、低两种方案。李本公(2007)以第五次人口普查数据为主,并辅以历年人口普查数据、全国1%人口抽样调查数据、人口统计资料等对我国2001—2100年100年间的老龄人口进行了预测。杜鹏,翟振武,陈卫(2005)基于第五次人口普查数据对我国老龄人口进行了百年预测。李本公(2007)基于预测数据指出了未来人口老龄化发展的四种状态:中国人口老龄化将伴随21世纪始终,2030至2050年是中国人口老龄化最严峻的时期,重度人口老龄化和高龄化将日益突出,中国将面临人口老龄化和人口总量过多的双重压力。与本书的预测结论具有一致性。根据本书前面预测的结果来看,如果人口总和生育率维持目前的低水平,则老龄人口比重持续高升,最后达到34%以上的高位,而人口总和生育率接近于更替水平,老龄人口比重从长期来看也会维持在25%的高位水平。

二、计划生育利益导向政策应导向"人口健康与发展"

(一)人口生育政策应尽早向实现更替水平引导

根据人口发展理论,人口自身可持续发展的理想状态为人口不增不减的静止状态。根据我国人口惯性与人口生育水平现状来看,我国即将进入人口负增长的惯性状态,而当前人口生育水平远低于更替水平。根据本书前面人口预测的多种方案来看,及早实现更替水平的人口生育政策,有助于缓解人口老龄化的压力。

杨菊华(2015)基于单独二孩政策下流动人口二孩生育意愿数据分析得出两个结论,一是政策调整可以释放一定的生育潜能,但难以出现等于或高于更替水平的生育意愿;二是男孩的偏好仍然客观存在,使得生育率不会像韩国或日本那样低。乔晓春(2015)基于中国生育水平和人口问题的分析,指出了未来生育政策应该回升到更替水平甚至更替水平以上,否则会重蹈日本和韩国的"低生育率陷阱"。陈友华,苗国(2015)指出日本、韩国、新加坡,中国香港地区、台湾地区都鼓励生育,但效果甚微,主要原因是低生育水平是现代女性从传统生育束缚中"解放"出来"独立个性发展"的必然社会现象。因此,我国的人口生育政策应尽早向实现更替水平引导。

(二)计划生育职能部门工作重心应向"人口健康与发展"转变

2013年3月10日国务院机构改革和职能转变方案出台,国务院正式组建国家卫生和计划生育委员会。将卫生部的职责、人口计生委的计划生育管理和服务职责整合,组建国家卫生和计划生育委员会,其主要职责是,统筹规划医疗卫生和计划生育服务资源配置，组织制定国家基本药物制度，拟订计划生育政策，监督管理公共卫生和医疗服务，负责计划生育管理和服务工作等。同时，将人口计生委研究拟订的人口发展战略、规划及人口政策职责划入发展改革委。国家中医药管理局由国家卫生和计划生育委员会管理。同时，不再保留卫生部、人口计生委①。权威人士②对两机构合并的解读之一是，卫生与计划生育服务体系资源分散、重复建设的问题日益突出。计生部门从中央直至乡镇的服务体系，开展生殖健康、母婴保健等医疗服务，与医疗卫生机构的服务内容相同。同时，在新的形势下，计划生育工作需要在继续稳定低生育水平的基础上更加注重提高出生人口素质，医疗卫生服务水平也需要不断提高。因此，从两机构合并的方案来看，国家层面的计划生育职能部门的工作重心已逐步转向"人口生理健康与发展"阶段。

从文献来看，家庭发展能力早就得到了学者们的关注与讨论，家庭发展能力与家庭脆弱性是两个相对概念，关于这两个主题的研究主要目的是为了增强家庭应对未来风险的能力。国家卫生和计划生育委员会在2014年10月开展了"新家庭计划——家庭发展能力建设"项目的试点工作。从这一举措来看，计划生育职能部门的工作重心已逐步转向"人口能力健康与发展"。可以说，国家层面的计划生育职能部门全面将工作重心推向了"人口健康与发展"，尽管在各地方特别是基层贯彻落实可能需要一定的时间，但计划生育利益导向政策向"人口健康与发展"发展乃大势所趋。

三、计划生育利益导向政策应注重导向"应对人口老龄化"

(一) 加大基础养老保障覆盖面，实现公共服务均等化

我国已经进入了人口老龄化的加速期，面对越来越严峻的养老问题，当前最重要的是提高基础养老保障覆盖率和保障水平。进一步推动养老保障体系的完善，把全体劳动者纳入养老保障体系；进一步促进城镇职工养老保障制度的发展，扩大养老服务机构范围；进一步加强农村养老基础设施的建设，完善农村养老服务体系；进一步发挥政府财政的作用，提高养老保障资金的投入。

另外，本文研究发现，农村和中西部地区经济发展水平相对落后而老龄化问题却比较严重，但目前在我国农村地区和中西部地区养老服务的供给率明显低于城市

---

① http://news.qq.com/a/20130310/000364.htm?pgv_ref=aio2012&ptlang=2052，新华网，2013-03-10 08：07．

② http://news.yongyao.net/newslist/201303/RV102386.shtml，扬子晚报，责任编辑：cq 高川．2013-3-11 9：44：41．

和东部发达地区。在人口长期均衡发展的背景下，政府有必要对经济发展落后的农村和中西部地区实行政策倾斜，加大对这些地区的投资力度，促进落后地区养老保障体系的发展完善，提高落后地区的养老保障水平，在承认区域差异的前提下，实现基本养老服务的底线均等，切实保障每个人都能够享受到基本的养老服务。

(二)建立健全社区养老服务体系，满足新型养老需求

随着我国人口老龄化的情况加剧，家庭养老能力严重不足，社会养老力量相对薄弱，养老服务问题日益凸显。因此有必要建立健全社区养老服务体系，以社区为服务平台，向老龄人口提供更加人性化、互动化的生活照料、健康管理、家政服务、娱乐活动等养老服务，满足新型养老需求。社区养老服务是介于家庭养老和机构养老之间的一种养老服务，具有成本低、灵活方便的特点，既能体现我国传统的养老观念又能弥补居家养老和社会养老的不足。

健全社区养老体系，离不开政府的领导、管理和协调，政府应该加强对社区内养老服务机构的领导，对各个服务机构进行统一管理，重视对养老服务机构之间关系的协调，密切机构间的合作，为老年人提供更加周到、优质的服务。另外，还需要创新社区养老模式，对于一些空巢老人可以发展"以房养老"、"换房养老"等多元化的养老模式，以弥补社区养老服务体系的不足，扩展养老金的来源，在资金约束的前提下提高老年人的生活质量，满足新型养老需求。

(三)关注高龄人口健康照料，应对人口老龄化趋势

目前我国人口高龄化趋势明显，高龄老人数量比重在不断增加，随着老年人口年龄的增长，其各方面身体机能弱化，患病风险也在不断增加，自理能力却逐渐退化，健康照料需求越来越高。为应对人口老龄化趋势，亟须健全高龄人口健康照料法律政策，为高龄人口健康照料服务提供制度保障；加快整合政府资源、市场资源、社会资源和家庭资源，完善高龄人口健康照料服务体系；加大对构建高龄人口健康照料服务体系的资金投入，以满足高龄人口健康照料的基本需求。

另外，还需要提高老年人自身的自我保健意识，鼓励老人进行经常性的常规身体检查，关注自身健康状况，实现自我照料；另外，还可以开发低龄老人中的老龄人力资源，实现老龄人口之间的相互照料；同时，要充分发挥家庭在养老问题上的作用，强化家庭照料在高龄人口照料中的作用；当然，也需要加强各医疗机构、养老机构、福利机构等社会机构护理人员的专业培训，保障高龄人口能够享受到优质的健康照料。

(四)扶持引导养老服务业，适应经济新常态

老龄化的发展对我国经济增长、产业结构调整、创新发展和社会进步都有着深远的影响。我们应该转变观念，不应该把老年人视为经济社会发展的负担，而应该适应人口老龄化和社会发展进步的要求，把老年人视为转变经济发展方式的一种财富，积极促进养老服务业的发展，以增加社会就业岗位，借助养老服务业带动相关产业的发展，促进经济增长，适应经济新常态。

发展养老服务业，离不开政府的大力支持，一方面需要政府为养老服务业的发展提供相应的政策优惠，另一方面需要政府加强财政投入，助推养老服务业的发展；另外，发展养老服务业应引入市场的力量，第一可以拓宽养老服务业的资金来源渠道，第二通过老年人服务专业品市场的开发满足老年人口多样化的服务需求，第三可以通过有效的市场竞争促进服务水平的提高；当然，还可以鼓励医疗机构参与养老服务，推行"医院+养老院"的养老模式，一方面保障老年人得到更好的健康照料服务，另一方面保证老年人能够得到准确及时的救治。

(五) 应用推广信息技术，提升个性高效养老服务

2013年，我国65岁及以上老年人口数量达到1.3亿，养老服务的需求非常旺盛。由于老年人数众多，老年人口对养老服务需求也呈现出多样化的特征，传统的养老服务已经很难满足老年人口个性化的需求。为满足老龄人口多元化的养老服务需求，应大力推广信息技术在养老服务中的应用，促进养老服务智能化，为老年人口提供方便、快捷、专业的个性化养老服务。

为提升个性高效的养老服务，应强化互联网信息技术在养老服务中的应用，首先要搭建起完善的养老服务的网络平台，实现线上线下的良好互动，明确老年人口的个性化需求；当然养老服务平台的建设要便于操作，同时要对老年人进行互联网使用技术的简单培训，还要加强对互联网平台的管理，将信息技术与养老服务更好地融合在一起，为老年人口提供更加专业化的服务；然后要发展市场化经营，鼓励市场力量参与养老服务平台的建设，提高服务质量；最后要加强对养老服务平台的监督，切实保障老年人口能够享受到舒心的个性化养老服务。

第二节 人口城乡均衡与计划生育利益导向政策

一、人口城乡均衡的主要问题

(一) 城乡人口数量在不断地发生变化

改革开放以来，由于工业化的不断推进，城镇化快速的发展，农村的剩余劳动力不断流入城市，城市人口在不断地增加。城市人口由1978年的17245万人，增

加到 2013 年的 73111 万人。农村人口在不断地减少,农村人口由 1978 年的 79014 万人,减少到 2013 年的 62961 万人。我国的城镇化率由 1978 年的 17.92% 增加到 2013 年的 53.73%,城市人口开始超过农村人口,这是中国社会结构的一个历史性变化,表明中国已经结束了以乡村型社会为主体的时代,开始进入到以城市型社会为主体的新的城市时代。这对于城市和农村的发展都具有重要的影响。

(二) 城乡家庭结构在不断变化

家庭是市场经济运行中小的单位,从 1978 年开始,我国的城乡家庭结构在不断变化,家庭呈现小型化发展趋势,核心家庭和单人户变化幅度最大,1982 年,核心家庭占 68.30%,2010 年减少到 60.89%。1982 年,单人户人口占 7.98%,2010 年增加到 13.67%。

城乡家庭结构差异较大,一代户城镇增加较快且相对稳定,农村增加幅度很大但增速放缓。2000 年城镇一代户家庭占到 27.26%,明显大于农村的 18.21%。2010 年城镇一代户家庭增长到 38.32%,增幅为 18.6%,农村一代户家庭为 29.77%,增幅降到了 12%。可以看出城镇增长稳定,而农村增长幅度较大却不太平稳。2000 年城镇二代户数量占 58.67%,乡村为 59.72%,乡村略高于城镇。2010 年城镇二代户家庭为 48.1%,降幅稳定为 9.1%,农村二代户占到 47.54%,降幅仍然大于城镇,达 9.4%,但相对上一阶段降幅有所下降。三代及以上户城镇呈现先升后降,农村呈现先降后升的趋势。2000 年三代及以上户城镇占 14.07%,农村占到 22.07%,农村明显高于城镇。2010 年城镇三代及以上户急转直下,降到了 13.58%,降幅为 8.2%,农村则不降反增,增加到了 22.69%,增幅达到了 8.5%。

(三) 城乡年龄结构在不断变化

城乡年龄结构随着城市化过程中人口迁移及人口年龄结构的自然变动而不断发生变化。城乡不同年龄段的人口差异性较大,城市 0—19 岁年龄段的人口占比要低于全国平均水平,20—29 岁年龄段占比,城市和全国平均水平都略有上升,而镇和乡村则有小幅度的下降。30—39 岁年龄段城市、镇、乡村和全国都保持了一致的下降趋势。40 岁以上人口占比则呈现出城市、镇、乡村和全国都保持了上升的趋势。研究显示我国整体人口老龄化上升非常明显,而后续劳动力补充却不足。

(四) 人口城乡迁移规模巨大

自从改革开放以来,随着劳动力的自由迁移和流动,我国有超过 1 亿的农村富余劳动力选择进城打工,并且数量每年都在增加。大量人口从落后地区往沿海发达地区转移。人口迁出地则集中在中西部地区。据人口普查"五普"和"六普"统计,

"五普"期间人口流出超过400万的省份有安徽、湖南和四川，到了"六普"期间超过400万的省份猛增到了8个，分别为中部地区的安徽、江西、河南、湖北和湖南，西部地区的广西、四川和贵州，人口流入地主要集中在沿海地区。从"六普"的统计数据可以看出，东部沿海地区北京、上海、江苏、浙江和广东在"六普"期间的人口流出都超过了700万。

(五) 大中小城市人口发展不协调

改革开放30年来，我国迁移人口不断增加。1982—2005年期间，我国的迁移人口从657万人增长到1.47亿人，2005—2010年期间增加到了2.21亿人，在不足30年的时间里增加了33.64倍，增长之快，史无前例。在这些流动人口中，很大一部分是流动到大城市中，特别是省会城市。同时那些超级大城市对流动人口的吸引力却是有增无减。

三大城市群成为人口的重要集聚地。三个城市群在30年间人口流动变化巨大，其中珠三角增加了17.1倍，长三角增加了15.7倍，京津冀增加了7.96倍。2010年"六普"时全国流动迁移人口达到2.21亿人，三个城市群合计流动人口为6111.93万人，占到全国流动人口的27.66%；同时三大城市群流动人口占到三大城市群总人口的71.17%，特别是珠三角和长三角的半城镇化要更严重些。

二、计划生育利益导向政策应注重导向"城乡一体化"

(一) 坚持大中小城市协调发展，促进人口合理分布

绝对的"大城市论"、"中等城市论"、"小城市论"者所主张的发展某一类城市的观点都有失偏颇，不符合我国的实际（辛胜阳，郑超，曹誉波，2014）。真正属于我国的城市化道路应该是大中小城市协调发展。从人口长期均衡发展的战略来看，大中小城镇协调发展既能解决农民工市民化问题，又可以合理分配流动人口、合理分配利用土地资源。

合理控制大城市发展。合理确定城区人口300—500万的大城市落户条件，严格控制城区人口500万以上的特大城市人口规模。完善基础设施建设，采用积分制等方式设置阶梯式落户，逐步使符合条件的农村转移人口落户城镇。

完善中小城市，促进人们就近就地城镇化。李克强总理在《2014年政府工作报告》中提出，推进以人为核心的新型城镇化，要着重解决好现有"三个1亿人"的问题，引导约1亿人在中西部地区就近城镇化。《国家新型城镇化规划2014—2020年》提出，把加快发展中小城市作为优化城镇规模结构的主攻方向。因此，在人口长期均衡发展的战略下，应完善城镇等级体系，加强中小城市的城市体系建设，中

小城市应围绕自身特点，充分发挥其在区位、资源、产业基础等方面的优势条件，加大招商引资，大力发展民营企业，发展区域性的特色产业集群，增强企业吸纳劳动力的就业能力，解决当地人的就业问题。城镇之间要形成平衡的城镇体系，不同大小的城市之间要构建大对小的辐射和小对大的支持的良好互动格局，在功能、区位、规范等方面实现共存与互补。

(二) 实施城乡发展一体化战略，促进城乡人口公共服务均衡化

党的十八届三中全会提出，健全城乡发展一体化体制机制。从人口长期均衡发展的战略来看，城镇的人口均衡发展要处理好城乡之间的人口均衡发展关系，目前，城镇人口与农村人口在公共服务供给方面存在较大差异。新型城镇化要实施人口均衡发展战略，就必须大力推进基本公共服务均等化，制定基本公共服务均等化的战略规划，建立城乡统筹的公共服务供给制度，让在农村生活的农民享受到与城镇居民一样的公共服务。要加强流动人口管理，为流动人口提供优质的服务，让进城的农民工在劳动报酬、子女就学、公共卫生、住房租购以及社会保障方面与城镇居民享有同等待遇，使人口能留在本区域，促进城镇健康有序发展。

(三) 改革现行户籍制度，打破二元经济结构

基本公共服务的投入是一个长效过程，实现城乡的均等化就是要跨越城乡间的鸿沟。我国独有的户籍制度是制约城乡间人口流动与迁移的关键指标。不同的户籍设置影响着一个人的社会保障体系、接受教育的质量以及享受的基础设施的便利程度。农村居民要想成为城市的一分子就必须享有和城市居民相同的公共福利水平和待遇。落实农村人口迁移至城市的户籍管理便十分必要。

为了打破城乡二元的机制和结构体系，我国政府逐渐开始实践，2015年十二届全国人大三次会议及政协十二届三次会议的政府工作报告中，李克强总理指出：要抓紧实施户籍制度改革，落实放宽户口迁移政策。这个信号即向公众说明：户籍制度改革或许即将开始，2015年伊始，户籍政策已经针对城镇外来人口有所放宽，对尚未取得工作地户口的居民，他们可以通过办理居住证来实现基本公共服务的城市共享，并在办理证件过程中实现完全免费，减轻居民负担。建立财政转移支付与市民化挂钩机制。建立规范多元可持续的城市建设投融资机制。户籍改革任重道远，需要综合考评，基本上要遵循严格控制大城市规模，适当放宽中等城市落户，全面发展小城市及乡镇型城市，作为吸收外来人口的主要接纳主体和基本模式。

第三节 区域人口均衡与计划生育利益导向政策

一、区域人口均衡存在的主要问题

根据本书第七章的分析，区域人口均衡的发展水平随着时间的演进在不断向着新阶段发展，从省际人口均衡发展水平的对比来看，也表现出人口与经济、人口与社会、人口与资源环境等方面较大的区域差异性，不同维度的发展水平也表现出东、中、西整体差异明显的特点。总结来看，区域人口均衡的主要问题表现在如下几个方面：

(一)"瑷珲—腾冲线"作为人口地区分布差异的基本分界线仍然没有发生实质性改变

胡焕庸先生于1935年提出的"瑷珲—腾冲线"是体现我国人口区域分布不均衡的一条基本分界线。线东南面积占全国面积的36%，人口数占全国总人口的96%；线西北部分占全国总面积的64%，人口却只占全国总人口的4%。大半个世纪以来，这一状况没有得到根本改变。胡焕庸线的形成与定格是有其深刻的自然历史原因的，该线不仅是我国重要的自然地理分界线，同时也是一条重要的人文社会地理分界线，是一条人口、资源与环境耦合作用决定的一条分界线。从气候、地理环境、水文水资源、经济发展程度、社会文化差异等各方面都决定了突破该线的困难。

在当前城镇化发展的大背景下，如何突破胡焕庸线，更准确地说，如何依据胡焕庸线所揭示的基本规律促进人口、资源与环境的均衡与协调发展，实现区域人口均衡，仍将长期是我们研究的重要内容。

(二)西部开发与人口迁移问题

有研究人员认为，人口分布的不均衡，是造成经济发展不平衡的重要原因，大西北地广人稀，开发缓慢是当前经济建设和社会发展亟待解决的重要问题。有学者根据人口密度的情况以及日本开发北海道、俄罗斯开发西伯利亚的经验认为，与其落实严格的计划生育政策，不如向西部进行人口迁移；但也有学者认为，东西部人口不均衡的格局是自然环境、经济社会发展水平综合作用的结果，是存在客观依据的，这种不均衡恰恰反映了一种动态的均衡。

我们认为，在目前国家提倡西部大开发的总体战略格局下，自然环境因素会产生扰动，经济社会发展会出现巨大变化，与之配套的人口政策该做如何取舍是值得我们研究的一个重大问题。

(三) 产业布局不平衡导致的人口聚集的极化效应突出

自新中国成立以来，我国一直存在产业布局不平衡的问题，很多人认为这种产业分布的不平衡不仅将成为我国经济全面发展的巨大障碍，同时从国家发展战略角度分析亦存在较多隐患，有人提出把东部沿海地区劳动密集型产业向中、西部转移的建议，但同时也不得不考虑，这种产业布局不仅有政府导向的因素，同时更多的理论解释是自然禀赋、区域人口素质、区域基础技术水平的差异。如何在不影响市场发挥主导作用的前提下，引导人口合理有序流动，是又一个值得关注的问题。

二、区域人口均衡与计划生育利益导向政策

从区域人口均衡视角来探讨计划生育利益导向政策，则利益导向政策就需要完全脱离原有的政策体系框架。正如前文所述，基于人口长期均衡发展视角的计划生育利益导向政策不能局限于以补偿机制为主的单纯"利益"政策，而更应该强调以引导机制为主的宏观"导向"政策。在此前提下，为了实现区域人口的均衡发展，利益导向政策就应综合考虑政治、经济、社会、环境、资源等多重因素，将人口发展放在国家整体和谐发展的大背景下予以考虑。因此，计划生育利益导向政策应考虑从如下几个方面对实现区域人口均衡进行引导。

(一) 落实主体功能分区，促进人口与资源环境协调发展

合理有序推进区域人口均衡发展，需要根据主体功能区的要求，综合考虑不同区域的资源环境承载能力、现有开发密度和发展潜力，统筹谋划未来人口分布、经济布局、国土利用和城镇化格局，逐步形成人口、经济、资源环境协调的国土空间开发格局(刘正桥，王良健，2013)。

主体功能分区划分区域层次分明，无形中把我国各区域发展规模、区域定位和区域布局联系了起来。对于人口聚集和流动较多的长三角、珠三角和环渤海等区域，应从优化开发的战略去对待，这些区域应该适当的调整产业结构，转移对环境危害大、资源消耗严重的产业，把这些产业转移到重点开发区域，这样既可以缓解人口流入到密集区域(优化开发区域)的人口压力，也可以缓解经济发达区域人口不断扩大，经济发展不济的区域人口不断萎缩的困境，最后可以解决我国区域空间布局和人口分布不合理的现象。

重点开发区域承接了资源密集型、资金密集型和人口密集型企业，缓解了优化开发区带动经济增长的压力。利用优化开发区域的资金、技术，合理开发本区域的资源，吸引劳动力的不断流入，合理扩大空间开发规模、集约利用。限制开发区和

禁止开发区主要是针对农业产粮地区和生态环境脆弱地区，为了保障粮食与生态安全，对这些区域必须进行适当的限制，甚至禁止。严格控制建设用地，实施大规模农业生产，以中小城市为主，分散农业人口。

（二）以国家人口发展功能分区为基本依据，通过利益导向政策引导人口在区域范围内的宏观流动

人口发展功能分区是建立指标体系定量评价并指导人口合理布局的重要人口规划举措，同时也是满足主体功能区要求，促进人口与经济、人口与社会、人口与资源环境协调发展的宏观人口政策。刘传江教授认为，人口发展功能分区工作的开展标志着大人口政策的基本形成，但其细化和实施却有赖于配套的公共政策的支持（刘传江，2008）。我们认为，这里的配套公共政策，是计划生育利益导向政策的进一步完善。

从国家的主体功能区划来看，大多数西部地区均属于限制开发区，这些地区由于资源环境容量的限制，其主体功能是保护生态环境，与此对应的人口分布就自然成为人口的疏散区或限制区，以甘肃省为例，相对于全国综合资源承载力，初步估计超载人口就达到850万人，这就意味着必须有大规模的人口外迁（郭志仪，2008）。

由此说明，从区域人口均衡的视角出发，在大人口政策的框架下，计划生育利益导向政策有必要跳出原有的以利益为基础的条条框框，充分考虑计划生育利益导向政策的引导功能、公共政策含义。我们认为，在国家人口发展功能分区这一基本规划方案的指导下，应形成配套的利益导向政策体系，促进人口在区际的宏观流动。这方面的具体政策涉及进一步放宽人口落户政策、严格生态脆弱区开发政策、加强生态脆弱区人口的生态补偿政策等。

（三）利导政策应加强对生态脆弱区人口的生态维护补偿

利益导向政策应着力健全转移支付制度，实现财政资金对生态脆弱区人口的生态维护补偿。要健全政府间的转移支付制度，重点在于简化转移支付形式，优化资金配置结构，加强对生态脆弱地区资金的监督管理，促进生态脆弱区政府财力的提升。

其一，简化转移支付形式，增强一般转移支付的均等化作用。考虑到税收返还是为了保障地方政府的既得利益，不利于区域财力的均等化，改革的最终目的就是改变其逆向均等化作用，强化一般转移支付的均衡作用。可通过以下两种方式进行改革：一种是"一步到位式"改革，即直接取缔税收返还体制，同时扩大均衡性转移支付——一般转移支付。这种改革能够较快地改变生态脆弱区政府普遍财力不足的格局,但是改革动作迅速力度较大,而且直接影响到地方政府的既得利益,变革过程会遇到较大政治阻力。另一种是"渐进式改革",即逐步减少税收返还,同时增加一般性转移支付。这种改革方式就弥补了"一步到位式"改革的不足,改革力度较缓,对政府既得利益冲击较小,变革过程相对顺利些。因此,我们可考虑渐进式改革,并在3—5年对税收返还予以取消,以促进不同区域之间财力的均等化。此外,也可考虑取消体制补助,将其所占比例纳入一般转移支付中,因为体制补助是为了弥补财政包干体制的漏洞而设立,与现行的分税制不相适应,应逐步取消以简化转移支付形式,增强一般转移支付的均衡作用,这一变革有利于区域间财力的均等化。

其二,规范并整合现行专项转移支付制度,加强生态脆弱地区资金监督管理。现行专项转移支付资金比重大,但是作用小,主要在于专项转移支付资金结构配置不合理,使用范围宽泛不明确,而且由于缺乏相关部门的监督管理,资金下划过程存在"截留"现象,而且基层政府滥用资金,导致专项资金利用率低,均等化作用不显著。因此,在有限的国家财力范围内,规范并整合现行专项转移支付,对生态脆弱地区转移支付资金加强监督管理,对于提高资金利用率,促进区域间财力均等化极为重要。

参 考 文 献

1. Jennifer C. Cornman. Toward sustainable development: Implications for population aging and the wellbeing of elderly women in developing countries[J]. Population and Environment, 1996, 18(2): 201-217.

2. Maria Sophia Aguirre. Sustainable development: why the focus on population? [J]. International Journal of Social Economics, 2002, 29(12): 923-945.

3. United Nations, Department of Economic and Social Affairs, Population Division. World Population Prospects: The 2012 Revision, Methodology of the United Nations[J]. Population Estimates and Projections, 2014, Working Paper No. ESA/P/WP. 235.

4. 蔡昉. 人口转变、人口红利与刘易斯转折点[J]. 经济研究, 2010(4): 4-13.

5. 曾群华, 徐长乐, 武文霞, 蔡琴. 人口发展功能分区与主体功能分区的比较研究[J]. 人口与经济, 2010(1): 21-26.

6. 常江, 王忠民. 科学发展观对可持续发展理论的创新与发展[J]. 西北大学学报（哲学社会科学版）, 2010, 40(3): 112-116.

7. 车前进, 曹有挥, 吕韬, 段学军. 南京地域人口发展功能分区[J]. 长江流域资源与环境, 2010, 19(2): 113-119.

8. 陈立. 积极开展人口发展功能区工作 促进人口资源环境协调发展[J]. 人口与计划生育, 2008(12): 10.

9. 崔红艳, 徐岚, 李睿. 对2010年人口普查数据准确性的估计[J]. 人口研究, 2013(1): 10-21.

10. 邓艾, 赵晓芳. 可持续发展观：形成及背景[J]. 西北民族学院学报（哲学社会科学版. 汉文）, 1999(2): 56-62.

11. 董燕, 黄健元. 江苏人口发展水平评价研究——基于综合指数评价法[J]. 南京人口管理干部学院学报, 2011, 27(1): 36-39.

12. 杜本峰, 戚晶晶. 中国计划生育政策的回顾与展望——基于公共政策周期理论视角分析[J]. 西北人口, 2011, 32(3): 1-10.

13. 杜本峰. 新农村建设中计划生育利益导向机制效用的实证研究——河南计划生育"幸福家庭行动"的有益探索[J]. 市场与人口分析, 2007, 13(3): 27-31.

14. 杜鹏, 翟振武, 陈卫. 中国人口老龄化百年发展趋势[J]. 人口研究, 2005, 29(6): 90-93.

15. 杜鹏. 中国人口老龄化过程研究[M]. 北京: 中国人民大学出版社, 1994.3.

16. 樊明. 生育行为与生育政策[M]. 北京: 社会科学文献出版社, 2010.1

17. 龚文海. 中原经济区人口长期均衡发展评价模型及实证研究[J]. 地域研究与开发, 2014, 33(2): 171-176.

18. 郭亚琳, 张金凤, 王娜娜. 农民工市民化的户籍制度改革研究[J]. 学理论, 2015(8): 22-23.

19. 郭志仪. 主体功能区必须以科学合理的人口分布为基础[J]. 人口与发展, 2008(5): 36-37.

20. 国家人口发展战略研究课题组. 国家人口发展战略研究报告[J]. 人口研究, 2007, 31(1): 1-10.

21. 洪小良. 城市农民工的家庭迁移行为及影响因素研究——以北京市为例[J]. 中国人口科学, 2007(6): 42-50.

22. 贾玉梅. 黑龙江省人口发展功能分区研究[J]. 人口与计划生育, 2010(6): 11-12.

23. 姜全保, 果臻, 李树茁. 中国未来婚姻挤压研究[J]. 人口与发展, 2010, 16(3): 39-47.

24. 李本公. 中国人口老龄化发展趋势百年预测[M]. 北京: 华龄出版社, 2007.1.

25. 李建民, 原新, 陈卫民, 朱镜德, 黄乾, 姚从容, 吴帆. 中国人口与社会发展关系: 现状、趋势与问题[J]. 人口研究, 2007, 31(1): 33-48.

26. 李建民. 论人口均衡发展及其政策涵义[J]. 人口与计划生育, 2010(5): 9-10.

27. 李江苏, 骆华松, 王焱. 主体功能区适度人口容量测算初探[J]. 西北人口, 2008, 29(3): 1-5.

28. 李若建. 历次人口普查中低年龄组人口漏报研究[J]. 中山大学学报(社会科学版), 2013, 53(2): 145-152.

29. 李涌平. 决策的困惑和人口均衡政策——中国未来人口发展问题的探讨[J]. 北京大学学报(哲学社会科学版), 1996(1): 59-64.

30. 李正图. 中国发展绿色经济新探索的总体思路[J]. 中国人口·资源与环境, 2013, 23(4): 11-17.

31. 梁岩．北京市人口均衡发展测度与综合评价分析[J]．商业经济研究，2015（16）：134-136．

32. 刘传江．科学发展观视角的区域人口发展规划与大人口政策[J]．人口与发展，2008，14（5）：37-40．

33. 刘思华．中国特色社会主义生态文明发展道路初探[J]．马克思主义研究，2009（3）：69-72．

34. 刘彦随，刘玉．中国农村空心化问题研究的进展与展望[J]．地理研究，2010，29（1）：35-42．

35. 卢峰．可持续发展与绿色GDP[J]．现代经济信息，2010（23）：17-19．

36. 陆杰华，黄匡时．关于构建人口均衡型社会的几点理论思考[J]．人口学刊，2010（5）：3-10．

37. 陆杰华，朱荟．建设人口均衡型社会的现实困境与出路[J]．人口研究，2010（4）：20-27．

38. 吕江洪．建立和完善计划生育利益导向机制刍议[J]．南京人口管理干部学院学报，2000，16（4）：31-33．

39. 吕利丹．从"留守儿童"到"新生代农民工"——高中学龄农村留守儿童学业终止及影响研究[J]．人口研究，2014（1）：37-50．

40. 马红旗，陈仲常．我国人口发展的指标体系建设及综合评价[J]．南方人口，2012，27（3）：3-12．

41. 马娟．中国人口素质问题探讨[J]．中共南宁市委党校学报，2008，21（5）：39-42．

42. 茆长宝，陈勇．人口内部均衡发展研究——以西部地区为例[J]．人口研究，2011，35（1）：82-92．

43. 穆光宗，茆长宝．人口主体论——可持续发展的人口观[J]．华中师范大学学报（人文社会科学版），2015，54（2）：34-42．

44. 穆光宗．构筑人口均衡发展型社会[J]．北京大学学报（哲学社会科学版），2011，48（3）：128-135．

45. 穆光宗．国家人口发展功能区规划之评价[J]．人口与发展，2008，14（5）：33．

46. 穆光宗．人口优化理论初探[J]．北京大学学报（哲学社会科学版），2012，49（5）：86-99．

47. 穆光宗．稳定适度低生育水平的新思考[J]．人口与发展，2011，17（2）：40．

48. 潘晓阳．把握精神实质 狠抓工作落实 努力促进人口长期均衡发展[J]．人口与计划生育,2011(6):7-8.

49. 潘祖光."人口均衡发展"战略选择下人口计生工作面临的困惑及对策[J].人口与计划生育,2011(4):27-28.

50. 钱文荣,郑黎义.劳动力外出务工对农户农业生产的影响——研究现状与展望[J].中国农村观察,2011(1):31-38.

51. 翟振武,杨凡.中国人口均衡发展的状况与分析[J].人口与计划生育,2010(8):11-12.

52. 人口长期均衡发展课题组.以科学发展为主导构建人口均衡型社会[J].人口研究,2010,34(5):12-21.

53. 山东省莱芜市人民政府.建立"五位一体"的计划生育利益导向机制[J].人口与计划生育,2002(8):12-15.

54. 生态屏障、功能区划与人口发展课题组.科学界定人口发展功能区 促进区域人口与资源环境协调发展——生态屏障、功能区划与人口发展研究报告[J].人口研究,2008,32(3):1-14.

55. 石人炳.我国出生性别比变化新特点——基于"五普"和"六普"数据的比较[J].人口研究,2013,37(2):66-72.

56. 石智雷.计划生育政策对家庭发展能力的影响及其政策含义[J].公共管理学报,2014,11(4):83-94.

57. 舒星宇,温勇,宗占红,周建芳.对我国人口平均预期寿命的间接估算及评价——基于第六次全国人口普查数据[J].人口学刊,2014,36(5):18-24.

58. 宋健.结构问题是21世纪中国人口的核心问题[J].市场与人口分析,2002,8(1):26-30.

59. 孙波.近五年来中国人口、资源、环境经济学研究综述[J].经济研究导刊,2015(4):11-12.

60. 汤兆云.当代中国人口政策研究[M].北京:知识产权出版社,2005.8.

61. 唐玉萍."5%退休金"引发的思考[J].人口研究,2009,33(2):110-112.

62. 陶涛,张现苓.六普人口数据的漏报与重报[J].人口研究,2013,37(1):42-53.

63. 田雪原.发展观的转变与人口发展战略[J].学术探索,2005(5):38-46.

64. 田雪原.发展观的转变与我国人口发展战略[J].学习论坛,2004,20(6):4-10.

65. 田雪原.论"三步走"中国人口发展战略[J].东岳论丛,2010,30(10):18-21.

66. 王凤峰.浅论我国近期人口与就业矛盾[J].辽宁经济职业技术学院.辽宁经济

管理干部学院学报，2003（2）：15-24.

67. 王桂新，潘泽瀚，陆燕秋．中国省际人口迁移区域模式变化及其影响因素——基于 2000 和 2010 年人口普查资料的分析［J］．中国人口科学，2012（5）：2-13.

68. 王桂新．中国经济体制改革以来省际人口迁移区域模式及其变化［J］．人口与经济，2000（3）：8-16.

69. 王金营，戈艳霞．2010 年人口普查数据质量评估以及对以往人口变动分析校正［J］．人口研究，2013，37（1）：22-33.

70. 王金营，顾瑶．建设人口均衡型社会：条件、问题及对策［J］．人口研究，2011，35（1）：74-81.

71. 王金营，赵贝宁．论计划生育政策的完善与调整——基于公共政策视角［J］．人口学刊，2012（4）：81-89.

72. 王金营．1990 年以来中国人口寿命水平和死亡模式的再估计［J］．人口研究，2013，37（4）：3-18.

73. 王军，郭志刚．孩次结构与中国出生性别比失衡关系研究［J］．人口学刊，2014，36（3）：5-13.

74. 王军平．计划生育家庭福利政策改革思路研究［J］．人口学刊，2011（4）：83-88.

75. 王立军，马文秀．人口老龄化与中国劳动力供给变迁［J］．中国人口科学，2012（6）：23-33.

76. 王钦池．促进人口均衡发展建设人口均衡型社会——中国人口与发展咨询会（2010）观点综述［J］．人口与计划生育，2010（7）：4.

77. 王钦池．出生人口性别比周期性波动研究——兼论中国出生人口性别比的变化趋势［J］．人口学刊，2012（3）：3-11.

78. 王锐．全力推进示范市建设 着力增强计生家庭发展能力［J］．人口与计划生育，2013（5）：7-8.

79. 王颖，黄进，赵娟莹，张灿坤．人口长期均衡发展：15 个国家的比较研究［J］．人口与发展，2012，18（6）：97-103.

80. 王颖，黄进，赵娟莹，张先兵．人口长期均衡发展及其评价监测模型的构建与应用［J］．中国人口·资源与环境，2011，21（4）：169-174.

81. 王勇军．计划生育管理的新思路——利益导向机制［J］．人口与经济，1992（5）：46-48.

82. 王运桂，黄克刚．搞好人口区划 促进计划生育［J］．人口与经济，1984（6）：20-21.

83. 邬沧萍，王琳，苗瑞凤．从全球人口百年（1950—2050）审视我国人口国策的抉择[J]．人口研究，2003，27(4)：6-12.

84. 邬沧萍．人口安全研究的理论意义和方法论问题——兼论人口科学在人口安全研究中的不可代替性[J]．人口研究，2005，29(3)：44-48.

85. 吴帆，李建民．家庭发展能力建设的政策路径分析[J]．人口研究，2012，36(4)：37-44.

86. 吴文恒，牛叔文．人口数量与消费水平对资源环境的影响研究[J]．中国人口科学，2009(2)：66-73.

87. 向华丽，石智雷．武汉城市圈人口年龄结构变动趋势与城市化进程测度[J]．中国人口·资源与环境，2011，21(12)：153-156.

88. 向华丽，杨俊．中国人口自均衡发展态势与人口政策调整[J]．西部论坛，2015，25(4)：40-48.

89. 向华丽，杨云彦．基于人口数据空间化技术的区域人口发展功能分区研究——以武汉城市圈为例[J]．长江流域资源与环境，2013，22(9)：1133-1141.

90. 向华丽．武汉城市圈人口空间均衡与区域可持续发展[M]．武汉：中国地质大学出版社，2013.12.

91. 肖立见．人口与资源、环境、经济、社会的可持续发展[J]．暨南学报（哲学社会科学版），1997，19(3)：32-38.

92. 肖子华．促进人口长期均衡发展建设人口均衡型社会——中国人口学会年会(2010)观点综述（英文）[J]．China Population Today，2010(Z1)：22-31.

93. 熊猛，叶一舵．中国城市农民工子女心理健康研究述评[J]．心理科学进展，2011，19(12)：1798-1813.

94. 严岩，李忠武，李化．论环境保护与可持续发展[J]．中国地质矿产经济，2001(5)：28-32.

95. 杨发祥．当代中国计划生育史研究[D]．浙江大学，2004.

96. 杨凡，赵梦晗．2000年以来中国人口生育水平的估计[J]．人口研究，2013，37(2)：54-65.

97. 杨江权．现阶段我国人口结构问题分析及对策研究[D]．吉林大学，2013.

98. 杨菊华．城乡差分与内外之别：流动人口经济融入水平研究[J]．江苏社会科学，2010(3)：99-107.

99. 杨来胜．计划生育利益导向应转向社会保障供给[J]．人口与经济，2003(5)：22-26.

100. 杨艳昭,封志明. 内蒙古人口发展功能分区研究[J]. 干旱区资源与环境, 2009, 23(10): 1-7.

101. 杨云彦. 保持人口长期均衡促进我省跨越式发展[J]. 政策, 2011(10): 55-57.

102. 杨云彦,程广帅. 人口、资源与环境经济学学科的新发展[J]. 求是学刊, 2006, 33(1): 62-66.

103. 杨云彦. 经济增长方式转变与人口均衡发展[J]. 人口与计划生育, 2010(5): 11-12.

104. 杨云彦著. 中国人口迁移与发展的长期战略[M]. 武汉: 武汉出版社, 1994.

105. 叶奇雄. 计划生育与利益导向结合初探[J]. 人口与经济, 1990(3): 25-27.

106. 殷庆威,钟新海. 解析可持续发展观的哲学新思维[J]. 东方论坛·青岛大学学报, 2001(2): 9-15.

107. 于学军,翟振武,杨凡,李建民,穆光宗. 为什么要建设"人口均衡型社会"?[J]. 人口研究, 2010, 34(3): 40-52.

108. 翟振武,陈佳鞠,李龙. 中国出生人口的新变化与趋势[J]. 人口研究, 2015, 39(2): 48-56.

109. 翟振武,杨凡. 为什么要建设"人口均衡型社会"?——解决人口问题本质上是追求人口均衡发展[J]. 人口研究, 2010(3): 40-45.

110. 翟振武. 当代中国人口发展战略的回顾与思考[J]. 教学与研究, 2001(3): 10-14.

111. 翟振武. 建设人口均衡型社会[J]. 求是, 2013(23): 57-59.

112. 张纯元. 中国人口生育政策的演变历程[J]. 市场与人口分析, 2000, 6(1): 47-54.

113. 张怀宇. 计划生育利益导向机制的理论与实践[J]. 中国人口科学, 1996(5): 53-60.

114. 张怀宇,秦玉莲. 试论计划生育利益导向机制的科学内涵和实践意义[J]. 人口与计划生育, 1995(4): 7-10.

115. 张俊良,郭显超. 人口长期均衡发展的理论与实证模型研究[J]. 人口研究, 2013, 37(5): 16-29.

116. 张敏才,张肖敏,施中传,马旭,原新. 统筹解决人口问题 促进人口长期均衡发展[J]. 人口与计划生育, 2010(10): 4-6.

117. 张祥晶. 我国农村计划生育利益导向机制的构建——基于子女成本和效用的

分析[J]. 西北人口, 2005(3): 32-35.

118. 张心侠. 建国以来我国计划生育政策的演变[J]. 人口学刊, 1984(6): 10-14.

119. 张鑫, 陈士福. 论经济全球化的可持续发展维度[J]. 改革与战略, 2010, 26(7): 49-50.

120. 张耀军, 岑俏. 中国人口空间流动格局与省际流动影响因素研究[J]. 人口研究, 2014, 38(5): 54-71.

121. 张耀军, 陈伟, 张颖. 区域人口均衡: 主体功能区规划的关键[J]. 人口研究, 2010, 34(4): 8-19.

122. 张翼. 人口结构调整与人口均衡型社会的建设[J]. 人口研究, 2010, 34(5): 22-27.

123. 郑思齐, 廖俊平, 任荣荣, 曹洋. 农民工住房政策与经济增长[J]. 经济研究, 2011(2): 73-86.

124. 钟水映, 李魁. 中国人口红利评价[J]. 经济理论与经济管理, 2009(2): 29-34.

125. 周宏春, 季曦. 改革开放三十年中国环境保护政策演变[J]. 南京大学学报(哲学·人文科学·社会科学版), 2009(1): 31-40.

126. 周建芳, 陶勃. 流动人口计划生育利益导向机制研究[J]. 人口学刊, 2008(8): 55-60.

127. 周炎炎, 王学义. 中国人口发展监测指标体系构建及应用研究[J]. 北京社会科学, 2014(5): 93-101.

128. 周毅. 人口与资源可持续发展[J]. 西北工业大学学报(社会科学版), 2003, 23(2): 4-14.

129. 周长洪. 关于计划生育利益导向机制的几点理论思考[J]. 人口与经济, 1998(2): 3-10.

130. 计划生育利益导向机制研究课题组. 计划生育利益导向机制研究[J]. 南京人口管理干部学院学报, 1996(2): 2-25.

131. 周长洪. 计划生育"三结合"利益导向机制的适应性基础[J]. 人口研究, 1998, 22(3): 71-75.

132. 祝西冰, 陈友华. 中国家庭政策研究: 回顾与相关问题探讨[J]. 社会科学研究, 2013(4): 111-119.

133. 查瑞传. 人口惯性及其对我国人口发展的影响[J]. 人口与经济, 1982(2): 19-23.

后　　记

　　本书是杨云彦教授国家社科重大课题((11&ZD038))的子课题六——"基于人口长期均衡发展的计划生育利益导向政策研究"的研究成果。全书从开始构思到最后完稿均得到了杨云彦教授的悉心指导。在此，感谢杨云彦教授百忙中给予的指导与严谨示范！

　　本书的作者有向华丽、赵颖智、李波平、杨俊、陈敏、阮康良、张婷皮美和刘曦。向华丽、杨俊、陈敏、阮康良、张婷皮美和刘曦共同撰写了本书的前言、引言、第一章、第三章和第七章；赵颖智撰写了本书的第二章和第四章；李波平撰写了本书的第五章和第六章；向华丽、赵颖智、李波平共同完成了第八章；杨俊和向华丽共同完成了本书的统稿工作。本书撰写历时近一年半，集中撰写期间基本一个星期进行一次小组讨论与汇报，以保证书稿按时按质地完成。在此感谢作者们的辛苦付出与团队协作精神！

　　人口长期均衡尤其强调以可持续发展观为指导的人口均衡发展，可持续发展理论和人口均衡发展理论是人口长期均衡发展研究的理论基础。计划生育利益导向政策内含利益政策和导向政策两层含义，利益政策主要通过补偿机制促进人口均衡发展，导向政策主要通过引导机制促进人口均衡发展；人口长期均衡发展视角下的计划生育利益导向政策主要指导向政策，而导向政策应具有前瞻性。本书基于人口自均衡、人口城乡均衡和区域人口均衡框架结构探讨了当前人口均衡发展存在的问题，从而提出如何优化计划生育利益导向政策。人口长期均衡发展水平进行定量测度时被分解为人口数量、人口结构、人口与经济、人口与社会、人口与资源环境5个维度；本书分析的人口自均衡、人口城乡均衡非综合层面的分析未覆盖所有维度，尤其是人口与资源环境维度未顾及到，这是我们下一步需要进一步完善的工作。